趣读
品读经典
乐在其中

古文其实可以笑着读（下）

急脚大师 著

在有趣的历史故事中
轻松拿下经典古文

山东城市出版传媒集团·济南出版社

图书在版编目(CIP)数据

古文，其实可以笑着读 / 急脚大师著. —济南：
济南出版社,2023.10
ISBN 978 – 7 – 5488 – 5882 – 9

Ⅰ. ①古…　Ⅱ. ①急…　Ⅲ. ①文言文 – 中学 – 教学参
考资料　Ⅳ. ①G634.303

中国国家版本馆 CIP 数据核字(2023)第 176792 号

古文，其实可以笑着读　GUWEN QISHI KEYI XIAOZHE DU
急脚大师 著

出 版 人　田俊林
责任编辑　秦　天　杜昀书
插画设计　杨云凯
封面设计　胡大伟

出版发行　济南出版社
地　　址　济南市市中区二环南路 1 号（250002）
总 编 室　（0531）86131715
印　　刷　济南龙玺印刷有限公司
版　　次　2023 年 10 月第 1 版
印　　次　2023 年 10 月第 1 次印刷
成品尺寸　170mm × 240mm　16 开
印　　张　27
字　　数　340 千
定　　价　78.00 元（全两册）

目录

《谏太宗十思疏》——他凭什么能让皇帝红红脸、出出汗

唐太宗最近有点飘，魏徵最近有点烦！

大唐在太宗皇帝的带领下，走上了高速发展的道路，经济繁荣，社会稳定，八方来朝，四海称颂。唐太宗渐渐迷失了自我，该是享乐的时候了吧！做皇帝，总要有霸道总裁的感觉嘛！

不然，生活太枯燥了！

于是，唐太宗开始修建宫殿，巡游四方，在痛骂隋炀帝的同时，又羡慕他在玩乐方面创意无极限。而皇帝的爱好往往会成为天下的流行风尚，上有所好，下必甚焉！达官贵人们也纷纷修起大豪宅。

冷静的魏徵发现了潜在的危机。生于忧患，死于安乐，隋炀帝就是因为放纵欲望，最后身死族灭。国家好不容易从隋末战争的阴影中走出来，你们现在这是在玩火！

臣子最大的忠诚不是要说好话、唱赞歌，而是要公正坦率地指出帝王所犯的错误，想出解决问题的办法。经过深思熟虑，魏徵将自己对历史与时事的看法、对太宗的规劝写成了四篇特殊的“公文”——奏疏，这是古代臣子向皇帝陈述意见或说明的一种方式，可以用来报告工作、歌功颂德、议论时政、弹劾劝诫等。

其中第二道奏疏的文字精练、内容深刻，被唐太宗放在案头，奉为座右铭。后世的人给这篇奏疏取了个好听的名字——《谏太宗十思疏》。里面劝皇帝注意并思考十件事情："君人者，诚能见可欲则思知足以自戒，将有所作则思知止以安人，念高危则思谦冲而自牧，惧满溢则思江海下百川，乐盘游则思三驱以为度，忧懈怠则思慎始而敬终，虑壅蔽则思虚心以纳下，想谗邪则思正身以黜恶，恩所加则思无因喜以谬赏，罚所及则思无以怒而滥刑。"

帝王要做好十件事：控制爱好，懂得知足常乐；停止滥建，考虑百姓生活；谦虚谨慎，加强自我约束；放低姿态，切忌骄傲自满；控制打猎，不可杀生过多；坚持不懈，做事有始有终；敞开言路，采纳臣下意见；远离奸人，修炼自身品格；赏赐他人，讲究公平公正；不滥用刑，遵守法律条文。

严格要求自己，适当宽容别人！

唐太宗不愧是千古一帝，读完奏疏，频频点赞，立刻采纳，并亲自写了回信——《答魏徵手诏》。你的建议很好，朕一定采纳推行！

看到皇帝胸怀宽广、虚心纳谏，魏徵非常欣慰，又写了一道火药味更浓的奏疏——《十渐不克终疏》，直接指出太宗皇帝执政过程中逐渐显现的十个缺点：迷恋财物；滥用民力；追求享受；用人不当；忽略民意；荒于政事；奴役百姓；亲小人，远忠臣；喜欢珍宝，贪图玩乐；热衷游戏，酷爱打猎。

让皇帝红红脸、出出汗，够辣，够真，够酸爽！

当大家替魏徵捏了一把汗的时候，唐太宗笑了，我要的就是这个味！你的批评我接受，你的建议我实行！

魏徵到底是何许人也，为什么会有这么大的胆量呢？为什么能让唐太宗如此信任呢？

他出身贫寒，在门阀制度影响力依旧强大的隋朝，原本没有多少展示才能的机会。早年他不甘居于人下，当了道士。在道观，好歹还能接触到不少书籍。他广泛阅读，认真学习，在深入分析天下形势之后，觉得起义一触即发，底层人翻身的机会来了。于是他用心学习纵横之术，这玩意儿在战争年代最适合“草根”文人：成本低，一张嘴、一根舌头就足够；收益高，忽悠得好，就能翻身做主，伴随君王。

果不其然，再也无法忍受隋朝暴政的百姓们造反了，各地英雄豪杰纷纷响应。魏徵加入了瓦岗军，在首领李密手下担任书记员（文学参军）。他频繁献策，却始终不被采纳。起义军不停地上演着大鱼吃小鱼的剧目，李渊成了最后的赢家，魏徵投靠了李唐王朝。

太子李建成听说了魏徵的名声，请他担任太子洗马，辅佐自己处理工作。遇到伯乐的魏徵尽心尽力、鞠躬尽瘁地帮助太子。当他看到秦王李世民战功显赫、名气渐长的时候，立即劝说李建成：“您身为继承人，不能只看着别人吃肉，也得自己找肉吃。如果不尽快建立属于自己的功业，将来拿什么服众？又拿什么震慑弟弟李世民？”

有道理，有道理！

李建成立即向父皇请求征讨刘黑闼，很快平定了山东，树立了威信。但是为时已晚，秦王李世民在长期领兵打仗的过程中，已经打造了属于自己的铁杆团队。他提前谋划，以迅雷不及掩耳之势发动玄武门之变，杀死了亲兄弟李建成与李元吉。

听说魏徵以前经常劝谏李建成干掉自己，李世民气不打一处来，派人将魏徵带过来，训斥道：“你为什么要离间我们兄弟？”

笑话！我是太子的助手，当然要帮助他扫除一切安全隐患了！再说了，我不离间，您老人家就不会杀掉李建成了吗？

这个时候，辩解等于火上浇油，求饶让人嗤之以鼻。魏徵回答得很干脆："太子要是按照我说的去做，早点防备，果断动手，死的会是他吗?"我魏徵行不改名，坐不改姓，做了就做了，怎么样？要杀要剐，随你便！

不错，直言不讳，见识非凡！

李世民感觉魏徵很对自己的脾气，立即下令松绑，亲自劝说魏徵在新朝任职，做一点有利于国家的事情。看着大度宽容而又励精图治的唐太宗，魏徵打心底佩服。魏徵不是趋炎附势的小人，不是风吹两面倒的墙头草，他有一腔报国的热情，现在去死，又有什么意义呢?

他决定跟着李世民共创太平盛世。

他将自己对国家、政策、君王的各种想法都毫不隐瞒地说出来，绝不说一半留一半。唐太宗经常感叹，魏徵一年到头不断地提出意见与问题的解决方案，如果不是忠于他，忠于国家，怎么可能如此鞠躬尽瘁呢？谁不想活得轻松一些?

唐太宗一开始只把魏徵当作收揽人心的工具。大家看看啊，敌人的属下我都愿意重用，何况是其他人呢？后来，他发现魏徵的确有两把刷子，他有一双善于发现问题的眼睛，一个善于解决困难的头脑，最重要的是，他从来不藏着掖着，他的忠心，赤裸裸！

魏徵多次当面向李世民提出意见，又通过奏疏的方式，提出了十万多字的意见。

频繁批评皇帝，还能优哉游哉，魏徵到底有什么魔力?

首先，本领出众，见解独到。魏徵对各朝历史了如指掌，总编过《周书》《梁书》《陈书》《齐书》与《隋书》，学识丰富，视野广阔。所以，他每次提出的意见都能切中要害，一针见血。

贞观二年（628 年），岭南部落首领冯盎、谈殿等人忙于内斗，很长时间都没有到长安（今陕西省西安市）进贡朝拜。地方政府的官员为了规避责任，接连上奏说冯盎将要谋反。

李世民准备派人讨伐，魏徵却劝阻道："现在中原刚刚平定，国家还没有从隋末战乱中恢复元气。岭南路途遥远、地势险恶，又有瘴气瘟疫，不利于大部队进驻。况且，冯盎如果真要反叛，必然兵分几路，占据险要之地，攻打邻近的州县。现在地方官员告发他谋反已经有几年了，却不见他扩大地盘，攻打其他地区，明显不是反叛嘛！

"地方州府怀疑冯盎谋反，成了公开的秘密，冯盎自己肯定也清楚。您又一直没有派使臣前去安抚慰问，冯盎现在肯定左右为难。来朝廷吧，怕您杀他！不来吧，又怕您怀疑！这个时候，如果您能派出使臣前去安慰一下，冯盎定会欣喜万分，感恩戴德！这样，我们就不必兴师动众了。"

身经百战的唐太宗自然清楚战争是不能随便发动的。他点点头，立即下令收兵，派遣使臣前往岭南慰问，冯盎果然归顺大唐。李世民对魏徵竖起了大拇指，一个使者就能平定岭南，一个魏徵胜过大军十万。

魏徵每次提出建议与批评都是经过深入思考与详细调查的，并非为了沽名钓誉。所以唐太宗经常夸赞他："以前我认为你这个人固执己见，怀疑你无法处理好政务，现在看到你议论国家大事都能切中要害，不错，不错！"

打铁还需自身硬！

其次，品行端正，直言不讳。李世民发动玄武门之变，杀死自己的两位亲兄弟，成功登上帝位。为了稳定人心，他下诏追赠李建成、李元吉王爵及谥号，重新安葬二人。面对曾经的主子，已经归顺李世民的魏徵并未刻意避嫌，而是请求亲自陪送李建成的灵车到下葬地。

不久，唐太宗提拔魏徵担任谏议大夫，命他安抚河北地区李建成、李元吉的旧部下，并批准他遇到突发事件可以自行处理。你想怎么做，就怎么做，你办事，朕放心！

当看到太子李建成的属下李志安、齐王李元吉的属下李思行被押入囚车，魏徵心里不是滋味，失败的人都要受牵连吗？这岂不是让皇帝仁慈宽容的形象大打折扣？

于是，他直接下令释放了他们，并立即上报朝廷。

李世民渐渐明白，魏徵并不是一个风吹两面倒的人，他知恩图报，一心为公，值得信赖！

再者，口才出众，能说会道。魏徵因为直言经常得罪其他人，有人开始诽谤造谣他包庇亲戚，营私舞弊。唐太宗马上派御史大夫温彦博去查办，查来查去，并没有找到实质性的证据，但也没找到可以证明他一心为公的资料。

温彦博不甘心，向皇帝上奏道："魏徵作为一个臣子，应该公开自己的行为，留下工作的痕迹。现在他受到诽谤却无法证明自己清白，受到造谣却无法提供证据资料，虽然没有徇私，但也应该受到责备。"

李世民想想，有道理啊，魏徵平时总是一副大义凛然的样子，遇到自己家的事情，却不懂得留下可以证明自己无罪的痕迹。于是，他让温彦博前去责备魏徵，传达指示："从今以后，工作要留痕，行为要公开！"

我跟亲戚走得近一些，难道也有错吗？一心扑在工作上，还要留下证据证明自己在干事？如果换作普通人，只能吃下哑巴亏，但魏徵可不是普通人。

第二天一上朝，魏徵就上奏："臣听说君臣一心，如同一个整体。放下国家大事不去做，整天追求形式主义，做任何事情都要留痕，大家都这么做的话，国家还能长治久安吗？还有时间考虑治理国家的事情吗？”

唐太宗意识到事情的严重性，立刻陪笑脸道：“你说得对，我已经后悔说这件事了。”

魏徵抓住机会，扑通跪下说道：“希望陛下让臣做良臣，不要让臣做忠臣。”

嘿，又给朕打谜语，什么意思呢？

“忠臣跟良臣有什么区别吗？”

“稷、契、咎陶（皋陶）就是良臣，龙逢、比干就是忠臣。良臣不仅让自己得到美好的名声，还让君王得到大度的称赞，让子孙获得世代继承的福利。忠臣呢？对君王拼死劝诫，导致被杀，让君王陷于愚昧无知、残暴不仁的境地，让子孙也得不到任何实实在在的好处，最终只留下一个忠臣的空名。”

熟知历史的魏徵举了很多人物的事例，对良臣与忠臣提出了自己独特而深刻的看法。良臣不仅把工作干好了，还让君王获得美名，忠臣不仅工作没干好，还让君王陷于不义。我虽然有点小毛病，但这不正造就了您美好的名声吗？您觉得是让我做良臣好还是忠臣好呢？

看起来是多选题，实际上是单选题。

唐太宗不住地点头。嗯，嗯，说得好有道理！立即赏赐了魏徵。

面对别人的诬陷，必要的口才技巧能帮自己轻松化解危险。

最后，太宗皇帝胸襟宽广。魏徵经常不顾皇帝的面子，有什么说什么。管你高兴不高兴，我依旧说个不停，弄得李世民都有点怕他了。有一次，李世民得到一只稀有的漂亮小鸟——鹞鹰，开心地放在臂膀上玩耍。突然，他远远地望到魏徵走过来。嘿，这家伙，不是请假回去祭扫祖坟了吗？怎么回来得这么快？好不容易消停两天，又要开始听他“上课”了。

不好，他要是看到鹞鹰，又得说我玩物丧志什么的了。于是，唐太宗赶紧将鹞鹰藏在怀里。

魏徵缓缓地走过来，假装没有看到鹞鹰，对着皇帝侃侃而谈：“陛下，我刚进来的时候，听说您要去南山游玩，最后又下令不去了，为什么呢？”

还不是为了让你这个家伙少批评几句！

难不成今天老魏会表扬我？唐太宗笑着说道：“刚开始是有这个打算，害怕你又跑来怪朕，所以就下令停止，不去游玩了。”

魏徵又开始东拉西扯。生怕露馅的唐太宗只能紧紧地按住怀中的鹞鹰，心里不高兴，嘴上不好说。搞什么，还不走？我的小鸟就快死掉了！

直到魏徵说完话，走远了，李世民才从怀里掏出鹞鹰，一看，心爱的小鸟已经被活活闷死了。他无奈地摇摇头，嘿，我当年面对千军万马，眼睛都不带眨的，为什么这么怕魏徵呢？

如果不是胸怀宽广而从谏如流，又怎能做到如此克制？怎能够直面批评？

正因为魏徵有本事，唐太宗有胸怀，所以《谏太宗十思疏》《十渐不克终疏》才能脱颖而出，成为经典。魏徵死了以后，唐太宗经常跟人说：“以铜为镜，可以正衣冠；以史为镜，可以知兴替；以人为镜，可以明得失。”他感觉失去了一面可以照见自己缺失的镜子，失去了一个勇于又善于进谏的好帮手。

在唐朝初年，骈文依然在各个场合尤其是官方的公文中被沿用，一种文风一旦形成，很难一下子改变过来。积极创新的大唐文人在骈文中融入了盛世气象与丰富内涵，将骈文玩出了新境界，《滕王阁序》《春夜宴从弟桃花园序》便是其中的杰出代表。

◆参考资料：

1. 刘昫：《旧唐书》，中华书局，1975 年 5 月第 1 版。

2. 欧阳修、宋祁：《新唐书》，中华书局，1975 年 2 月第 1 版。

3. 骈宇骞：《贞观政要》（中华经典名著全本全注全译丛书），中华书局，2011 年 3 月第 1 版。

《滕王阁序》——留住大唐永恒的瞬间

夏天的大海上，狂风四起，乌云密布，一艘渔船上下颠簸，被海水推到浪尖之后，又重重地摔下。海上的漩涡犹如张大嘴巴的魔鬼，贪婪而焦急地等待着船上的猎物。船头坐着的一个瘦弱矮小、身材单薄的年轻人，眼神有些恍惚，想起远在异乡父亲的贫苦生活，想起十几年来的起起伏伏，想起曾经的草率轻狂，唉，文才出众又如何？知识丰富又怎样？年少成名又如何？现在不仅自己丢了饭碗，还连累了年老的父亲，真是不孝，大不孝！

突然，一个巨浪袭来，打在船头，年轻人不小心跌入海中。来自北方的他不识水性，只能毫无章法地划水，大口大口地呛水。反应过来的船夫赶紧跳入海中，捞起已经昏死过去的年轻人。可是来不及了，本就生无可恋的年轻人惊慌过度，撒手人间。也许他本不该落入凡尘，此刻正好回去做个神仙。

船夫们无奈地看着冰冷的尸体，他们不会知道，眼前瘦小的尸体里藏着一个令人惊叹不已的大唐灵魂，他的名字叫王勃。

他出生在一个小康之家，爱好文学的父亲王福畴担任过太常博士、雍州（包括今宁夏全境及青海、甘肃、陕西、新疆、内蒙古部分）司功等官职，与唐初的大文豪杜易简等人关系非常好。良好的家庭氛围让王勃从小就耳濡目染，六岁便会吟诗作赋，九岁就能钻研学术，在阅读著名历史学家颜师古注解的《汉书》时，针对其中的错误进行论证阐释，竟然写成十卷《指瑕》。十岁时，他就已熟读儒家典籍。

博学多才、反应敏捷的少年王勃时不时就会做出惊人之举。一天，父亲王福畤带他到朱姓朋友家做客，大家听说神童来了，都想出题考考他，看看是否如传说中的那么神奇。一位客人指着朱家门上的珠帘对小王勃说出上联："门上挂珠帘，你说是王家帘，朱家帘？"

这几个字看似平凡，实则暗藏"杀机"。"珠"拆开来是"王"和"朱"，如果稍不注意，就会忽略，即使对得工整，也不一定能行。聪明的王勃发现了其中的玄机。他立刻对出下联："半夜生孩儿，我管他子时儿，亥时儿？""孩"拆开就是"子"和"亥"，子时是夜间十一点到次日一点，亥时是晚上九点到十一点，人家半夜里生孩子，我管他是十一点多生的，还是九点多生的。

好厉害啊！大家竖起了大拇指，神童果然很神！

在唐朝，平时的名气决定了考生的前途。那时的科举考试还在初创期，制度不太完善。考生的卷子不糊名，考官在批阅卷子的时候能看到考生的名字和籍贯，主观性很强。想要通过科举考试，要么关系很硬，拼的是爹，要么名声很响，拼的是才。如果事先有点名气或者有达官贵人推荐，中举的概率会大一些。

阅卷的人有权参考文人们平时的作品和才气评判成绩，王公贵族、达官名人、文坛领袖等有地位有名望的人都可以向主考官推荐人才，一起预先拟定录取名单，这叫通榜。科举之前，拟录取人员参考名单已经形成，主考官一般会以通榜名单为主、考试成绩为辅的方式录取人才。

所以，为了中举，诗人们各想各的招数，各有各的创意。考试之前，他们翻遍祖宗十八代，仔细推敲，深入研究，找出跟当朝权贵名人们搭上一点点关系的蛛丝马迹，然后把自己平时写的诗歌编成书，送给有推荐权的人：大哥大嫂们，请看看我的诗歌，给个美言点个赞吧！这就是唐朝独特的考试文化——行卷。诗人们把自己平时写的诗歌和文章写在一条长方形的纸上（唐朝书籍主要采用卷轴装的装帧形式），然后卷起来，包装好，在考试之前送给那些有推荐权的达官贵人、文坛领袖，求他们说句好话上通榜。

王勃也未能免俗，在父亲的介绍下写了《上绛州上官司马书》等自荐文章，求人推荐。他上书宰相刘祥道，表明自己从政治国的意愿与决心。刘祥道看着文章，大力点赞："此乃神童也!"

年少的王勃不仅有杜易简等名人的推荐，还有大家的抬爱，如同众星捧月，乘着清风，来到了科举考场。当时，朝廷正举行幽素科考试，这是唐朝特殊的科举考试——制举的一种。制举大多是皇帝心血来潮临时组织的考试，没有功名的寒门子弟，坚守基层的公务员，科举出身或其他出身而暂时没有得到官职的人，都可以参加，制举考试成绩突出的人马上入编任职。而在固定时间举行的科举考试叫常举，考中并不能马上做官，还得参加吏部（中央组织部）的考试。所以，制举虽然偶尔举行，但是含金量比较高，参加的人也不少。

制举的考试内容基本是对策，类似于现在公务员考试中的申论，让你对天下大事提出看法与意见。制举的考试时间、科目都不固定，皇帝说什么就是什么，有志烈秋霜科、足安边科、才膺管乐科、博学宏词科等。这一次，制举的考试科目叫幽素科。

年少的王勃前来参考，在成年人中显得特别稚嫩。主考官看到他，表现出不高兴，这孩子，出来打酱油的吗？胡子都没长齐，竟然敢来参加淘汰率极高的科举考试？听人说他是神童，可这年头，炒作的假新闻太多了，还不是为了打出名气？

主考官瞥了一眼小毛孩，出口讽刺道：“蓝衫拖地，怪貌谁能认？”

嘿，竟然挖苦我！骂他？太没水平了！王勃针锋相对：“紫冠冲天，奇才人不识！”

嗯，有两下子嘛！主考官顿时来了兴致，跟我玩文字游戏？小屁孩，嫩了点！看你能不能接得住：“昨日偷桃钻狗洞，不知是谁？”

王勃依旧镇定如山，答道：“他年攀桂步蟾宫，必定有我！”

主考官服了，连连拍手：“神童，神童，进去好好考！”

十六岁的王勃，一举成功，顺利晋级，被朝廷授予朝散郎，负责议论朝政。这样一帆风顺的经历在唐朝简直不可思议，那个时候，行卷的人太多，大家挤破头找关系、搞创意，四处求人推荐，争取上通榜，有很多才子忙碌一辈子，也未必考得中。

金榜题名时，扬名天下知。兴奋的王勃特意为皇帝写了一篇歌功颂德的文章——《乾元殿颂》，文采飞扬，汪洋恣肆。唐高宗被“拍”得如飞一般的感觉，惊叹不已：“奇才，奇才，我大唐奇才也！”

皇帝一点赞，名声传得快！王勃从小镇文艺青年迅速变成大唐霸气才子，与杨炯、卢照邻、骆宾王被称为“初唐四杰”，并始终排在第一位。

从这点来说，王勃是幸运的，但从过早成名的经历来说，他又是不幸的。

唐高宗第六个儿子沛王李贤非常喜欢王勃时不时溢出来的才华，把他招募来做了王府修撰，负责编写书籍、出谋划策。王勃感动得小身板直抖，千里马超级多，伯乐哪里有？他卖力地工作，以报答沛王的恩情。有一天，李贤与弟弟英王李显玩斗鸡游戏，王勃为了助兴，发挥文采，认真地写了一篇《檄英王鸡》，惊天地泣鬼神！

“两雄不堪并立，一啄何敢自妄？养成于栖息之时，发愤在呼号之际。”两雄相斗必须决出胜负，一次啄击的胜利又怎能自夸呢？在平常的训练中养成优良的品性，在呼号争杀中才能显示出真正的神威。

“羽书捷至，惊闻鹅鸭之声；血战功成，快睹鹰鹯之逐。”捷报传出，鹅鸭惊呼你的风采；胜利时刻，大家争睹你的英姿。

“牝晨而索家者有诛，不复同于彘畜；雌伏而败类者必杀，定当割以牛刀。”没有尽力战斗的鸡应立即被拉到鸡坊行刑，表现懦弱不堪的鸡就得格杀无论，战场投降认输者更应斩尽杀绝。

字里行间，杀气腾腾，直接把英王李显气了个半死。你小子，骂人都不带脏字的，杀人也不带飙血的！

唐高宗听说以后，拿来檄文，雷霆震怒。自从唐朝开国以后，诸王之间的争权夺利、互相攻击就没有停止过，唐太宗就是杀了哥哥与弟弟，才顺利登上皇位。高宗对兄弟之争的事情非常反感，《檄英王鸡》挑动了他敏感的神经。所以他将怒气转到了王勃身上，说道：“歪才，歪才！二王斗鸡，王勃不进行劝诫，反倒作檄文，有意虚构，夸大事态，应立即逐他出王府！”

原本只是玩笑，却因为写得过于有气势，成了挑衅。

高宗前后两次感叹，一次点赞，一次狠批，王勃的命运随之一次飞上天，一次入地狱。原本众星捧月的他被逐出了长安城，仕途就这样终结了。

王勃带着失落离开了朝廷。朋友凌季友当时担任虢州（位于今河南省境内）司法，为王勃在虢州谋得一个参军之职。可是，人一旦染上“霉菌”，倒霉的事情便会接二连三地发生。一个叫曹达的官奴因为犯罪而东躲西藏，好心的王勃看到以后，将他藏在一个神秘的地方。但是有人劝王勃，藏匿犯人可是大罪，不仅工作保不住，自己的脑袋都有可能被削。

王勃毕竟年轻，考虑问题不够周全，之前因为冲动丢了工作，这次如果被人发现，岂不又要丢掉工作？于是他干了一件终身悔恨的事情：私下杀死了曹达。只要没人知道，谁也不会在意一个罪犯的死活！可是这件事偏偏被人捅了出来，王勃就这样被判了死罪。有人推测，他因为才华出众、行事高调而得罪了人，所以被人设计陷害。

不幸中的万幸，恰逢天下大赦，王勃被放了出来。但是他的父亲王福畤因此遭到连累，被从雍州司功参军贬为交趾（今越南北部地区）县令，拖着年老的身躯去了遥远的荒蛮之地。王勃看着父亲远去的背影，心如刀绞，羞愧难当，冲动是魔鬼啊！

在家里蹲了一年多，朝廷又想起了才华出众的他，宣布恢复他的职位。可是王勃再也提不起做官的兴趣，官场的勾心斗角让他感觉身体瞬间被掏空。心脏不好的人玩不转如过山车般的职场啊！单纯的人还是得走单纯的路。

他暂时没去工作，不凑那个热闹，靠着家里的积蓄，先“啃老”吧！王勃想起了远在天涯海角的父亲，他的身体怎么样了呢？吃住习不习惯呢？对，去看看他！

他从洛阳（今河南省洛阳市）出发，沿运河南下，准备去交趾看望父亲。路过江西南昌的时候，都督阎伯屿听说名扬天下的王勃来到本地，特地派人邀请他前来参加宴会。当时，阎都督重新修建了位于赣江边上的滕王阁。滕王阁当初为唐高祖李渊最小的儿子滕王李元婴在洪州（今江西省南昌市）任都督时所建，并以李元婴的封号作为阁名。

被翻修一新的滕王阁，矗立江边，即将迎来一个辉煌而永恒的时刻。

宴会上，阎都督替女婿设计了一场才华“营销策划案”，争取使其将来在科举场上取得个好名次。他为在场的每个人发了纸张和毛笔，请大家为滕王阁的完工庆祝宴会作序文。众人心知肚明，阎都督有意让女婿崭露头角，提前准备，就待今天灿烂绽放，所以谁也不想得罪阎都督。

看着若有所思、迟迟不敢下笔的众人，王勃嗤之以鼻，作一篇文章又有何难？唉，想我才华横溢，却无人欣赏，在座的各位有没有愿意举荐我的呢？嘿，管他呢！我要把我心中的郁闷用笔发泄出来，用词表露出来。

他拿起毛笔，直接开干。

“豫章故郡，洪都新府。星分翼轸，地接衡庐。襟三江而带五湖，控蛮荆而引瓯越。物华天宝，龙光射牛斗之墟；人杰地灵，徐孺下陈蕃之榻。雄州雾列，俊采星驰。台隍枕夷夏之交，宾主尽东南之美。都督阎公之雅望，棨戟遥临；宇文新州之懿范，襜帷暂驻。十旬休假，胜友如云；千里逢迎，高朋满座。腾蛟起凤，孟学士之词宗；紫电青霜，王将军之武库。家君作宰，路出名区；童子何知，躬逢胜饯。

“时维九月，序属三秋。潦水尽而寒潭清，烟光凝而暮山紫。俨骖騑于上路，访风景于崇阿；临帝子之长洲，得天人之旧馆。层峦耸翠，上出重霄；飞阁流丹，下临无地。鹤汀凫渚，穷岛屿之萦回；桂殿兰宫，即冈峦之体势……”

王勃的笔停不下来，越写越多，越写越顺，越写越快，才华溢于纸上，博学润滑笔端。不一会儿，《滕王阁序》横空出世，艺惊四

王勃

座。阎都督读着文章，双唇发抖，平庸的女婿怎能超越如此高人呢？一字一句，铿锵有力，“老当益壮，宁移白首之心？穷且益坚，不坠青云之志。”一点一画，饱含深情，“渔舟唱晚，响穷彭蠡之滨；雁阵惊寒，声断衡阳之浦。”

此文一处，谁与争锋？

阎都督彻底地服了。王勃因为这次出场太过华丽，给后人留下了很多美丽的传说与故事。

据说，王勃在文章末尾诗句“阁中帝子今何在？槛外长江空自流”中，故意将“空”字隐藏不写，然后起身告辞，大家围着文章啧啧称叹，并没有留意王勃的离去。读到最后，突然发现少了一个字，有人说是“水”字，有人说是“独”字。

阎都督摇摇头，始终不满意，到底是什么字？抬头一看，王勃已经远去。阎都督赶紧派人去追，终于追上了落在主人后面的随从。随从卖着关子说道：“我家公子有言，一字值千金，望阎大人海涵！”想要答案，必须拿钱！

嘿，敲诈本官？阎都督听了，气不打一处来。可是转念一想，不能因为一个字错过一篇千古奇文啊！他赶紧备好银两，亲自率领众人赶到王勃的住处请教。王勃接过银子故作惊讶：“怎敢劳您大架，晚生岂敢空字？”

“可你明明空出了一个字啊？”

“哈哈，空者，空也！阁中帝子今何在？槛外长江空自流。”

众人恍然大悟，原来如此！物是人非一场空，滕王早就不在人间，长江依旧孤独地自顾自地流淌。妙，妙，一字千金，值得！

这个传说未必可信，也许是后人为了突出这个“空”字的妙用而杜撰出来的。一个失落的年轻人在文章中流露出无人赏识的悲伤，又怎么可能狂妄地问地方长官要钱呢？写完《滕王阁序》之后的另外一个故事倒有点可信度。

第二天，可能是因为连日来大吃大喝，弄坏了肚子，阎都督浑身发冷，汗不得出，咳喘不止，无法入眠。找了很多医生都说用麻黄来治疗，拉几次就没事了，可是对中医有所了解的阎都督认为麻黄虽好，但用力过猛，我都一把年纪了，使用猛药，岂不把身体掏空？可还有什么别的好方子呢？

医生摇摇头，没有！恰好王勃前来告辞，感谢都督的款待，听说此事，笑道："这有何难？用豆豉！"先用苏叶和麻黄等熬煮取汁，再将黄豆浸泡其中，煮熟发酵。

豆豉？这不是我们当地的开胃小菜吗？能行吗？阎都督摇了摇头。

"不妨一试，反正豆豉吃了对身体只有好处没坏处。"懂得草药知识的王勃显得特别自信。

好吧，暂且一试。

阎都督连服三天豆豉，疾病竟然痊愈了，胸不闷了，腿不疼了，也能睡着觉了。阎都督震惊了，全才啊！当即取出重金相赠，王勃没有接受。

王勃在十几岁的时候，因为身体不好，就跟人学医，先后学习了《周易》《黄帝内经》《难经》等，对医学知识颇有研究，所以豆豉的传说有可能是真的。

带着神奇的传说，留下永恒的光环，王勃再次踏上了前往交趾的路。经过长途跋涉，他来到广州（今广东省广州市），拜访宝庄严寺。恰逢寺庙里的舍利塔翻修一新，大文豪来此，怎么也得让他留下点文章。

新塔配好文，才能上档次。

在众多僧人"粉丝"们的强烈要求下，王勃写了一篇《广州宝庄严寺舍利塔碑》的碑文，三千多字的文章让宝庄严寺与舍利塔瞬间有了灵魂。

在大家啧啧称奇中，王勃离开广州，来到交趾。望着老父亲的白发，看着破旧的住处，王勃心里不是滋味。父亲眼里依然饱含慈爱，问长问短，一个劲劝儿子不用担心。在远隔千里的天涯海角，年迈衰老的父亲怎么能熬得过来？唉，王勃啊王勃，你自己没出息也就罢了，一冲动还把家人连累了，该死的人是我啊！

短暂的相聚后，王勃踏上归程。父亲依依不舍地送他离开，海风吹着他仅剩的几根白发，一直到望不见儿子的行船，他还站在原地，久久不愿离去。却不承想，儿子这一去，竟是永别。

很快，《滕王阁序》以闪电般的速度被传颂天下。唐高宗也看到了《滕王阁序》，他被文章磅礴的气势、华丽的辞藻、丰富的典故打动了，尤其读到“落霞与孤鹜齐飞，秋水共长天一色”，更是拍案叫绝，惊呼道：“此乃千古绝唱，真天才也！”落霞与孤鹜、秋水与长天，你中有我，我中有你，融合在一起，舞动在一起，整个画面活了。

再读到文章最后的四韵八句诗：“滕王高阁临江渚，佩玉鸣鸾罢歌舞。画栋朝飞南浦云，朱帘暮卷西山雨。闲云潭影日悠悠，物换星移几度秋。阁中帝子今何在？槛外长江空自流。”唐高宗顾不得帝王尊严，激动得成了追星族：“好诗，好诗啊！真乃罕世之才，罕世之才！当年朕因斗鸡文逐斥了他，是朕之错也。”

忽然他又想起了什么，急切地问道：“现下，王勃在何处？朕要召他入朝！”

一旁的太监讲述了王勃的遭遇，高宗一声叹息，望着南方，连呼可惜。

大唐缺的不是才子，而是伯乐。王勃一生不得志，李白又何尝不是？

◆参考资料：

1. 刘昫：《旧唐书》，中华书局，1975 年 5 月第 1 版。

2. 欧阳修、宋祁：《新唐书》，中华书局，1975 年 2 月第 1 版。

3. 程千帆：《唐代进士行卷与文学》，北京出版社，2020 年 6 月第 1 版。

4. 傅璇琮：《唐代科举与文学》，中华书局，2020 年 6 月第 1 版。

5. 杨晓彩：《王勃生卒年疑案新断》，《运城学院学报》，2009 年第 4 期，第 7—9，23 页。

6. 陈楠：《永远的王勃》，《语文教学通讯》，2004 年第 33 期，第 57 页。

7. 晨曦：《大诗人王勃巧用中药豆鼓为人疗疾》，《现代养生》，2015 年第 10 期，第 28 页。

8. 高若婷等：《王勃：皇帝称赞的“大唐奇才”》，《东方文化周刊》，2016 年第 2 期，第 66 页。

《春夜宴从弟桃花园序》——他人笑我太疯癫，我笑他人看不穿

李白的“求职信”又被人扔进了垃圾桶。

记不清这是第几次写“自荐信”求职了。在成都，拜访益州（位于今西南一带）长史苏颋；在蜀中，献诗渝州（今重庆市）长史李邕；在安州（今湖北省安陆市），干谒都督马正会；在岷山，找过广汉太守……但统统没有效果，人家始终不予理睬。这一次我也注意“拍马屁”了，也极力称赞对方了啊，为什么，为什么？

当时，有个叫韩朝宗的官员担任荆州（今湖北省荆州市）长史，人称“韩荆州”，经常向朝廷推荐有能力与才华的年轻人，读书人都想结交他。一心想求个官做的李白毛遂自荐，写了一篇“求荐信”——《与韩荆州书》：“白闻天下谈士相聚而言曰：‘生不用封万户侯，但愿一识韩荆州。’何令人之景慕，一至于此耶……白，陇西布衣，流落楚、汉。十五好剑术，遍干诸侯。三十成文章，历抵卿相。虽长不满七尺，而心雄万夫……幸惟下流，大开奖饰，唯君侯图之。”

文章洋洋洒洒，一上来就用华丽的辞藻赞美韩朝宗谦恭下士、识拔人才、虚怀若谷。“生不用封万户侯，但愿一识韩荆州”，我们都知道，只要认识韩荆州，堪比封个万户侯。您的文章能与神明相比，您的德行感动天地，您的学问博通古今。

可你夸别人就好好夸吧，谦虚点行不行？李白自负的毛病又来了。接着，他毫无掩饰地夸耀自己的经历、才华、气节，还说很多名人都夸我厉害呢！想低调，实力不允许啊！您都已经举荐那么多人了，是不是也可以举荐下我呢？

自夸没能引起对方的好感，李白“兴匆匆”，被韩朝宗“笑呵呵”。

三十多岁的李白望着长史大人的院墙，不停地反问自己：我“五岁诵六甲（唐朝识字课本）”“十岁观百家”“十五观奇书”，除了学习吟诗作赋，还报了很多“兴趣班”，包括剑术、口才（纵横术）等；我自幼学文习武，诗歌写得横绝天下，刀剑耍得有模有样，学纵横之术，游大千世界，懂治国理政；我身材强壮，才艺多样，武功绝佳，你们这些凡夫俗子还有什么不满意的？

李白忍不住感叹，自己从二十多岁离开故乡，游遍大江南北，拜访无数权贵，却总是被人拒之门外。世人笑我太疯癫，我笑世人看不穿！扮演侠客、高调隐居、结交道士、干谒权贵，能打出名气、抬高身价的事情都干过了，怎么就没人关注我呢？

虽然我对外宣称不屑于参加科举考试，可谁又能理解我心中的痛苦？有机会谁不想通过公平公正的考试来展现才能，何苦点头哈腰做跟班？何苦写那些吹捧权贵的破文章？从小到大，写律诗，做律赋，不就是为了让朝廷看到我有考试的能力吗？唉，可是，我却不能参加科举考试，为什么？

科举考试的审查制度太严了！想要参加全国考试，必须先报名，填写“到状”，同时交纳有关文状，包括解状、家状、合保文书等，每种文状填写要求非常严格，只要不规范，立即取消考试资格。解状是考生通过乡试（地方考试）的凭证。家状上填写姓名、籍贯、三代名讳和本人相貌特征，深究你的祖宗三代。政治犯的后代肯定通过不了审查。如果伪造家世与姓名，岂不是对先人不敬？

合保文书指五位考生连保的书面材料，认识的人相互担保，其中出现了品德卑劣或者材料弄虚作假的考生，五个人都要倒霉，三年内统统不得参加科举考试。如果不知根知底，谁愿意为你承担风险？

而据说李白的祖先是因为政治原因而迁居到唐朝安西都护府碎叶城（今吉尔吉斯斯坦的托克马克市附近，李白就出生在这里）的，从事当时比较低贱的经商活动。等到家族积累了一定的财富之后，李白的父亲又从碎叶城搬到四川江油。李白的父亲隐姓埋名，特别低调，街坊邻居们不知道如何称呼他，干脆叫他李客，外来客嘛！

李白无法参加科举考试，原因除了难以明说的政治因素，还有他老爸的商人身份。李客做物流运输生意，虽然家财万贯，但依然处于“士农工商”四等人的最末流、最底层，有钱也无法提高政治待遇。朝廷规定“工商之家，不得预于仕”（《旧唐书·食货志》），工商之家的子弟没有资格参加科举考试。这种规定到了中晚唐时期，才随着商人地位的提高而有所松动。

所以李白时常哀叹“行路难！行路难！多歧路，今安在”，多次提到古代不拘一格重用人才的故事。为什么他们能被重用，而我不能？

李白一辈子没参加过朝廷组织的考试，有人将其解读为他不屑于参加，但我个人却不这么认为。虽然李白没去参加科举考试，但他一直刻苦锻炼考试的本领，认真创作格律诗赋（唐朝科举考试的重点），走上了另外一条做官之路——荐举，即在达官贵人或者文坛名流的推荐下，不用通过科举考试而直接被朝廷录用。虽然没有通过科举考试那么荣耀，好歹也能进入仕途，好好干的话，也会有升迁的机会。

但荐举的前提也是文章诗赋做得好！

跟大多数进取心爆棚、功名欲极强的唐朝诗人一样，年轻时候的李白相信“大鹏羽翼张，势欲摩穹昊”，看我这只大鹏如何扶摇直上九万里！他带着沉甸甸的票子和热乎乎的梦想出发了，游览祖国大好河山，结交四方英雄豪杰，方式简单粗暴——大把撒钱！落魄的朋友来投靠，给钱！酒肉朋友来捧场，拿钱！

认识的人越多，越能提高名气嘛！

可是，李白花钱的速度远远超过赚钱的速度。外出不到一年的时间，他就花了三十多万钱，根据当时的购买力，这是一笔巨款。慢慢地，钱袋子空了，菜篮子也就空了，他只能感叹“弹剑徒激昂，出门悲路穷”。

游侠不好当，今天很潇洒，明天特彷徨。好在他名气大，才华高，男人见了会高呼，女人看了会尖叫。二十七岁的李白游玩安陆的时候，遇到一个女子——唐高宗时宰相许圉师的孙女许氏，当即决定入赘许家。就这样，李白稳定了菜篮子，充实了钱袋子，过上了好日子。

有钱又有闲，生活乐颠颠！

一个春天的夜晚，李白和堂弟们秉烛夜游、饮酒赋诗，喝到尽兴之时，他想起自己虽有一身才华，但拼尽全力，依然原地踏步、一事无成，不免感叹岁月无常。光阴似箭，匆匆而过，人的一辈子又能得到多少快乐呢？此刻的李白虽然过上了“极品赘婿”的生活，却始终没有混上一官半职，从未得到过主流社会的认可，内心自然不是滋味。

好在他还年轻，很快就调整好了心态，继续享受“诗酒趁年华”

的快乐生活。兄弟们相聚在散发着幽香的桃花园中，摆开筵席，倒上美酒，月下赏花。一群人围坐在一起，指点江山，激扬文字，共叙友情，欢乐开怀。只有酒，没有诗，怎么能喝得尽兴呢？怎么能算得上是大唐人呢？

那就按照古人宴客赋诗的规矩，谁要是当场咏不出诗来，就得罚酒三杯。大家你一句，我一句，你三杯，我两盏，玩得不亦乐乎！

喝完酒的李白写下了一篇小骈文——《春夜宴从弟桃花园序》，讲述秉烛夜游的经过与感慨。“夫天地者万物之逆旅也；光阴者百代之过客也。而浮生若梦，为欢几何？古人秉烛夜游，良有以也。况阳春召我以烟景，大块假我以文章。会桃花之芳园，序天伦之乐事。群季俊秀，皆为惠连；吾人咏歌，独惭康乐。幽赏未已，高谈转清。开琼筵以坐花，飞羽觞而醉月。不有佳咏，何伸雅怀？如诗不成，罚依金谷酒数。”

感伤之后，他又开始欣赏美景，把酒言欢，忘却烦恼。接着，酒后挥毫，诗文齐飞。

这样的性格和生活，很李白！

但是，成年人的生活不可能只有诗歌与美酒。有了家庭的李白又开始四处找关系结交达官贵人，向他们献上诗歌文章，向他们宣传政治主张，可始终没人搭理他。他拜访安州（位于今四川省绵阳市）长史裴宽，送上干谒文章《上安州裴长史书》，跟《与韩荆州书》一个套路。先夸自己博学多闻、乐善好施、重情重义、品格高洁，名流们都夸我的文章不同寻常：“少长江汉，五岁诵六甲，十岁观百家。轩辕以来，颇得闻矣。常横经籍书，制作不倦，迄于今三十春矣。”然后再夸裴长史英俊潇洒、才华横溢、地位尊贵：“贵而且贤，鹰扬虎视，齿若编贝，肤如凝脂，昭昭乎若玉山上行，朗然映人也。而高义重诺，名飞天京，四方诸侯，闻风暗许。倚剑慷慨，气干虹霓。”最后表达自己对裴长史的仰慕之情：“白窃慕高义，已经十年。”

“马屁”拍得噼里啪啦，裴宽听得打着哈哈。你上来就大篇幅地夸自己，是让我推荐你呢，还是让你提拔我呢？不停唠叨治国平天下的宏伟抱负，我这里乃小小的地级市，怎能装得下你？想要一步登天，担任帝王之师，醒醒吧！本人到现在还只是个市级领导，你哪里来回哪里去吧！

多次求官失败，李白依然保持浪漫。找你们这些虾兵蟹将不行，我要找超级大鱼。

思路决定道路，危机就是转机！

唐朝皇帝为了抬高自己的地位，追认道教创始人老子（李耳）为祖宗第一代，道教得到飞速发展，道士普遍受到尊重。当时，玄宗的两个妹妹金仙公主和玉真公主也出家做了道士。迷信道教的唐玄宗曾亲自给老子的《道德经》作注解，编写《道德经》“完全解读手册”，要求天下人每家收藏一册，并将其作为科举考试的重点内容。道教瞬间成了热门学科。

文人们发现了其中的“商机”，结交道士、深挖道教就等于打通了通往皇帝身边的捷径。李白开始结交著名道士元丹丘，两人相约隐居山林，钻研道家学说。

转变思路，用道教打开通向皇宫的大门！

他写下洋洋洒洒的《明堂赋》进献给皇帝：“四门启兮万国来，考休征兮进贤才。俨若皇居而作固，穷千祀兮悠哉！”他用华丽的辞藻大赞开元盛世的雄伟气象，皇帝英明啊！接着阐述自己的治国方略，管理国家就该像远古的黄帝一样，制定最好的政策，让百姓安居乐业。

但《明堂赋》石沉大海，李白十分伤心。

不放弃，不抛弃！

玄宗外出狩猎，李白又乘机献上《大猎赋》，极力夸耀，卖力呐喊：我们大唐远胜大汉，道教理论顶呱呱，皇帝治国响当当！只可惜依然没有下文。不是文章不绚丽，而是没有重量级的人物帮他推荐。

李白作为“极品赘婿”，生活十分有序，写写诗，旅旅游，日子过得单调而枯燥。但他又被命运无情地蹂躏了一次。大约四十岁的时候，妻子许氏死了，继续留在许家大院也不合适，于是，他带着儿子女儿前往东鲁（今山东地区）投奔亲戚朋友，寻求机会，等待时机。

在东鲁，寄人篱下，受人白眼，并不舒心！不过经过长期的交游与钻研，他认识了很多重量级的人物，也深入地理解了道教的思想。他写了一首极力夸赞玉真公主的《玉真仙人词》：“玉真之仙人，时往太华峰。清晨鸣天鼓，飙欻腾双龙。弄电不辍手，行云本无踪。几时入少室，王母应相逢。”公主殿下，您很快就能得道成仙，与王母娘娘握个手啦！

《玉真仙人词》被朋友献给了玉真公主。

公主很开心，点点头，这个大叔可以力推！

唐玄宗很快知道了李白的大名，拿起他的诗赋看了又看，翻了又翻。天才啊，朕不用谁用？让他来皇宫，立刻，马上！

李白后面的经历想必大家都不陌生，一辈子起起伏伏，跌跌撞撞。

他除了写诗歌，还写了大量的骈文和赋。为什么呢？因为唐朝科举考试的重点就是诗赋，政府公文使用的就是骈文。你得向人家证明你的考试能力和公文水平啊！

唐朝进士科一开始只考策问（相当于时事政治论述题），后来加上了帖经（相当于填空题，考查考生对儒家经典的背诵理解能力）和杂文（指诗、赋、箴、铭、颂、表、议、论之类）。唐玄宗天宝年间，杂文变成了纯粹的诗赋题，诗赋写作题的分数越来越高，远超策问和帖经。尤其唐朝中期以后，科举考试第一场考诗赋，第二场考帖经，第三场考策文，逐场定去留。第一场最重要，诗赋做得好，才能进科考。

这就是李白进献《大猎赋》《明堂赋》等赋的重要原因。但是，如果他真的参加科举考试，也未必考得中。

律诗一般人都能通过，但律赋过于生猛，经常让大文豪们抓狂。律赋大致要写三四百字，要求声调和谐、词藻华美、对仗工整、用韵严格，类似于汉赋与骈文的结合体。但律赋对押韵的要求过于严格，给你限定几个字，必须用它们和相关相近的字来押韵。唐玄宗开元二年（714 年），主考官王丘出的题目是《旗赋》，限定用“风日云野，军国清肃”八个字作韵脚（句末押韵的字）。考生李昂写了一篇 27 句 327 个字的赋，文辞雄劲，用韵准确，在当时录取的进士中名列第一，成了李状元。

从此以后，限定八韵就成了唐代科举考试中律赋题的“标配”。

考生想要顺利答题，必须得弄清楚题目中的韵字属于什么类型，哪些字能押韵，哪些字不能押韵，跟考试题目相关的韵字有哪些，如何将它们巧妙地安排到文章中去。

朝廷对韵字有明文规定，哪些字能用，哪些字不能用，一旦弄错，考试没救！考生要仔细根据八字声韵定出八类韵脚，在规定的时间内完成应试作文。有个叫宋济的诗人考完才发现用错了韵，想要重新写已经来不及了，不由感叹：“宋五坦率矣（宋济排行老五，坦率指粗心）！”后来，宋五老是坦率，老是考不上，成了人人皆知的笑话。在后来的考试中，皇帝唐德宗在进士名单中没看到宋济的名字，开玩笑道："宋五又坦率也！"

对喜欢自由、大大咧咧的李白来说，未必不会上演"宋五坦率"的笑话。

律赋算是明清时期八股文的先行者，虽然评卷标准比较客观，但这样的考试，很难反映出考生的真实水平。很多人不能及时交卷，只能薅着头发空悲切，抹着眼泪长叹息！

具有反抗精神的文人们不干了。工作用骈文，考试用律赋，整天写些形式整齐、内容空洞的文章，天天考，天天用，烦透了！

改变，必须要改变！一个考场上的终极斗士喊出了时代最强音，带来了最炫复古风！

◆参考资料：

1. 朱秋德：《论李白的宗室情结及对其人生诸要素的影响》，《丝路学刊》，1997 年第 4 期，第 16—18 页。

2. 韩维禄：《李白"五世为庶"当为李建成玄孙解》，《山西师大学报（社会科学版）》，1988 年第 1 期，第 35—37 页。

3. 阎琦：《李白的入仕道路和他的幽愤》，《铁道师院学报》，1994 年第 3 期，第 51—56 页。

4. 杨栩生：《对李白由安陆移家东鲁一些问题的探讨》，《绵阳师范学院学报》，2021 年第 7 期，第 103—109 页。

5. 李肇：《唐国史补校注》，中华书局，2021 年 4 月第 1 版。

6. 王运熙：《李白》，上海古籍出版社，1979 年 9 月第 1 版。

7. 李一鸣：《李白杜甫干谒诗比较研究》，《文化月刊》，2021 年第 2 期，第 166—167 页。

8. 刘昫：《旧唐书》，中华书局，1975 年 5 月第 1 版。

9. 欧阳修、宋祁：《新唐书》，中华书局，1975 年 2 月第 1 版。

10. 吴国兰：《一生追逐，终是无果——浅谈李白之政治意识》，《名作欣赏》，2021 年第 36 期，第 158—160 页。

11. 傅璇琮：《唐代科举与文学》，中华书局，2020 年 6 月第 1 版。

12. 李兵、刘海峰：《科举：不只是考试》，上海教育出版社，2018 年 4 月第 1 版。

13. 雷刚：《“篇群”连读：从〈春夜宴从弟桃花园序〉说开去》，《中学语文教学参考》，2021 年第 16 期，第 39—40 页。

《马说》《师说》《进学解》——就算被拍死在沙滩上，我也得乘风破浪

韩愈很小的时候，父母就去世了。哥哥抚养他长大，并教会他读书写字。后来哥哥受到牵连，被贬官韶州（今广东省韶关一带）。唐朝的时候，广东并不是发达省份，而是蛮荒之地。水土不服加上心中郁闷，哥哥很快就病死了。

带着小叔子返回故乡的嫂嫂虽是妇女，却有远见卓识，贫穷人家想要翻身，必须要读书功夫深。小叔子，我负责赚钱养家，你负责读书开挂，我们共同努力，一起奋斗！

韩愈从小就养成了“斗士”的品格，与天斗，与地斗，与不公平的命运斗，斗他个天昏地暗，斗他个波涛汹涌。清晨，他向着寒风大声朗诵；夜晚，他对着星星安静思考。很快，他就把家里的藏书读了个遍，刻苦认真的小孩变成了知识丰富的少年。

读万卷书，还得行万里路。一天，嫂子说道：“现在你长大了，去洛阳读书吧！开阔视野，结交名人，钱的事情不用担心。”少年眼含泪水，到哪里找这么好的嫂子？我一定要出人头地，凭实力让一家人过上好日子。从此，小镇少年变成大城市的“蚁族”青年。

韩愈过上了苦行僧般的生活，“口不绝吟于六艺之文，手不停披于百家之编”，常常读书到天明。手僵了，搓一搓，继续；嘴巴干了，喝杯冷水，继续；墨汁上冻了，吹口气融化后，继续！他就像一个质量最好的保温杯，始终保持着初心的温度。

经过不断的分析、总结、抄写、背诵、练习，韩愈终于形成了自己的写作风格，自成一派，独步天下！

他信心满满地参加科举考试，可惜上天好像给他的人生开了“美颜”，理想肤白貌美，现实脸黑罗锅背！

三次奔赴长安参加科举考试，均告失败。唐朝科举考试卷子不糊名，中下层子弟们很难上通榜。韩愈曾经通过写诗形象描述考生们争着求人推荐的样子：“足将进而趑趄，口将言而嗫嚅。”站在达官贵人的面前，考生们犹豫徘徊，畏手畏脚，想说又不敢说，想问又不好问。纠结啊，苦闷啊，到底能不能给我个赞啊！

现实给了韩愈无情的冲击，但他始终不相信命运。继续考！生命不止，战斗不息！

“蚁族青年”变成了“终极斗士”。

第四次参加考试，也许因为他在京城有了一定的知名度，终于进士及第。但还没张开大嘴笑个够，现实又重重地敲疼了他的门牙！

第二年，韩愈信心满满地参加吏部考试，又是失败而归。

在唐朝，考中进士并不意味着马上就有官做，还得参加吏部的考试——关试（又叫铨选），一般在春天快结束的时候举行，所以也叫春关。考试要求非常严格，注重身（体貌丰伟）、言（言辞辩正）、书（楷法遒美）、判（文理优长），兼顾德、才、劳三个方面。所以，有的进士过了几十年依然没能进入官场。

吏部一直都是权贵们的老巢，吏部尚书由一流门阀出身的贵族担任，他们在人才选拔上肯定偏重出身。即使你凭借优秀的成绩通过了科举考试，到了吏部以后，也会受到刁难。“书判”算是客观题，可“身言”呢？说你没气质，你该怎么办？说你谈吐不优雅，你又能怎样？

关试是吏部每年举行的常规考试。这种考试需要拼资历和年龄，你得家里有“矿”熬得起，所以引起了很多才能突出的人的不满。为了让那些特别有才的年轻干部脱颖而出，吏部又推出了科目选，分为博学宏词科和书判拔萃科等。前者注重文采，后者注重书判能力。

只要是通过科举考试的或者是在职官员，都可以参加科目选考试。尤其是科举出身且没有“编制”的文人，不需要守选三年，就可以直接考试，考中立即“入编”。但是，这种考试不仅题目难度大，录取率也很低，主要就是为了选拔“千里马”和天才的。

通过吏部考试以后，你就成了官，才能脱去粗布衣服，正式成为“上流人士”，专业术语叫“释褐”。

为了绕开守选期，韩愈参加了吏部的博学宏词科考试，又拿回四个字——谢谢参与。

经过科举考试和关试的层层蹂躏，考生们要么疯掉，要么穷死，要么意志消沉、愤世嫉俗，要么百折不挠、斗破苍穹。“斗士”韩愈有点扛不住了，恰逢他非常敬重的嫂子因常年劳累追随丈夫而去，他返回家乡，为嫂子守丧。

命运给了韩愈灰暗的道路，他却拨开荆棘，勇闯天涯。五个月守丧期满，他又接连两次参加吏部的博学宏词科考试，可上天依然对他说：勇气可嘉，下次再来！

失败让他总结反思，要不走走关系，做点“营销推广”？

于是他给当时的宰相写了三次信，宰相大人，给我个机会吧！《后十九日复上宰相书》就是他写给宰相的第二封自荐信。第一封寄出十九天后没有收到答复，于是他又写了这一封。他在信中写道，我勤奋历练已经很多年了，虽然智商、情商时不时掉链子，但逆商始终在线啊！我排除艰难险阻，不停往前走，现在不仅穷得叮当响，肚子还饿得咕咕叫。我已经放开喉咙大声呼救，宰相大人您应该也听到了吧？您是走过来拉一把我这个可怜的人呢，还是坐在一旁不管呢？

不是他写得不好，而是写信自荐的人太多，也许宰相大人根本就没看到。

“斗士”再狠，也怕饿肚，韩愈开始四处找工作。在唐朝，除了考试，文人们的另一条出路就是通过荐举做地方长官的助手、秘书等。韩愈被人推荐，先后做了宣武节度使、徐州节度使的幕僚。

因为唐代特殊的幕府制度，地方长官奏请朝廷以后，就有资格任命亲信、名人担任自己的属下官员，而没有“编制”的新科进士在守选期间也可以担任一定的官职。但这样的官职职位一般都不会太高，升迁也会受影响。

韩愈在担任幕僚和助手期间，一直积极备考，总结自己失败的经验，反思朝廷考试制度的弊端。

当时公文必须写骈文，考试必须用律赋。文章读起来排山倒海，犹如唱歌，但细细一品，内容空洞，说了半天好像什么都没说。韩愈心想，我们先秦、两汉时期的老祖宗们写的文章，质朴自由、奔放有力、内涵深刻，说点大白话有什么不好，非得搞形式主义吗？为了气势，搞一堆排比，难道应试作文就只能有一种格式吗？为什么不能骈散结合？难道只有写骈文、律赋才能得高分吗？考试的标准是不是出了问题呢？就不能写点有真情实感、有血有肉、自由发挥的文章吗？

安史之乱后，大家信仰翻车，“宇宙第一”的大唐居然如此不堪一击！繁华落尽，该何去何从？藩镇割据，该如何应对？统治者们享乐和显摆的标配——骈文，瞬间成了众人的眼中钉。

韩愈的想法得到了很多挣扎在底层的文人们的大力支持，“韩粉”越来越多，团队越来越强。一不小心，他成了文艺界写作风尚的引领者。他向先秦散文和两汉史传文、论说文学习，不受格律约束，不受形式捆绑，用通俗质朴的文字自由抒写心中所想，让文章不再局限于一种形式，给文章注入精神内涵。

但是，古文换不来饭吃，想要填饱肚子，还得参加考试。微微凉风袭来，望着窗外一轮明月，想着多年来的失败，韩愈再一次呐喊出心底的声音：千里马常有，而伯乐不常有。在凄风苦雨中奔走了许多年，却无人赏识、无人引荐，处于底层的人活该一辈子被踩在贵族们的脚底下吗？俗话说，是金子总会发光，但在深山老林里发光又有谁看得见？天下不是缺少千里马，而是缺少善于发现千里马的伯乐啊！

“呜呼！其真无马邪？其真不知马也！”

不给待遇，不给关怀，再好的人才也会被埋没。“是马也，虽有千里之能，食不饱，力不足，才美不外见。”

韩愈用《马说》发出了时代最强音。他辞去幕僚工作，在洛阳隐居了一段时间，读书写作，宣传推广自己的古文理念。他亲自示范，写出了很多优秀的文章，如合称“五原”的《原道》《原性》《原毁》《原人》《原鬼》。他提出复兴儒学，文以载道，渐渐地掀起了一场浩浩荡荡、影响后世的古文运动。因为骈文风行了东汉、魏、晋、宋、齐、梁、陈、隋八个朝代，所以苏轼称韩愈“文起八代之衰”，一人单挑八代风骚！

在“广告宣传”“市场推广”之后，韩愈重装上阵，再次策马狂奔，去长安寻找伯乐。

在过了守选期之后，一名动天下的他忐忑地出发了，前往长安参加第四次吏部考试。在考场上死跑龙套的他终于有了演主角的机会——考上了，真的考上了！他使劲地掐了一下自己已经不再细腻的皮肤，哎哟，疼！不是做梦，真的成功了！

他被任命为国子监四门博士（国子监是国家最高学府，分为七个学馆：国子学、太学、广文学、四门学、律学、书学、算学。每馆有十到两百个学生，负责教书的有博士、直讲、助教，校长为祭酒。韩愈博士负责四门“班级”）。曾经屡战屡败、屡败屡战，如今终于吃上了皇粮，兴奋的韩愈特意请假前往华山游山玩水，对着高山美景长啸一声：我也有编了！

前后近十年，八次考试、六次落榜，在困难面前，只要你不低头，困难就会弯腰。

可是，教书生涯并不那么开心。唐朝门阀士族虽然没有两晋时期那么猖狂，但依然坚挺。唐高宗时期的宰相薛元超曾对朋友说：“吾不才，富贵过人，然平生有三恨：始不以进士擢第，不得娶五姓女，不得修国史。”娶不上五姓女乃人生一大遗憾啊！

在众多门阀士族之中，有几个家族堪称顶级豪门，分别是陇西李氏、赵郡李氏、博陵崔氏、清河崔氏、范阳卢氏、荥阳郑氏与太原王氏。由于李氏和崔氏延伸出两个分支家族，所以它们又被称为七宗五姓，或者五姓七家。别说宰相薛元超娶不到七宗五姓的女子，就连皇室的公主都嫁不到这样的人家。当初皇帝想把女儿嫁给清河崔氏，结果人家崔老爷不乐意，你们李唐有胡人血统，不是纯种汉人，鄙视你！拒绝你！

社会上依然存在着血统鄙视链，一层鄙视一层。最高层连皇族都看不上，又怎么可能虚心向国子监的老师学习呢？

高官特权阶层的子孙可以继承家族爵位，进入官场，这叫门荫官。中下层官员的子弟也可以做流外官：负责各个政府部门中抄写、记账、管钱管粮的杂事。这些官职贵族看不上，但又必须有人干，于是便成了没有诗赋才华又有点背景的人的首选。流外铨是唐朝选拔中下级官吏的重要方式。

国子监的大部分学生都是“关系户”，将来不用参加科举考试也能做门荫官或流外官，谁还会听你这个穷老师在讲台上讲课？谁还会认真地跟你学古文？韩愈经常听到学生的讥笑：“什么玩意，他的地位比我低，学问未必比我好，我干吗向他学习？看他那副穷酸样，还给我们猛灌人生哲学、心灵鸡汤！”

被人忽视的韩愈十分郁闷失落，恰好在这个时候，一个叫李蟠的学生向他请教古文的写作技巧。李蟠特别谦虚好学，喜欢钻研儒家经典，韩愈激动万分，原来我也有“粉丝”啊！为了纠正学风、表扬李蟠，他写下了《师说》，强烈批判当时耻学于师的风气。看看人家古代圣人，谦虚低调，再看看现在的年轻人，傲慢无礼；看看那些巫医、乐师等底层人，彼此请教，再看看那些士大夫，相互嘲讽。有的人教育子女好好学习，自己却鄙视学习，这样怎么能发挥榜样的力量？怎么会激发孩子学习的兴趣？

韩愈发出了基层教师的呐喊：“是故无贵无贱，无长无少，道之所存，师之所存也。”只要技术过硬，学问精深，就可以成为别人的老师！为什么非得把目光集中到对方的年龄、身份和地位上呢？孔子的老师那么多，有几个比他厉害？

但是，一个老师又怎能凭借一篇文章改变长期形成的社会风气呢？

他不甘心，不想就这样被埋没人间，于是又到处寻找伯乐投“简历”。他的努力没有白费，朝廷提拔他为监察御史，官位不高，但地位重要，有弹劾政府官员的权力。

幼时的读书经历与落榜的挫折磨炼了韩愈的意志，让他变成一个真正的“斗士”。面对不平之事，他敢于直言，从不丧失一个读书人应有的品格，但这种性格在官场上未必吃得开。

贞元十九年（803 年），京城长安周边地区发生特大旱灾，韩愈前去调查实际情况。当时的情形惨不忍睹，灾民们饿死一大片，腐烂的尸体散发着难闻的气味。可是长安京兆尹（相当于首都市长）李实为了自己的官帽子，竟然封锁消息。反正没手机和电脑，深居宫中的皇帝想要了解情况，还不靠我的嘴巴说嘛！于是，他谎报周边地区虽然发生旱灾，但谷子长得还不坏，今年肯定大丰收。老百姓锣鼓喧天、鞭炮齐鸣，纷纷为皇帝的英明神武点赞呢！

唐德宗听了很高兴，我的“粉丝量”又噌噌往上涨啊！

韩愈愤怒了，这不睁着眼睛说瞎话吗？他立刻写了一篇《御史台上论天旱人饥状》的奏疏，准备揭露李实的无耻行为。可职场愣头青遇到了官场老油子，李实联合京城的官员们来了个先下手为强。韩愈那小子不知道天高地厚，诬告忠臣也就算了，竟然敢质疑皇帝陛下的管理能力，难道只有他才能治理好天下吗？

皇帝大怒，从哪里蹦出来的小年轻？不做我的“粉丝”，也别害我“掉粉”啊！打发他去连州阳山（位于今广东省西北部）做个小县令吧，别出现在我面前了！寒冬时节，雪花飘飘，韩愈带着冰冷的心从繁华大都市去了落后小乡镇，从中央干部变成了地方小官，他不知道自己到底做错了什么。

后来，唐宪宗继位，新朝有了新气象，韩愈回归的呼声日益高涨。他先后做过东都都官员外郎（属于刑部，掌管刑狱诉讼）、河南县令、尚书职方员外郎（属于兵部，掌管全国地图、军备等）。在此期间，他继续推动古文运动与儒学复兴，越来越多的年轻人聚集到他的身边，跟他学习文章创作技巧。

后来，他因为乱说话，又回到当初的起点——国子监，继续做大学老师（国子学博士）。

韩愈不用买票就可以体验坐过山车的震撼与刺激，他有些晃晃悠悠站不稳。怎么才能重回巅峰呢？

他一边教书，一边琢磨，终于想出了好主意。他提笔写下了著名的文章——《进学解》，进献给当朝宰相。

《进学解》是韩愈假托“课堂实录”的方式来发牢骚的文章。全文故意营造了一个生动的课堂环境：老师劝学生要好好读书、天天向上，学生质问不好好读书又能怎样，老师再给予一一解答，故名“进学解”。

在文章开头，韩愈向学生们灌输励志“鸡汤”：什么才是学习，怎样才能学好习。他上来就说：“业精于勤，荒于嬉；行成于思，毁于随。”然后噼里啪啦地进行一番教导：你们要好好学习，学好本领，将来才能有出息。

学生们看着韩愈全身上下没有一件名牌，混到现在还只是个教书匠，竟然在这里传授成功经验。这家伙是搞传销的吗？学生们用鄙视嘲讽的语气说道：“先生欺余哉……记事者必提其要，纂言者必钩其玄。贪多务得，细大不捐。焚膏油以继晷，恒兀兀以穷年。先生之业，可谓勤矣。”（这段话引出两个成语：细大不捐，常指收罗的东西多，毫无遗漏，也形容包罗一切，没有选择；焚膏继晷，形容夜以继日地勤奋学习、工作等。）

什么意思呢？

韩老师啊，你不要在这里放烟幕弹了。你的确精通经史子集，广泛学习，有所收获。早上两眼一睁，开始读书；晚上两眼一闭，深入思考。勤奋刻苦你都占了，可最后怎么样了呢？还不是在这里教书发牢骚。有用吗？

这是韩愈故意设计的虚拟课堂，借学生的嘴巴变相地夸赞自己不仅学问好，人品还好，什么都好。又借学生的嘴巴感叹道，老师你现在混得这么差，读书有什么用呢？看看你现在的样子，冬天没钱买炭，儿女们哭着喊冷；平时没钱买米，夫人饿着肚子。你的头发、牙齿早就光荣下岗了，身上的衣服比我们岁数还大，你还天天教导我们刻苦读书，读完就像你这样吗？

文章的第三段，韩愈正面回答了学生的讥讽：世界上的人才各有所用，像我这样不受欢迎的人，皇帝跟宰相不把我赶走，还安排我到大学来教书，已经是天恩浩荡了（这是变相地夸赞宰相，毕竟要写给宰相看嘛）。你们只要认真学好知识，有了比我强的本事，在这样英明的皇帝跟宰相的领导下，还怕不被重用吗？

整篇文章采用一问一答的课堂实录方式，借学生的嘴巴，委婉地说出自己的想法，顺便拍下宰相大人的“马屁”。形式博眼球，读着挺有趣。宰相看了之后，笑眯眯地拍着大腿，韩愈这小子不仅有才华，还挺会做人，不错，不错！调他去编修历史（史馆修撰）！

后来韩愈因为表现突出，成了考功郎中知制诰（考功郎中是官衔，属于吏部，知制诰是实职，负责撰写百官的任免通知书），类似于皇帝的秘书。不久，他又升为刑部侍郎（刑部副长官）。

可是，韩愈天生的“斗士”性格没有变。“部长”宝座还没坐热，又要凉凉！

到了皇帝这个地位上，什么都可以得到，唯独永生不能。所以很多帝王都拼命追求长寿、长生和升仙，他们太不想死了。当时有人为了制造轰动效应，说在凤翔县（在长安西北）法门寺的一座塔内藏有一节指骨，乃释迦牟尼的遗骨，被称为佛骨。手捧香花，迎接佛骨，好运铁定来！

唐宪宗一听，释迦牟尼，佛祖显灵，这是要我成仙的节奏啊！唐宪宗赶紧将佛骨迎进长安供奉，希望它能给自己带来好运，助自己长生不老。

古代的祥瑞大部分都是由人捏造出来的，最终就是为了升官发财那点事。捏造一百次，有一次得到皇帝的喜欢，立刻就能飞黄腾达。成本不高，风险很低，反正皇帝肯定爱听好话，谁不希望在自己统治期间祥瑞频出、神仙下凡呢？

当上刑部侍郎的韩愈头脑开始发热，佛骨？您老人家还是多关心关心人骨吧！很多百姓饿得两眼发晕，尸体烂在野外，您怎么不去管？于是他写了一篇火药味十足的奏章——《论佛骨表》，文采飞扬，有理有据，可他犯了一个他经常犯的错误——耿直。文章里说，自从东汉以来，凡是痴迷佛教的皇帝都很短命，比如梁武帝，祭祖不杀生，自己不吃荤，皇帝不做，三次出家，结果呢？被叛军包围，活活饿死，极乐世界倒是去旅游了一番，可买不到回程票了啊！

唐宪宗怒了，这不明摆着咒我死吗？继续往下看，他的血压急速飙升。

如果陛下您把佛骨迎到宫中，浪费钱财供奉这么一节骨头，这必将“伤风败俗，传笑四方”。被天下人耻笑，可不是一件小事啊！

韩愈把自己当成了魏徵，可惜他遇到的不是李世民。唐宪宗头发直竖，在你笑掉大牙之前，我先敲掉你的大门牙！

杀，杀，我要杀掉这个不知天高地厚的韩愈，把他碎尸万段！

事情闹大了，大家赶紧为韩愈说好话，他本质上也是为国为民嘛！

唐宪宗逐渐冷静下来，韩愈这种人嘴巴虽然臭，但没什么坏心眼，难道那些夸赞我的人就不会在背后嘲笑我吗？因为别人说错话而杀了他，岂不显得我不够大度？想要镇住这帮大臣，牌坊还是要立起来的！

死罪可免，活罪难逃。韩愈被贬到离京城十万八千里的潮州

（今广东省潮安市）去做刺史。五十多岁的韩愈站在凛冽寒风之中，捋着顽强驻扎在头皮边境上的几根白发，深深叹了一口气。唉，我又犯什么错了？难道说几句真话也不行吗？那我做官干什么？

成也文章，败也文章。上路吧！韩愈孤身一人向千里之外的蛮荒之地出发。

后来，唐穆宗继位，向他发来邀请函，来国子监！

当老师吗？

不，当校长！

韩愈升任国子祭酒。带着名人的光环，伴随着学生的掌声，“终极斗士”又回来了！国子监耻于求教的氛围被他来了个彻底大扫除。

晚年的韩愈又先后担任兵部侍郎、吏部侍郎，高官加厚禄，生活乐悠悠。可是，长期的操劳与挫折，让他身体的零部件运转失灵。是时候该歇歇了！韩愈向朝廷提交了辞职信，我要回家！

五十七岁的他在长安的家中病逝，也许这是最好的结局。

与同时代的韩愈、孟郊、贾岛等中年大叔们在考场上屡战屡败、唉声叹气的情况相比，柳宗元简直不要太幸福。二十一岁的他便进士及第，让人嫉妒得红了眼。

◆参考资料：

1. 阎琦、卞孝萱、张清华：《韩愈评传》，南京大学出版社，2011 年 4 月第 1 版。

2. 王路：《韩愈传》，人民交通出版社，2021 年 5 月第 1 版。

3. 洪迈：《容斋随笔》，团结出版社，2020 年 8 月第 1 版。

4. 刘昫：《旧唐书》，中华书局，1975 年 5 月第 1 版。

5. 房列曙：《中国历史上的人才选拔制度》，人民出版社，2005 年 7 月第 1 版。

6. 傅璇琮：《唐代科举与文学》，中华书局，2020 年 6 月第 1 版。

7. 程千帆：《唐代进士行卷与文学》，北京出版社，2020 年 6 月第 1 版。

8. 钱冬父：《中国文学史知识丛书 · 韩愈》，中华书局，1980 年 10 月第 1 版。

《三戒》《永州八记》《捕蛇者说》——我在永州直播代言，等你来发现

在唐朝，很多才华横溢的人考到老、考到死也未必能够通过科举考试。柳宗元如此年轻就能及第，除了因为他有才华，还因为他的家庭。除了拼爹，他还可以拼妈。

柳宗元的祖籍是河东郡（今山西省运城市永济、芮城一带），河东柳氏与河东薛氏、河东裴氏并称“河东三著姓”，祖上世代为官，在当地属于名门望族。隋唐建立以后，门阀制度依然具有强大的市场，只要是出身豪门的人，就会赢在人生的起跑线上。柳宗元的父亲担任侍御史等职，他的母亲卢氏出身范阳卢氏。魏晋南北朝至隋唐，范阳卢氏为高官者不计其数，另外像卢照邻、卢惠能（惠能大师，禅宗六祖）这样的文化名人更是数不胜数。唐代李世民将崔、卢、王、谢列为天下四大家族，卢氏则被视为天下最顶级的豪门。

出生在京城长安的柳宗元一直跟着母亲在自家的京西大庄园里生活，身为大家闺秀的母亲亲自对他进行启蒙教育。后来，京城发生战乱（建中之乱），他和母亲投奔在外做官的父亲柳镇，柳宗元跟随父亲接触了社会，结交了朋友，渐渐有了名气。

京城叛乱稳定之后，柳宗元又回到长安，被选为乡贡，参加进士科考试。唐朝科举考试分为解试和省试两级。解试又叫乡试，是州县（地方政府）举行的考试或者中央公立学校组织的毕业考试，类似现在的高中会考；省试是由中央机构尚书省组织的全国统一考试，类似现在的高考，考场设在礼部贡院，通过这个考试，才算正式考中进士，拿到官场准入证。

乡试第一名叫解头或解元，省试第一名称状头或状元。

在其他州县参加乡试，跟在京兆府长安参加乡试的效果完全不一样，唐朝的京城户口会为考试加分。一般来说，通过京兆府乡试的人，基本上一路绿灯，顺利晋级，省试不是问题，得状元也有可能。所以，抢夺京兆府的解头，成了权贵子弟们的一场重头戏，大诗人王维曾经也参与过这样的活动。

虽然史书没有详细记载柳宗元考前的行卷活动，但是完全可以想得到，根本不用他跑关系，出身豪门的父亲、母亲以及身份高贵的亲戚们随便动动口就能让他上通榜，何况他还是京城户口。

所以，他年纪轻轻就通过了科举考试，接着又轻松通过吏部的考试，在中央担任集贤殿书院正字（官阶从九品上）。对比一下多次参加科举考试、吏部选拔考试的韩愈，柳宗元简直幸福得像花儿一样。

也许是集万千宠爱于一身，老天都有点嫉妒了，于是给他来了点意外的打击。

积累了在中央和地方各个部门任职所获得的经验以后，柳宗元升任监察御史里行，这个官职主要负责监察百官。官职虽然不高，权力却不小，他有机会接触到官场的上层人士，深入了解政府的痛点难点。近朱者赤，近墨者黑。正直的他认识了很多志同道合的朋友，大家聚在一起讨论国家大事，提出解决方案，有了一个共同的理想：恢复盛唐的风采。

此时的唐王朝犹如重病缠身的老人，正常行走都有些困难。外有藩镇割据，内有宦官专政，贪污横行，民不聊生。宦官们经常借着采买皇宫物品的名义，公开在街上抢夺。看中哪家东西，就随意拿走，这是皇宫要的，难道还需要给钱吗？大家把这称为宫市。白居易《卖炭翁》里写的就是这种情况，老翁辛辛苦苦烧了一车炭，结果被太监无偿掠走。

老百姓成了宦官们私人享乐的免费供应商，甚至那些充任五坊（雕坊、鹘坊、鹞坊、鹰坊、狗坊）小使臣的宦官（人称五坊小儿）也纷纷加入"共享百姓财物"的队伍中。你们的就是我们的，我们的还是我们的。

上有所好，下必甚焉。

地方节度使通过进奉钱物和皇帝以及太监套近乎。有的每月进贡一次，称为月进；有的每日进贡一次，称为日进。很快，刺史、幕僚们也纷纷效仿，"山寨"也得保证质量，人家送什么，咱绝不能比他差啊！于是，官员们纷纷贪污受贿，以维持源源不断的进贡。一层剥一层，最终，老百姓成了食物链底端待宰的羔羊，连五脏六腑、骨头架子都被榨得干干净净。

污水横流的唐王朝奄奄一息、垂死挣扎，怎样让它重新站起来呢？

恰逢唐德宗驾崩，太子李诵（唐顺宗）继位，年号永贞。年轻的皇帝朝气蓬勃，重用改革派人物王伾、王叔文等，与王叔文政见相同的柳宗元也被提拔。其他诸如韩泰、韩晔、刘禹锡、李景俭等人也都聚集而来，手拉手一起走，共同拉开了"永贞革新"的序幕。

以唐顺宗、王叔文为首的改革派，采取措施打击藩镇与宦官，取消宫市、进奉，罢免五坊宦官，整顿税收，惩治贪官……病入膏肓的唐王朝有了重新雄起的希望。但是敌对者也不是吃素的，触犯我们的利益？杀，杀，杀！一时间，宦官、贪官、藩镇等结成“复仇者联盟”，有人有钱有计划，疯狂反扑不商量。

而改革集团的老大唐顺宗突然身患重病，意识不清。以俱文珍为首的宦官、贪官集团联合地方藩镇向朝廷施压。皇帝脑子都不清楚了，就不要干了，让新人来做吧！

他们拥立广陵郡王李淳为太子，改名李纯。

唐顺宗被迫禅位，唐宪宗立马继位，史称“永贞内禅”。一朝天子一朝臣，新皇帝贬王叔文为渝州司马，贬王伾为开州（位于今重庆市）司马。王叔文很快被赐死，王伾不久病死，一百八十多天的永贞革新宣告失败。集团中的其他重要人物也都被贬到偏远的地方当了司马，被后人称为“二王八司马”，即两个王姓核心人物，八个骨干分子。

柳宗元就这样成了永州（位于今湖南省西南部）司马。

从如日中天的高官变成不受待见的小官，没有房子，柳宗元只能寄居寺庙。不到半年，母亲又去世，他的心情可想而知。这到底是为什么？为什么？他写下了著名的三篇寓言故事——《三戒》，即《临江之麋》《黔之驴》《永某氏之鼠》。“三戒”出自《论语·季氏》：“君子有三戒。”既劝诫自己，也劝诫别人。

这三个小故事很有意思。《临江之麋》讲述幼年的麋鹿被猎人捡回去当宝贝养起来，猎狗们只能望着肥美的小鹿流口水。迫于主人的压力，它们还跟麋鹿一起玩耍做游戏。在这样“友善”环境中长大的麋鹿，以为狗狗都是好朋友。一天，麋鹿独自到郊外游玩，发现一群野狗，兴奋地跑过去：“朋友，我们能不能一起玩游戏啊？”肚子空空的野狗们点点头：“你躺下，我们玩个吃肉的游戏。”结果，麋鹿被群起而吃之，只剩下了骨头架子。

《黔之驴》讲述老虎第一次看到驴，见对方身材高大，叫声怕人，以为是个实力派猛兽，始终不敢扑咬过去。它在旁边试探性地撩拨，来啊，过来咬我啊！结果，驴子只会左腿踢踢，右腿蹬蹬。

嘿，原来是个偶像派！怕什么，干它！老虎大胆地扑上去，咬断了驴的喉管，笑眯眯地饱餐一顿。大口嚼驴肉，就是这个味！天上龙肉我吃不到，地上驴肉真美妙！

《永某氏之鼠》讲述永州有个怪人，因为自己的生肖是老鼠，所以非常爱护小老鼠，从来不去抓捕。老鼠们很兴奋，终于可以大干一场了！于是它们肆无忌惮地吃粮咬物。家中的老鼠越来越多，它们横冲直撞，得意扬扬，从此，天下都是我们的了！后来房屋换了新主人，他看见到处都是老鼠，眉头一皱，该是抓它们的时候了！于是他开展了一场轰轰烈烈的灭鼠行动。一时间，老鼠们尸横遍野，销声匿迹。

柳宗元说出了自己写寓言的用意：有些人不考虑自身的能力，只凭借外力逞强，激怒了对方，最终引火烧身；有的人自以为可以一手遮天，有的人自以为可以狐假虎威，但是该来的总是会来的！

可怜的麋鹿，分不清敌我；可悲的驴子，学不会技巧；可恨的老鼠，抵不住恶报！

几则寓言既包含了对朝廷中小人们的鄙视，也有对自己改革行为的反思，自己本来就不强大，何苦跟猛兽们对着干？于是他将精力放在了游山玩水、钻研文章上。永州三面环山，又有潇江和湘江二水汇合，处处有景，等着柳宗元去发现。

一天，他叫上几个朋友去竹林游玩。还没到竹林，流水声就从远处传来，仿佛人身上的玉佩相互碰击发出的声音，清脆悦耳。好听，好美！他们砍掉挡在路上的竹子，开辟前行的道路。

从山崖上隐隐约约看到一个小石潭。一股清凉袭来，身上的汗臭味顿时消散。走近石潭，发现它其实是由一整块大石头中间凹陷的地方积水而成。靠近岸边的地方，石头的周边露出水面，成为小潭的边沿。周围是青葱的树木、翠绿的藤蔓，参差不齐、随风摇摆。

低头一看，清澈见底的潭水中有几百条欢快游动的鱼，好像飘浮在空中，享受飞一般的感觉。阳光直射水底，鱼的影子仿佛映在水底的石头上。小鱼们一会儿呆如木鸡，一会儿游龙戏水，一会儿立定，一会儿遨游，静若处子，动如脱兔，来来往往，好生快活，好像在跟几个人逗着玩，来啊，来追我啊！

向小石潭的西南方望去，溪岸如同北斗七星一样曲折，又像蛇一样蜿蜒。溪水若隐若现，看不清它的源头在哪里。柳宗元坐在潭水边，一切都那么安静，静得可怕，寒气透骨。

唉，这种地方漂亮是漂亮，可坐久了容易忧伤！欣赏一眼，就走吧！

回来以后，柳宗元将所见所闻写成一篇游记——《小石潭记》（《至小丘西小石潭记》）。

寄情山水的柳宗元踏遍了永州的东西南北、犄角旮旯，写出了名垂青史的《永州八记》：《始得西山宴游记》《钴鉧潭记》《钴鉧潭西小丘记》《至小丘西小石潭记》《袁家渴记》《石渠记》《石涧记》《小石城山记》。八篇游记散文“直播”了永州的八处山水，独立成篇而又前后相连，文章短小而又结构精巧，犹如一份精致的下午茶，简约而不简单，看似随意却很用心。

在永州，出身豪门的柳宗元有机会接触到很多底层的百姓，了解他们的喜怒哀乐。

一天，他遇到一个姓蒋的人，听到了一个不可思议的故事。蒋家人世代以抓捕永州本地一种特有的毒蛇为业，蒋某人的祖父和父亲都是被蛇咬死的，但他依然从事这项高危职业。

“为什么呢，难道你不怕死？”柳宗元不解地问道。

对方道出了其中的秘密。

原来，永州毒蛇晒干以后，用来做药，能治愈很多难以医治的疾病。太医院根据皇帝的命令征收这种蛇，谁要是能捕到蛇并上交，可以免除全家的赋税。

就为了免除赋税？出身豪门的柳宗元不理解。一旦被蛇咬，小命可不保啊！

“唉，宁愿被蛇咬，也不想被官员吵！”姓蒋的人叹了口气，“要是能好好过日子，谁会干这种玩命的活？

“但是，您看看我的那些邻居们，一年忙到头，种地耕田，累死累活，全年收入还不够交税的。一会儿这个官员过来催税，还不交，想死吗？一会儿那个小吏过来摊派，上面来任务了啊，有钱的出钱，有力的出力。

“朝廷下达一个任务，下面就层层摊派，层层加码，最后遭殃的还是老百姓，我们压力山大啊！

“邻居们因为受不了官府的各种征税和摊派，死的死，逃的逃。而我家呢？只要一年按时交蛇两次，就不用交税。闲暇时候，我还能吃着土菜，喝点小酒。捕蛇，一年两次面对死亡；不捕蛇，天天面对死亡。你说我是愿意捕蛇呢，还是愿意等死呢？”

柳宗元惊呆了，最毒的不是蛇，而是贪官污吏啊！难怪孔子说“苛政猛于虎”！他写下了《捕蛇者说》，希望朝廷能看到底层人民的疾苦。

柳宗元亲自创作了多篇清新生动、具有真情实感的文章，支持了韩愈的古文运动。天下的文人们读着柳氏文章，纷纷感慨，原来不用骈文也可以写出“现象级爆款文章”！

一晃，十年已过。朝廷想起了被遗忘在角落里的柳宗元，特召他回京城，与他一起回去的还有刘禹锡等其他司马。原本等着被重用的几个人，却因一首调侃诗被打入了“冷宫”。

正值春天，暖风习习，刘禹锡同志到故地玄都观踏青游玩。咦，这里什么时候种上桃树了，我离开京城之前还没有吧！望着灿烂绽放的桃花，刘禹锡心生感慨，作了一首诗——《元和十年自朗州至京戏赠看花诸君子》：“紫陌红尘拂面来，无人不道看花回。玄都观里桃千树，尽是刘郎去后栽。”繁华道路上尘土扑面而来，人们刚刚看花回来。玄都观里的桃树有上千株，全是我离开京城以后栽种的。

结果这首诗歌被敌对者拿去兴风作浪。他刘禹锡什么意思？讽刺我们这些人都是他离开以后才被提拔起来的吗？他要不走，我们就得不到重用是不是？就他一个人能干？就他们八匹老马聪明……

诗歌被曲意解读，小报告、谣言漫天飞舞。当权者也渐渐受到影响：看来“八匹马”反思不深刻啊，对我们有意见、有抱怨、有怒气！

再贬！

几个人又被贬到地方做刺史，虽然官职比司马高，可是离家更远了。“好事者”刘禹锡被贬到了当时的穷山恶水、潮湿之地——播州，即今天的贵州省遵义市，这里在当时只是人口不足五百户的荒凉之地。刘禹锡无语了，我只不过对着景物发个感慨，哪有那么多想法？我自己去倒不要紧，可是母亲已经八十多岁了，去了肯定适应不了，只有死路一条。不去，谁留在家里照顾她呢？

这个时候，好朋友柳宗元伸出了援助之手。他去的柳州（今广西壮族自治区柳州市）虽然也偏远，但是冬暖夏凉，气候舒适节奏慢，居家养老不妨碍，于是他向朝廷提出跟刘禹锡交换地方。此举感动了朝中的正直人士，他们纷纷为刘禹锡说情。最后柳宗元依然去柳州，刘禹锡则换了地方——连州（今广东省连州市）。

八司马都被贬到“五谷不毛处”，好在还是地方当政的“一把手”。柳宗元振作精神，准备大干一场，立志改变柳州落后的风气，把中原的文化与技术带到那里。他鼓励老百姓开垦荒地、植树造林，教会他们打井取水。他不仅鼓励读书、发展教育，还会亲自上阵，当起兼职教授。

过了几年，唐宪宗大赦天下，在新任宰相裴度的劝说下，原来的改革派陆续回归中央，柳宗元也在其中。只可惜此时的他已经重病缠身，最后还没回到京城，就与世长辞了。柳州的老百姓专门建了一座罗池庙来纪念他，后改名为柳侯祠。

到了晚唐，全国从上到下都沉迷享乐，骈文、律赋又开始成为主流时尚。韩愈、柳宗元开辟的复古风虽被慢慢冲散，但是古文运动的精神已经影响了很多人。有一个年轻人，看着社会奢靡之风重新兴起，决定写篇文章劝劝皇帝。他借助骈文、律赋的形式，融入古文的精神，写出了千古名篇——《阿房宫赋》。

◆参考资料：

1. 程千帆：《唐代进士行卷与文学》，北京出版社，2020 年 6 月第 1 版。

2. 孙光宪：《北梦琐言》，三秦出版社，2003 年 1 月第 1 版。

3. 傅璇琮：《唐代科举与文学》，中华书局，2020 年 6 月第 1 版。

4. 刘昫：《旧唐书》，中华书局，1975 年 5 月第 1 版。

5. 关鹏飞：《唐才子传》（中华经典名著全本全注全译丛书），中华书局，2020 年 7 月第 1 版。

《阿房宫赋》——没说动皇帝，却搞定了考官，震惊了天下

此时，大唐已经开始走下坡路，盛唐气象不再，晚唐颓废日显，内忧外患，藩镇割据。父皇唐宪宗死了没几天，刚刚即位的唐穆宗就开始纵情欲海，不想着励精图治，只想着享受人生，喝酒、看戏、打猎……

为了住进超级大豪宅，他接连修建了永安殿、宝庆殿等。造假山的过程中还压死了几个工人，但他不管，几个百姓算什么？我只要在豪华别墅里听百家戏曲，赏顶级山水。

他不仅重视游玩的项目，还注重提升游玩的环境与品质。他花费重金，全面装修各大寺院，京城内的安国、慈恩、千福、开业、章敬等寺院重新闪耀开放。穆宗特意邀请吐蕃使者前往观赏，看一看，瞅一瞅，大唐就是这么有钱，你们没有吧？

他忘记了，曾经的大唐能引得四方朝贺、各国尊崇，靠的不是面子工程，而是强盛的国力与皇帝的魅力。

为了修建超大池塘，他居然动用军队两千人来疏通淤泥，硬把人工水池改造成赛船场所，频繁组织赛龙舟活动。每逢节日，他还大摆宴席，举办大型“派对”。臣子不断劝诫，穆宗根本不听，你讲你的，我做我的，互不干涉，和平共处。皇帝的爱好往往是天下的风向标，于是，从上到下都奢靡浪费、懒政怠政。皇帝都不工作，我们还干个什么劲？

穆宗用实力解释了什么叫玩物丧志。在一次打马球的狂欢后，他突然感觉双脚不能下地，诊断结果是得了中风。治来治去治不好，只能寄希望于道士炼的仙丹。吃着，吃着，穆宗飘然去了西天！

十六岁的太子李湛（唐敬宗）在懵懵懂懂中即位了。从小跟着贪玩的父皇能学到什么呢？只会更贪玩。所谓一代更比一代“强”，绝对把老爸拍死在沙滩上，即位第二个月，唐敬宗就迫不及待地跑到中和殿打马球，第二天又跑到飞龙院接着打，第三天大摆宴席，运动后放松放松，喝他个痛痛快快。

后来，唐敬宗干脆不上朝了。有什么比玩更重要？有什么比游戏更刺激？上朝听唠叨，简直浪费时间、浪费生命！

他不仅自己喜欢打马球，还要皇宫内的护卫、宦官等人统统参加，大家好，才是真的好！

一项运动不过瘾，多种运动才够味！他亲自主持大型宫廷“运动会”，马球、摔跤、散打、搏击、杂戏、拔河等项目应有尽有，只有你想不到的，没有他办不到的。他把宫廷的男人们按照职业分为不同的组别：士兵组、乐工组、宦官组、园丁组等。组织比赛，让各组相互对抗。

白天玩不够，晚上继续玩。敬宗经常深夜带着一帮人抓捕狐狸，宫中把这项“体育”活动称为打夜狐。

在叛逆期的唐敬宗，偏偏就要干那些大家不让干的事情。听说骊山风景特别美，他想去看看。大臣们纷纷劝阻：“陛下啊，从周幽王以来，游幸骊山的帝王没一个有好下场。秦始皇葬在那里，国家二世而亡；玄宗在骊山建行宫，发生安禄山叛乱；先帝（穆宗）去那里旅游一趟，回来就出现意外驾崩了。”骊山是个不祥之地啊！

嘿，骊山真的这么凶险吗？好玩，真好玩，朕这就去验证验证！唐敬宗不顾群臣反对，立即启程，到骊山看风景。安全回来之后，还不忘讽刺大臣，你们就知道骗小孩，我不是好好地回来了吗？

大臣们直摇头，这孩子，是不是傻？他能保得住大唐江山吗？

这时，有个才华横溢的年轻人再也坐不住了。哪有这样的昏君，整天拆了建，建了拆，玩了吃，吃了睡。骊山又是什么地方？是当年秦始皇大兴土木打造皇家陵园的地方，正是这种铺张浪费、不爱百姓的做法，导致秦朝二世而亡。

年轻人愤懑而又痛心地写下了一篇文章。可是唐敬宗没看到，却被一个老头看见了，还拿到主考官那里行卷。

“这篇文章怎么样？”头发花白的老头名叫吴武陵，在国家最高学府担任老师。

“好，极好，很久没看到如此酣畅淋漓的文章了！”崔郾目不转睛地看着朋友送来的千古奇文。文章犹如黄河之水，奔涌向前，又如夜空明月，照射大地。大唐又多了一个绝世才子。

“六王毕，四海一，蜀山兀，阿房出。覆压三百余里，隔离天日。骊山北构而西折，直走咸阳。二川溶溶，流入宫墙。五步一楼，十步一阁。廊腰缦回，檐牙高啄。各抱地势，钩心斗角。盘盘焉，囷囷焉，蜂房水涡，矗不知其几千万落。长桥卧波，未云何龙？复道行空，不霁何虹？高低冥迷，不知西东。歌台暖响，春光融融。舞殿冷袖，风雨凄凄。一日之内，一宫之间，而气候不齐……”

吴武陵觉得时候差不多了，便走到崔郾跟前，低声问道：“以他的才华，能否拿下今年的状元？”

“呃？”奉命主持科举考试的崔郾明白了，老朋友前来不是为了喝酒，而是要当说客，不过他推荐的人的确有状元之才。唉，可是通榜的名单已经排得很长了，走后门托关系的达官贵人太多，弄得他的身体仿佛被掏空，还想着怎么把透支的脑细胞补回来呢，结果又来一个！他叹了一口气，说道："老兄，状元早就被预定了！"

吴武陵明白，每年抢着上通榜的人摩肩接踵、虎视眈眈，今年的前三名早就被名门望族的人抢先预定，他一个小小的老师说话能有多少分量？不过，谁叫崔郾是自己的死党呢？

"要不第四名？"老者试探性地问道。

"搞不定啊！"崔郾摇摇头，每个考生的背后都站着一个呼风唤雨的人。

"要不第五名吧！不能再低了，如果你不答应，现在就把这篇文章还给我！"老者欲擒故纵，在没有活字印刷术的时代，得到一篇绝世文章或书籍并不那么容易。

"别，别，第五名，就第五名！可以了吧？"崔郾也是爱才之人，只要不得罪大人物，就会尽量选拔优秀人才。

"这还差不多，改天请你喝酒！"

"嘿，这个老小子！"崔郾送走吴武陵后，将那篇气势磅礴的文章小心翼翼地收藏起来。

他们讨论的年轻人名叫杜牧，他的那篇文章叫《阿房宫赋》。

这篇文章既有汉赋的气势，又有骈文的整齐，也有散文的灵动。从阿房宫的宫殿外、宫殿内等多个角度和多个方面反复渲染。阿房宫多豪华，多壮丽！皇帝多奢侈，多浪费！

结果怎么样了呢？

"戍卒叫，函谷举，楚人一炬，可怜焦土！"陈胜振臂一呼，刘邦攻占函谷关，项羽放了一把大火，阿房宫转眼成了焦土。

最后，杜牧想到当时的社会风气，发出了灵魂呐喊："呜呼！灭六国者，六国也，非秦也。族秦者，秦也，非天下也。嗟乎！使六国各爱其人，则足以拒秦。使秦复爱六国之人，则递三世可至万世而为君，谁得而族灭也？秦人不暇自哀，而后人哀之。后人哀之而不鉴之，亦使后人而复哀后人也。”

灭六国的不是秦国，而是六国自己；灭秦国的不是百姓，而是秦国自己。我们点评历史和他人的时候头头是道，唾沫横飞，可是轮到自己的时候呢？唯有沉默。

不在沉默中爆发，就在沉默中灭亡！

大人物不注重节俭与克制，小人物们也可以轻松把他干翻。如今的我们如果不反思改正，也将沦为后世的笑柄与谈资！

杜牧的担忧并非只是书生之见。唐敬宗喜怒不定，一有不满就会随意打骂身边人。太监们愤怒了，虽然我们不是完整的男人，但也不是受虐狂啊！不如先下手为强，先把他报废，再重新拥立皇帝，这样我们也算功臣啊！他的灵魂已被玩乐带走，留着还有什么用？

于是，在一个月黑风高的晚上，宫殿的烛火突然熄灭了。宦官刘克明、苏佐明等人乘机杀死了十七岁的唐敬宗。

唐穆宗与唐敬宗父子两代人用事实证明：灭皇帝者，皇帝也，非他人也。

年轻的杜牧用《阿房宫赋》震惊天下，上了通榜，以第五名的成绩考中进士。接着他又参加了朝廷举行的制举考试——贤良方正能直言极谏科，成功晋级，不用再参加吏部关试，就被安排到弘文馆担任校书郎（负责校对书籍）。

一切都太顺了。看看韩愈的痛苦经历，为什么杜牧这么顺？这并不仅仅因为他的过人才华，还因为他有个爷爷叫杜佑。

杜佑出身赫赫有名的京兆杜氏，这个家族乃关中地区的名门望族，历朝历代，名人辈出，有西汉的御史大夫杜周、杜延年，东汉的书法家杜度和学者杜笃，曹魏的名臣杜畿，西晋的军事家杜预，南北朝的名将杜骥、杜掞，唐朝的宰相杜如晦等。在门阀等级制度依旧占据官场“C位”的唐朝，出身好可以少奋斗几十年。

当然，凭关系进入官场的人也未必都是草包，有些人反而受到过更优质、更全面的教育。凭借门荫入仕的杜佑学问高深、博通古今，历任唐德宗、顺宗、宪宗三朝高官，还用毕生精力撰写了史学名著——《通典》（专门讲典章制度历史）。其中《选举典》的章节专门对科举制度与选人用人提出了具体要求。科举考试实施细则都是由他制定的，孙子杜牧的应试技巧自然不在话下。

而且杜佑的门生故吏遍布天下，面对科举考试的潜规则，自然有人主动帮忙打点，吴武陵便是其中一位，还有杜牧的堂兄杜悰以及堂嫂岐阳公主。当年，杜家与当朝李党首领人物兼宰相李德裕家是世交，李德裕的父亲李吉甫曾是杜佑的跟班小弟。后来，李吉甫成为唐宪宗时期的重臣，在皇帝为岐阳公主选择老公的时候，强烈推荐来自恩人家族的杜悰。岐阳公主与杜悰自然也不会对杜牧的科举考试袖手旁观。

况且杜牧并非只拼爷拼家族，在参加科举考试之前，他已经凭借文章与学识打进了竞争激烈的科举市场。

他从小就阅遍家中的大量藏书，经史子集无一不通，而且对兵法钻研极深。在中国历史上给《孙子兵法》做过注的人特别多，其中有十一人的注保留了下来，他们是曹操、孟氏、李筌、贾林、杜佑、杜牧、陈皞、王皙、梅尧臣、何氏、张预，史称“十一家注孙子”，其中又以曹操、杜牧、陈皞三人的注影响最大。所以说，杜牧还是一个地地道道的军事理论家，其讨伐敌人的策略屡次被朝廷采用。

他所在的晚唐已经失去了以往的气势，外有强敌，内有腐败。唐敬宗昏庸自负，不仅听不进去建议，还喜欢大手笔建造宫殿，不是为了发展经济，纯粹就是为了好玩。杜牧写下了《阿房宫赋》，牛气哄哄的秦国都因骄奢而亡国了，你还嘚瑟什么？

藩镇割据，中央软弱。面对这样的情形，他又写下长篇五言古诗《感怀诗一首》，用“荡荡乾坤大，曈曈日月明。叱起文武业，可以豁洪溟”的诗句发出他的霸道宣言：给我一个支点，我能翘起整个大唐！

一篇篇绝世好诗文让他打出了名气。等他去参加科举考试的时候，大叔大婶、堂兄堂嫂、前辈故人又暗中齐上阵。年纪轻轻的他绕过了许多唐朝诗人的痛苦经历，躲过了多次落榜的变态折磨，所以对于自己的出身，杜牧还是非常自豪的。他在《冬至日寄小侄阿宜诗》中写道：“我家公相家，剑佩尝丁当。旧第开朱门，长安城中央。第中无一物，万卷书满堂。家集二百编，上下驰皇王。”我家曾住在首都一环之内，拥有万卷藏书，人人学识渊博。这是最高级别的炫耀！

家庭有背景，考试有人情，运气始终数他最好。

在中央干了没几年，他就被好友牛僧孺看中，来到扬州（今江苏省扬州市）担任“机要秘书”（掌书记）。在美女遍地的烟花之地，杜牧的小日子过得滋润而浪漫。等离开扬州的时候，他又因为一事无成而觉得浪费了大好时光。他在诗歌《遣怀》中写道：“落魄江湖载酒行，楚腰纤细掌中轻。十年一觉扬州梦，赢得青楼薄幸名。”

享乐也是一座围城，外面的人想进去，里面的人想出来。

离开扬州之后，三十三岁的杜牧升任监察御史，原本要到京城长安上班的他却被临时派往东都洛阳，幸运地躲过了三个月以后的甘露之变。当时皇帝唐文宗不满宦官专政，拉了几个伙伴准备干掉宦官，结果小团伙中出现了“猪队友”，计划被提前发现。宦官们先下手为强，我不是纯爷们，但也不是砍不了人！一时间，血雨腥风，近千位官员被铲除得一干二净。杜牧不仅有幸躲过一劫，还在洛阳潇洒走了一回。

他曾经在好友沈传师的家里碰到一位绝美歌女张好好，二人眉目传情，朦胧爱意脸飞红。可惜，沈传师的弟弟先下手为强，将歌女编入自己的小妾分队。杜牧只能一声叹息，兵贵神速啊！

如今，闲来没事的杜牧溜达在洛阳街头，来到一个卖酒的店铺前。咦，这不是张好好吗？

小鹿乱撞的他走上前去一打听，原来真的是自己曾经暗恋的女人。她被老公抛弃，现在在洛阳以卖酒为生。唉！世事无常，美人色衰，感慨万千的杜牧写下著名的《张好好诗》："君为豫章姝，十三才有余。翠茁凤生尾，丹叶莲含跗。高阁倚天半，章江联碧虚……"

仅此而已，他们之间并没有任何后续的浪漫故事。

此时，朝廷上的政治势力分为以牛僧孺与李德裕为首的两个朋党。他们每天斗来斗去，谁也不服谁，不是你搞死我，就是我弄死你。杜牧被牛党重要人物提拔到中央，看着朝廷大臣们为了各自的利益斗得死去活来，对国家、百姓不管不顾，他抑郁了，这就是我想要的吗？

唉，治国平天下变成了拿钱干私党！走吧，走吧，与其待在这是非之地，不如到地方当个一把手，一边造福百姓，一边游山玩水，一边写诗作赋。

官位起起落落，人生风风火火。看尽了人间繁华，预感大限已到的杜牧，花钱重新维修祖传的樊川别墅，作作诗，写写字，在平静的宅男生活中安然去世。

晚唐以后，社会上又开始流行骈文、赋文。宋朝初期的科举考试依然以诗赋为主，骈文又再次兴起，依旧讲究形式和押韵。但是，朝廷和文人都意识到了问题，骈文用了几百年，诗赋考了几百年，该写的题材和内容都写完了，是时候变革了！工作的时候，总不能天天吟诗作赋吧？既然要为国家和朝廷选拔人才，就选拔善于发现问题并能解决问题的实用人才。

有两个人就为文坛带来了一阵清新之风！

◆参考书目：

1. 刘昫：《旧唐书》，中华书局，1975年5月第1版。

2. 欧阳修、宋祁：《新唐书》，中华书局，1975年2月第1版。

3. 傅璇琮：《唐代科举与文学》，中华书局，2020年6月第1版。

4. 关鹏飞：《唐才子传》（中华经典名著全本全注全译丛书），中华书局，2020年7月第1版。

5. 计有功：《唐诗纪事》，上海古籍出版社，2013年7月第1版。

6. 孙光宪：《北梦琐言》，三秦出版社，2003年1月第1版。

7. 王东志、王福忠：《风吹金榜落凡世：古代科举名人趣谈》，中国法制出版社，2019年11月第1版。

8. 梁庚尧：《宋代科举社会》，东方出版中心，2021年1月第1版。

《黄州新建小竹楼记》——他坐上了两朝皇帝的过山车

大宋初年，在如今山东省巨野县的一户以磨面为生的王姓人家里，王禹偁默默地出生了。翻出祖宗十八代，他也找不到贵族基因。好在大宋比较重视文化与科举考试，像他这样人家的小孩也有机会读书识字。

宋太宗太平兴国八年（983 年），他顺利地考中了进士。

王禹偁一开始只担任成武县（今山东省菏泽市成武县）主簿，主要掌管县里的文书，类似于县长秘书。任劳任怨一年以后，升任为苏州长洲（位于今江苏省苏州市）县令。

他怀着年轻人都有的梦想，对未来充满了期待。他曾在《吾志》诗中说道："吾生非不辰，吾志复不卑。致君望尧舜，学业根孔姬。"立志要协助皇帝治国平天下。面对那些丑恶的现象与人，他发誓要"兼磨断佞剑，拟树直言旗"，挥剑斩奸人，直言劝皇帝。

在宋朝，进士出身的人会被优先提拔。没过几年，他升任右拾遗，专门议论朝政不当的地方，正好这也符合他疾恶如仇的性格。他很快就写了一篇《端拱箴》，直接批评皇宫里的奢侈主义与享乐主义；又向宋太宗上书，指出如何安定边疆地区。

宋朝初期，百业待兴，皇帝需要听取各种不同的意见，治理百废待兴的国家。宋太宗很高兴，小王同志，我记住你了！

在接下来的官员遴选考试中，宋太宗亲自主持，要求现场写文章，王禹偁提笔就来。太宗龙颜大悦，连连称赞，小王的文字以后肯定火爆天下、引领时尚啊！

皇帝一点赞，好运自然来！很快，王禹偁被提拔为知制诰（相当于皇帝的秘书），前途一片光明。王禹偁从进士及第到升任知制诰，只用了短短的六年。很多官员从政多年，也无法成为知制诰。有个叫毕士安的文人比王禹偁早十七年考中进士，却与王禹偁同一年担任知制诰，他的任命通知书还是王禹偁亲手写的。

春风得意，指点江山。

宰相等待早朝休息的地方叫待漏院，漏是古代计时器。等待早朝时，王禹偁觉得有点无聊，他一边消磨时间，一边深入思考。有感于唐宋宰相位高权重，关乎国家的兴旺衰败，他写出了著名的《待漏院记》。他在文章中把宰相分为贤相、奸相、庸相三个类型，认为最理想的政治就是君王乾纲独断又能无为而治，百官各司其职，宰相协调上下。不过，在现实政治中，奸相多而贤相少，庸相为数更多。

文章一出，广受关注。宰相们尴尬而愤怒，你写的这是什么破文章？我们都是庸才，就你一个是人才？我们需要你来教我们怎么做领导吗？小年轻，不要得意忘形！从此，王禹偁为自己埋下了一颗定时炸弹。

太宗皇帝看了《待漏院记》，却大力点赞："有道理，没有好宰相，累死好皇帝！既然你分析得头头是道，那就去历练历练，将来让你当宰相！"

王禹偁又升任中书侍郎。中书省是最高行政机关，长官为中书令，行使宰相的权力，副长官就是中书侍郎。八年时间，从九品到正三品，王禹偁幸福得像花儿一样，一切都是甜蜜蜜！

结果，甜得发腻了！

嫉恨他的人等着他的花儿快快地飘零。

性格刚直的王禹偁很快迎来了他人生中的第一次被贬。当时庐州（今安徽省合肥市）有个叫道安的尼姑诬告文字学家徐铉，王禹偁正好负责审理案件。查清事实真相以后，他为徐铉讨回公道，将尼姑打入大牢。而这时，神奇的一幕出现了，太宗皇帝亲自下令，立刻释放尼姑道安，不得拖延！

正直的王禹偁不干了，这不是睁着眼睛说瞎话吗？这不是破坏法律的公正性吗？

我，王禹偁，拒绝执行！

法律岂能大过皇权？宋太宗发怒了，竟敢跟朕对着干？再能干的人也得滚！他立即下令贬王禹偁去商州（位于今陕西省商洛市），担任团练副使（没有什么权力的虚职）。

为什么啊？王禹偁并不明白，做正确的事比不上做皇帝喜欢的事。

当年，宋太祖赵匡胤大权在握，上演了黄袍加身的“达人秀”，轻松篡夺了别人家的天下。他自己都觉得不太好意思，怎么样才能让自己“半路抢劫”的行为合法化呢？君权神授？不行吧，柴家的天下也是神授啊！皇帝的忧虑就是大家发财的机遇，部分别有用心的佛家弟子为了迎合宋太祖，编造了麻衣和尚谶言和定光佛出世谶言，吹嘘太祖皇帝乃佛祖转世。通过一系列“科学严谨”“深入细致”的论证，试图说明黄袍加身的合法性与必然性。

太祖皇帝笑哈哈，不错，不错，的确是这样！我就是投胎转世、拯救苍生的佛祖。

从此，佛教成了宋初皇帝们极力抬高的教派，那些僧侣、尼姑们的地位也瞬间提升。其中有些人立刻摆出了小人得志的嘴脸，横行霸道，引起了很多读书人的不满。我们拼命读书，还不如小部分乱编故事的和尚和尼姑?

王禹偁成了排斥佛教的典型积极分子。在担任知县的时候，他就写诗抨击佛教，其中以《酬处才上人》最为激烈："我闻三代淳且质，华人熙熙谁信佛？……可怜嗷嗷避征役，半入金田不耕织。"

那些人凭什么不用劳动就能享受生活，凭什么不用耕田就能吃饱穿暖，这不是动摇国家的根基吗？他进入中央以后，又先后写了《三谏书序》《御戎十策》，都提到要限制佛教发展，《御戎十策》更是直截了当："望陛下少度僧尼，少崇寺观，劝风俗，务田农。"

佛教不是不能有，而是不能泛滥成灾，更不能成为法外之地。

对于这样才华横溢、一心为国的愣头青，宋太宗又爱又恨。朕刻意抬高佛教，并不是因为喜欢佛教，我们赵家的合法性得靠它包装嘛！你猛烈批判佛教，不就是质疑我们皇位的合法性吗？平时让你大嘴巴说说，不过是为了树立朕的明君形象，现在你还来劲了，居然抗旨不遵，惩办尼姑，不贬你贬谁?

他就这样被贬出了京城，去了商州。

刚刚参加工作不久的王禹偁没有多少积蓄，只能自己种菜自己吃。后来遇到宋太宗大赦天下，坐了两年冷板凳的他量移解州（今山西省运城市）团练副使。唐宋时期，获罪的官员一般要被贬到偏远地区，如遇皇帝开恩或大赦，可以改到离京城比较近的地方，称作量移。

时间是解决矛盾最好的良药，气消之后的宋太宗想起了王禹偁的才华和忠心。该让他回到身边了，磨炼一下，去去锐气，应该差不多了。

很快，王禹偁升任礼部员外郎，并再次兼任重要职务——知制诰。没过多久，他又获得文人们梦想中的职位——翰林学士。从地方无人关注的虚职到中央权力中心的实职，升官速度一日千里，谁让他有个好伯乐——宋太宗呢！

宋太宗对这位心腹爱将的缺点也非常了解，他曾经对宰相说："禹偁文章，独步当世；然赋性刚直，不能容物。卿等宜召而戒之。"

小王同志，文章天下无双，但性格刚直，眼睛里容不得沙子，你们可不能学他！

有一个愣头青就够了，都是这样，朕还不得烦死啊？

王禹偁性格直率，敢说实话，多次让宋太宗下不来台。他的性格又影响了他的文章风格，改变了五代时期流传下来的靡靡之音与形式主义。他的散文写得通俗易懂，深入浅出，因此受到了立志改变前朝风气的皇帝赏识。王禹偁算是北宋古文改革的先锋元老。

可是，性格一旦形成，很难再被改变，正直的人不会因为环境而变成小人。没过几年，他又因为乱说大实话而得罪了皇帝。

宋太祖赵匡胤的第三任皇后——宋皇后去世，太宗皇帝却没有按照历代皇后该有的礼仪来安葬她，这不符合常理啊！身为翰林学士的王禹偁私下里发了句牢骚："后尝母天下，当遵用旧礼。"宋皇后乃母仪天下之人，应该按照该有的规格安葬。

不承想，有人立刻向皇帝打了小报告。宋太宗龙颜大怒，我有意栽培你，你却老是跟我对着来！怒火中烧的太宗又对宰相说了一番耐人寻味的话："人之性分固不可移，朕尝戒勖禹偁，令自修饬。近观举措，终焉不改，禁署之地，岂可复处乎？"

朕明白，人的性格难以改变，但我经常敲打他，让他自我反省。现在看来，这家伙真是死不悔改。唉，我怎能跟他友好相处呢？

你的行为深深伤害了我的心，我还怎么相信你？

王禹偁又被莫名其妙地贬出中央，去了地方，担任滁州（今安徽省滁州市）知州，再也没被宋太宗召回朝廷。

大宋王朝对待文人及言论都比较宽容，为什么私下发几句牢骚会引起如此大的波动呢？这还得从赵匡胤的死说起。

很多传闻认为是宋太宗赵光义谋杀了哥哥赵匡胤，《续湘山野录》记载的“烛影斧声”流传最广，但都没有真凭实据。由弟弟而不是嫡长子继承皇位，无论如何，都不符合既定制度，所以宋太宗非常忌讳这一点。为了显示自己继位的合法性和权威性，他怎会抬高宋皇后的地位？

当年，宋皇后原本想让丈夫赵匡胤的儿子继承皇位，可是丈夫在毫无征兆的情况下突然去世，没有留下任何诏令，只留下了他们孤儿寡母。话语权掌握在枪杆子手中，赵光义大摇大摆地继承了皇位，无权无势的宋皇后只能一声叹息，无奈承认。

王禹偁不可能不知道太宗皇帝的忌讳，所以并未直接上书。但他良心未泯，私下议论。不管怎样，也该给嫂子适当的尊重嘛！可惜，王禹偁一路高升，早就引起了很多人的嫉妒，加上他平时正直敢说，得罪了不少大臣与僧侣，于是众人纷纷落井下石，煽风点火。

太宗皇帝再怎么爱惜人才，也不可能容忍对方指责皇权的合法性。不贬你，又如何服众？但是他也明白王禹偁被小人陷害，所以贬的地方还算可以。面对小人们的继续陷害与诽谤，宋太宗还是选择了相信心腹大臣。

在滁州的时候，福建人郑褒仰慕王禹偁的名声，走路过来拜见他。一番深入交谈之后，王禹偁觉得郑褒是个人才。看到对方穷得连马都买不起，他就自己掏钱给郑褒买了一匹马。小郑，骑着马回去吧！

有好事者在太宗面前说坏话，说王禹偁在买别人马的时候，仗着自己地方官的身份，强迫别人低于市价卖给他马。宋太宗却不相信，说道："当年王禹偁为李继迁写文章，对方要赠送他五十匹好马表示感谢，他都推辞不要，怎么会为了一匹马而强迫别人？"

宋太宗去世之前还不忘王禹偁，让他去担任军事重镇、东南枢纽——扬州的知州。

宋真宗继位以后，为了笼络人心，提拔被贬的大臣。名声在外的王禹偁升任刑部郎中，很快又被任命为知制诰。这一次，他准备大干一场，结果他的队友出事了。

王禹偁的亲家张咏上书弹劾宰相张齐贤，令宰相大人很不满。平时王禹偁目无领导也就罢了，现在他的亲家也跑出来叽叽歪歪，肯定是王禹偁在背后挑唆，必须找个机会赶走他。

人要倒霉，走路都能磕掉牙！

王禹偁授命编修《太祖实录》，因为主张实事求是地记录太祖皇帝的言行，与张齐贤产生了分歧。张齐贤乘机在皇帝面前诽谤造谣，实事求是？难道你不知道有些东西是不能记的吗？比如皇位的继承人问题等。

这下真宗也抑郁了。自己既没有巨大功劳，又不是嫡长子，却继承了皇位。如实记录太祖皇帝的事迹，不也把我赤裸裸地摆在后世人的眼皮底下了吗？

让他滚，找个听话的人来干！

八年内三次被贬，这次的罪名纯属莫须有。王禹偁终于忍不住了，在《出守黄州上史馆相公》诗中发出质问："未甘便葬江鱼腹，敢向台阶请罪名。"

我到底犯了什么罪，总要给个说法吧？

唉，欲加之罪，何患无辞？

他失落地去了黄州（今湖北省黄冈市）担任刺史，人生起起落落，看不开也得看开。既然人心太可怕，那就在山水里笑哈哈。到达黄州后不久，王禹偁以当地随处可见的竹子为材料，修建了两间小竹楼。躲进小楼成一统，管他春夏与秋冬。

竹楼周边环境清幽，空气清新。夏天听听那急雨，冬天看看那白雪，弹琴下棋玩游戏，“夏宜急雨，有瀑布声；冬宜密雪，有碎玉声。宜鼓琴，琴调和畅”。

心情逐渐舒畅！

下班以后，王禹偁披上便服，手握《周易》，点上香炉，深入思考。偶尔看看窗外的竹林翠色、水边闲鸟，喝杯小酒，煮点绿茶，送走夕阳，迎来明月。

小日子过得风轻云淡，潇潇洒洒，还有什么放不下？

为了纪念竹楼生活，也为了告别过去，王禹偁写了一篇《黄冈竹楼记》，文风如同竹子一样清新淡雅。

晚唐与五代倒在了靡靡之音中，宋初的皇帝们大力提倡朴实的文风，形式主义害死人，中看不中用！王禹偁是最早起来反对内容浮夸、文字雕琢的唐末五代文章的人，他提倡写通俗易懂、内容深刻、感情真实的文章，一不小心，他成了北宋诗文改革的霹雳先锋。他写人物的文章——《唐河店妪传》，记述了一位老妇机智杀敌的故事，既有生动描写，又有精彩议论。

只可惜，他四十八岁时就病死了，否则，诗文肯定能更上一层楼。

他平易朴素的文风被后来的文人们发扬光大。

◆参考资料：

1. 沈约：《宋书》（点校本二十四史修订本 · 全8册），中华书局，2018年5月第1版。

2. 乐进进：《皇权授受与政治忌讳——从王禹偁贬谪事件看宋初政治生态》，《烟台大学学报（哲学社会科学版）》，2021 年第 4 期，第 101—108 页。

3. 张家康：《直臣王禹偁：遇事敢言八年遭三黜》，《春秋》，2020 年第 5 期，第 48—51 页。

4. 余丹：《〈黄冈竹楼记〉中的人格精神与心灵世界》，《语文建设》，2021 年第 17 期，第 40—42 页。

《爱莲说》——他为什么跟莲花杠上了

唐朝以后，中国进入战争频繁的五代十国时期，长期的混乱与分裂让所有人疲惫不堪。改朝换代频繁，让人们感到人生短暂。皇帝都朝不保夕，更何况我们呢？于是，有的人纵情享乐，今朝有酒今朝醉，管他天南和地北，人性深处的欲望被赤裸裸地抬上了桌面；有的人在佛教道教中寻求解脱，希望能够尽快脱离凡尘，飞向极乐世界，走进没有痛苦的仙界。汉朝以来倍受尊崇、积极入世的儒家学说逐渐衰落，出现了"儒门淡薄，收拾不住"的现象。

每天杀戮不断，人与人之间失去了信任，失去了关爱。

宋太祖赵匡胤发动陈桥兵变，一统天下。国土统一了，人的思想该怎么统一呢？如何让整个社会拧成一股绳呢？怎么才能不再出现你争我夺的现象呢？如何控制人的内心深处种种丑陋的欲望呢？如何完善儒家学说，适应新时代大一统社会的要求呢？……

种种急需解决的问题，摆在了统治者与文人们的面前。

从上到下，都不希望回到大分裂、大混战的时代，都期盼着出现更好的学说来维护国家的繁荣稳定。有识之士纷纷著书立说，阐释主张，表明观点，有一个人成了影响时代的开创者。

他一辈子洁身自好，刻苦学习；他生平名气不高，死后却“粉丝”遍地；他为如何维护社会的稳定提出了最佳的解决方案……

北宋的曾巩、王安石、苏轼，南宋的朱熹，明代的王阳明都将他视作偶像，宰相吕公著以身家性命担保推荐他，众多学者称他为孔子、孟子之后的第三位圣人……

他就是“北宋五子”之首、理学开创者——周敦颐。

周敦颐从小就对自然万物充满了兴趣，脑子里装着十万个为什么，十几岁就已经读完了《书经》《诗经》《礼经》《春秋》等儒家典籍，写得一手见解独到、立意新颖的好文章，成了家长们眼中别人家的孩子，人们都称赞他“志趣高远，博学力行，有古人之风”。

可是他慢慢发现，学得越多，疑惑越多。他需要找一个安静的地方消化知识，深入思考。在征得家人的同意后，十几岁的周敦颐带着行李、书本与疑问，跑到附近山上的岩洞（月岩）里专心读书思考，他要弄清楚人的欲望从哪里来，又该如何控制，如何让战乱不再频发。

父亲去世以后，家里失去了顶梁柱，母亲带着他投靠了担任龙图阁学士的舅舅郑向。舅舅对聪明好学、仁孝忠厚的周敦颐非常赏识，得知外甥喜欢莲花，就在自己家中的庭院里种植白莲。根据朝廷的规定，达到一定级别的中央官员，可以推荐一名子孙出来做官，这被称为“推恩荫补”，宋朝时简称为“恩荫”。父辈有功劳有地位，后辈就能享受入学做官的特殊待遇。

郑向没有把这个机会留给自己的儿子，而是给了外甥。周敦颐算是“拼舅”进入了官场，没有参加科举考试。这样的机会有好处也有坏处，好处是可以不用经过考试的折磨直接晋级，坏处是很难升任大官，因为宋朝官场极为讲究科举出身。所以周敦颐一辈子辗转十来个州县，做的都是地方小官，做过最大的官也只是广东的提点刑狱而已。

但他并不抱怨，既来之则安之，每到一个岗位，他都兢兢业业，认真干事。他在洪州分宁县（今江西省九江市修水县）任主簿（部分官署与地方政府的事务官）时，一上来就解决了很多人无法解决的陈年旧案，赢得当地人的尊敬。担任南安军司理参军时，有个罪犯法不当死，上级王逵却为了显示威严而执意判死，两人争论不休，互不相让。周敦颐摇摇头，我已经确认过眼神，你不是我要跟的人，当即决定裸辞，并撂下狠话："用杀人来显示政绩、讨好上级，我干不了。"

王逵惊呆了，为了依法办事，连铁饭碗都不要了，你牛！小周同志，别走了，我改变工作作风，今后严格依法行政。

王逵就这样被征服！

另外，还有一个叫程珦的上司，由于佩服周敦颐的个性与学识，于是让两个儿子拜他为师，这两个徒弟就是后来的理学大师程颢和程颐。

周敦颐一边从政，一边研究，一边写作，对重建大一统思想有了自己的理论体系与主张，写出了《太极图说》与《通书》。他认为人心是向善的，所以国家要大力推行仁政与道义，以德治国。你对百姓诚心诚意，百姓才能对你真心真意。

而德治的关键就是要修圣德、重师道、推礼乐。统治者自己要以身作则，做好表率，有实力才会有魅力；国家要重视儒家思想的教育与教化，孔孟的学说不一定最好，但有利于稳定，大宋最需要的就是稳；要让百姓们懂得礼义廉耻，让他们知道什么该干，什么不该干，什么干了会遭人鄙视，什么干了会被众人点赞，这样他们才能理性而不冲动，才能从善而不为恶。

简单来说，就是除了让百姓吃饱喝足以外，还得让他们接受良好的教育。那么，教育的核心是什么呢？

一个字，诚！

心诚，口诚，手诚。多一些诚恳，少一些奸猾。你滑我滑，国家往下滑！执政者也要诚，谎话满满，百姓遗憾！套路过多，人民失落！空喊口号，愤怒涌动，谁还会挺你？

做个安静的美男子、诚心的大君子，别一天到晚那么多欲望！

如果有人不听从劝告，不接受教育，怎么办？

一个字，打！

教育大餐配上刑罚烈酒才够味。对那些不听话的人抡起大棒，才能更有效地推行德治、教育和礼乐。

如果国家是大海，皇帝就是领头的大渔船，得把船打造得醒目结实（即有圣德）。百姓们是后面的小渔船，如果有人偏离国家指引的方向（即违反师道），私自跑去大肆捕捞海鲜（即不诚），我们就要用利器凿开这船（即使用刑罚），一起唾弃它（即礼乐教化），最后让它带着羞辱沉没在汪洋大海之中。

周敦颐为后世的理学搭建了框架，奠定了基础。

他并不是一个空想家，而是实干家，他用工作践行自己的主张。他并不会因为官位低而消极怠工，也不会因为薪水低而贪污受贿，始终如荷花一般出淤泥而不染。

到合州（位于今重庆地区）任职以后，他发现全境之内没有学校，很少有人重视读书。这哪成？不搞教育，百姓怎么懂得礼义廉耻？怎么会有学习的榜样？于是他立即决定办学校。建在哪里呢？找来找去，他发现合州城外有一座学士山，风景如画，幽雅清静，适合读书。

可这里是当地土豪（乡绅）张宗范的私家花园，怎么办呢？周敦颐放下架子，登门拜访，说明来意。

用我的私人花园建学校？哈哈，有意思！拿去，拿去！一个花园够不够用？不够我还可以再送！

早就听说周敦颐大名的张宗范爽快答应了，他大手一挥，花园无偿捐赠！

有了土地，立即行动。很快，一座漂亮的书院就建起来了。

招生，找老师，教学……“周校长”忙得飞起来。

没过几年，文化落后的合州地区处处都能听到琅琅书声，时不时传出学生考中进士的消息。张宗范由乡间土豪变成了文化大咖，由地主化身为书院创始人，各个地方的土豪地主们纷纷羡慕与崇敬地发来“贺电”，老张，你好有眼光啊！

对一帮土豪来说，钱不是问题，荣誉才是关键！

成了“最美土豪”的张宗范非常自豪，原来资本遇到文化，竟然可以瞬间拉高人的档次啊！于是他命人在学士山顶修建了一座亭子以示纪念，并邀请周敦颐题名。

叫“八角亭”如何？

不好，太俗气！叫“养心亭”吧！

于是，周敦颐写了《养心亭记》相赠。

“孟子曰：养心莫善于寡欲，其为人寡欲，虽有不存焉者寡矣。其为人多欲，虽有存焉者亦寡矣。予讲养心，不止于寡而存耳。盖寡焉以至于无，则诚立明通。诚立贤也，明通圣也。是圣贤非性生，必养心而至之。养心之善有大焉如此，存乎其人而已。张子宗范有行有文，背山面水，山之麓构亭甚清净。余偶坐而爱之，因题曰‘养心’，既对颐求说，故书以记之。”

要想修养身心，必须适当地控制自己内心的各种欲望，这样才能保持独立的人格，否则，看到什么想要什么，怎么能不被外界诱惑呢？

他的主张被后世的理学家继承发扬为“存天理，灭人欲”，现在看来有点偏激，却适应了当时社会的需求。唐朝末年、五代十国时期，人们把欲望看成了理所当然，想干什么就干什么，社会失去了主流思想的支撑，所以改朝换代频繁，争权夺利不断。适当地控制欲望，社会才能稳定发展。

周敦颐本人并没有提出“灭人欲”的口号，他控制欲望的手段也并不是到深山老林隐居或者扮成苦行僧面壁思过，而是一边干工作做好事，一边修身心养性情。在凡尘之中抵抗各种诱惑，才能成为真正的钢铁战士。

那什么才是真正的钢铁战士呢？

周敦颐用一辈子的坚守与他的《爱莲说》给出了明确的答案。

“水陆草木之花，可爱者甚蕃。晋陶渊明独爱菊。自李唐来，世人甚爱牡丹。予独爱莲之出淤泥而不染，濯清涟而不妖，中通外直，不蔓不枝，香远益清，亭亭净植，可远观而不可亵玩焉。

“予谓菊，花之隐逸者也；牡丹，花之富贵者也；莲，花之君子者也。噫！菊之爱，陶后鲜有闻。莲之爱，同予者何人？牡丹之爱，宜乎众矣。”

周敦颐用菊花比喻隐士，用牡丹比喻俗人，用莲花比喻君子。三种花，代表了三种不同的人生追求。在国家百废待兴的时候，做个隐士，逃避现实，太过消极；做个俗人，浑浑噩噩，太过平庸。不如做个如莲花般的人，积极做事，不故作高雅；时刻修炼，不随波逐流。

周敦颐独爱莲花，爱它身处污浊的环境而不受影响，身处干净的环境而不自傲。莲花，自古就是佛门圣物，佛经上把佛国称为莲界，出淤泥而不染的莲花便成了佛教的象征。

周敦頤

五代十国时期，佛教盛行。佛教主张摆脱欲望与邪念，但如何摆脱呢？

周敦颐认为应该推崇儒家的慎独思想，独自一人时也得谨言慎行，身处任何环境都要不忘初心。你以为躲起来就看不到你了吗？你以为藏起来就找不到你了吗？干坏事的你是那样地鲜明，那样地惹眼！

人每天都要面对各种各样的诱惑，产生各种各样的欲望，隐居就能摆脱吗？纵欲就该被提倡吗？法律禁止不了欲望，道理压不下去诱惑，唯有严于律己，坚守初心，才能出淤泥而不染。

他打通了佛教与儒家的“最后一公里”，让当时在信佛、入世、纵欲、隐居之中徘徊的人更加容易接受他的理念。不管你选择何种生活方式，都会有独自思考与修炼的时候。

周敦颐因为莲花而超脱，莲花因为周敦颐而丰富。

晚年的周敦颐升任广南东路（今广东省）提点刑狱（俗称提刑官，不仅负责断案侦查，还得维护地方治安、统领地方军队），广东地区炎热潮湿的气候让他染上了瘴疠（热带或亚热带潮湿地区流行的恶性疟疾等传染病）。

唉，身体不行，做事不灵！

无奈的周敦颐决定辞官归隐，定居在江西庐山的莲花峰下。这里环境优美，空气清新，四周莲塘相连，莲叶何田田，鱼戏莲叶间。门前一条清澈的小溪蜿蜒环绕，溪中小鱼游来游去。周敦颐用故乡的“濂溪”为小溪命名，并建立濂溪书堂，上上课，看看花，在这里过着悠闲自在的生活，最后老死在了莲花峰下。

清新文风与华丽文风的对抗，是个漫长的过程。仅靠王禹偁与周敦颐的尝试与呐喊还远远不够，多年形成的习惯很难在一朝一夕之间改变，必须要有重量级的人物推动，由他们大刀阔斧改变，亲身示范，才能燃放宋朝散文灿烂的烟花。老大范仲淹，来了！

◆参考资料：

1. 脱脱等：《宋史》，中华书局，1985 年 6 月第 1 版。

2. 朱汉民：《周敦颐的历史记忆与文化诠释》，《求索》，2012 年第 6 期，第 134—136 页。

3. 刘国、邓永芳：《君子人格思想的传统文化意蕴——周敦颐〈爱莲说〉解读》，《名作欣赏》，2012 年第 29 期，第 112—113，123 页。

4. 陈晓健、张辰琛：《从周敦颐〈爱莲说〉看“慎独”修身》，《兰台世界》，2014 年第 17 期，第 156—157 页。

5. 中华书局编辑部：《名家精译古文观止》，中华书局，1993 年 2 月第 1 版。

《岳阳楼记》——老大也不是那么好当的

景祐二年（1035 年），在基层摸爬滚打多年，又在苏州兴修水利有功的范仲淹被调往京城。年轻的他一上来，就誓与懒政、贪污等现象斗争到底。他大力整顿官僚队伍，让不干实事的滑头统统下岗。因为看不惯当朝宰相吕夷简敞开后门、滥用亲信，范仲淹暗自调查取证，绘制了一张《百官图》，详细罗列了官员们升迁贬斥的情况，进献给宋仁宗，猛烈炮轰宰相的选人用人制度。

结果，吕夷简技高一筹，老谋深算，让宋仁宗觉得范仲淹进献《百官图》超出了他自己的工作范围。不在其位不谋其政，懂不懂？不该干的事情你抢着干，想干吗？

范仲淹拿着“蛊惑君主”的“荣誉称号”，去饶州（今江西省上饶市鄱阳县）干知州。饶州在鄱阳湖畔，从开封走水路，至少要经过十几个州。

独在异乡为异客，水土不服心如割。

到了饶州不久，妻子就病死了，范仲淹也得了重病。在饶州附近做县令的好友梅尧臣寄来一首《啄木》诗和一篇《灵乌赋》。

老范啊，你不要学啄木鸟，吃了害虫，却把自己搭进去。更不要当乌鸦，胡乱叫喊，被人当作不祥的鸟。何不学报喜鸟，专说好听的话，专干报喜的事？你得学会闭嘴，除了吃喝，舌头一边搁！

面对好友的提醒，范仲淹并没有生气，但也没有改变。我们刻苦读书为了什么，官位、吃穿？我只要不得罪人，睁一只眼闭一只眼，凭着政绩熬年头，也能步步高升，稳中求胜，何苦触犯龙颜？但是读书人就要有读书人的使命与责任，如果每个人都把沉默当成智慧，那要读书人干吗？

当年我在邹平（今山东省邹平市）郊外山洞读书的时候，因为贫穷，只能控制每天的饭量。晚上量好米，添好水，一边读书，一边煮粥。深夜时分，天气寒冷，不脱衣服便睡觉。

第二天清早起来，锅里的米粥早已凉透，凝固成圆圆的一整块。我拿出小刀，在凝固的粥块上面划上一个十字，将其分成四块，早晨吃两块，傍晚吃两块，一日两餐。

没有蔬菜怎么办？那就去大自然里淘点野菜。在山洞周围的沟沟坎坎之中，生长着野韭菜、野葱、野蒜、野山芹、苦菜、荠荠菜、蒲公英等十几种可以吃的野菜。白天去山洞外读书时，顺便拔几棵，读书郎秒变厨师长。我将野菜切成碎末，加入一点盐，搅拌一下，一道纯天然无污染的蔬菜沙拉就做好了！

大自然给了我们宝贵的食材，但那时的我却没有时间与精力享受舌尖上的味道。我要拼命读书，为自己努力，为国家奋斗。如今你让我做个糊涂蛋，那我当年“划粥断齑”是为了什么？

范仲淹也写下了一首《灵乌赋》送给梅尧臣。老梅，我“宁鸣而死，不默而生”！生亦何苦，死亦何哀？即便死，也要死得轰轰烈烈，我不要在沉默中静静地衰老。坚持正义与真理，又何惧死亡？

很快，范仲淹迎来了“鸣”的机会。

北宋宝元元年（1038 年），不甘心做宋朝小弟的西北党项族首领李元昊突然称帝，建立西夏国。李元昊率兵大张旗鼓地进犯宋境，一路高歌猛进。

丢人丢到家了！宋仁宗急了，欺负我大宋没人？找能人去修理他们！

找谁呢？

宋仁宗想起了赤胆忠心、智谋超群、熟知兵法、疾恶如仇的“刺头”范仲淹。而此时，宰相吕夷简退休回了老家，朝廷内外，范仲淹回归的呼声越来越高。宋仁宗顺水推舟，让范仲淹担任抗击西夏的前线总指挥。

老范一到，西夏乱套！

西夏人再也不敢踏进大宋国土，时不时摸着受伤的心灵感叹：那老家伙抵得上十万雄兵啊！范仲淹在哪里，他们就避开哪里，大宋再也不用担心西夏的军队会卷土重来！

文武双全的范仲淹成了全民偶像。有个叫彭几的文人看到范仲淹的画像后，一拜再拜，拜完又仰望画像，拿着镜子照来照去，最后满意地点点头，说道：“我跟范公居然长得很像，哈哈，有奇才的人必然有奇形啊！”

庆历三年（1043年），范仲淹带着光环昂首阔步地回到了朝廷，升任枢密副使，后又担任参知政事（相当于副宰相）。这一年，政治手腕日渐成熟的宋仁宗为自己配备了超豪华的团队：枢密使杜衍，参知政事范仲淹，枢密副使富弼、韩琦。这些人大多处于冲动的年纪，干劲十足。杜衍虽然六十多岁了，但始终和这些年轻同志站在同一条战线。欧阳修、蔡襄、王素、余靖等四大正派人士同为谏官，监察百官，议论时政。

名气震天下的“宋初三先生”之一、国子监资深教师石介看到新人新气象，赶紧写了一首《庆历圣德颂》，称赞杜衍、范仲淹等人为众贤，把自己看不惯的大臣夏竦列为大奸。他的冲动一刻，却给众贤们埋下了定时炸弹一颗。

外有敌国虎视眈眈，内有百姓动荡不安，宋仁宗感觉腰酸背痛腿抽筋，看来得补补了！十全大补丸比不过人才改革派，他下令大臣们知无不言、言无不尽，大家都来说说，我们到底怎么了？问题出在哪里呢？

面对励精图治的宋仁宗，范仲淹写下了《答手诏条陈十事》：明黜陟（拒绝懒政思维，制定严格的官员绩效考核标准），抑侥幸（限制特权阶层子弟拼爹），精贡举（重视学校建设，提高议论文在科举考试中的分数），择长官（摒弃论资排辈，按照才能高低选择地方长官），均公田（科学分配官员们的补助），厚农桑（加强农业基础设施建设），修武备（改革雇佣兵制度），减徭役（减轻百姓无偿为政府打工的负担），覃恩信（切实搞好民生工程），重命令（重视依法治国）。

宋仁宗看着“十事”，心里既激动又担忧，终于可以放开手脚大干一场了。但是尺度是不是大了点？管他呢！既然想干，那就干！仁宗大力推行改革，史称“庆历新政”。

范仲淹在皇帝的支持下，以壮士断腕的精神向懒政与低效开刀，采用严格的绩效考核办法，督促官员干实事。他经常拿着各级官员的名册，一个个地反复核对检查，不称职地画个钩，让他下岗待业，空出的位置给有能力有干劲的人来做。同事富弼劝他，你老人家用笔轻松一勾，他们一家人就要伤心难过、痛哭流涕了。范仲淹却说道：“他们一家人哭，总比千千万万的百姓哭要好吧！”

对不作为官员仁慈就是对百姓残忍！

随着改革的深入，越来越多凭关系进入官府、混吃等死、论资排辈的人被揪出来，光荣下岗待业。这些人干事不行，造谣很行，他们一边进行“舆论战”，制造流言蜚语，一边开展“地道战”，躲在暗处观察，寻找改革派的失误与缺点。在你范仲淹身上找不到，我就到你属下、同党身上找。

很快，范仲淹曾经的手下出事了。

当年跟随他抵抗西夏的两个老部下张亢和滕宗谅被人举报滥用职权、挪用公款。宋朝的官员工资称得上是封建王朝的天花板，各种补贴、津贴令人眼花缭乱。其中公用钱是朝廷拨给高级官员们的个人津贴，可以自由支配，不接受审计，类似于如今的年终奖；而公使钱则是朝廷拨给中央机构与地方政府的特别办公经费，主要用于各种公务接待、精准扶贫、资助官员赴任等，类似于现在的招待费，使用必须一一登记，并接受审计。

张亢私自把公使钱作为民间放贷基金，用赚来的钱购买地方所需要的战马，而滕宗谅用公使钱招待了少数民族的首领，还私自销毁了账本。事情捅到中央，好脾气的宋仁宗也发怒了，连年战争与灾害使国库空虚，我跟后宫嫔妃们都勒紧裤腰带，能省则省，结果你们却滥用公费，这是在挑战我的耐心吗？

皇帝一发怒，属下就被撸。但是调查来调查去，也没证据证明他们把钱放入自己的腰包。范仲淹清楚两个老部下都是大手大脚、仗义疏财的粗人，所以拼死劝诫皇帝网开一面。

宋仁宗最终同意了，只将二人作降级处理，贬他们去了地方。

可是反对派们不会放过这个千载难逢的机会。

国子监资深教师石介的一篇《庆历圣德颂》，让夏竦对改革派产生了怨恨，难道我不参与改革就是奸臣了吗？你们这些人勾结在一起，难道就一定是好人吗？于是他跟反对派们一起散播政治流言，被打压的权贵们也纷纷站出来摇旗呐喊，指责范仲淹、杜衍、欧阳修、韩琦、蔡襄、王素、余靖等人已经结成了朋党。你以为他们真是为了国家的发展吗？你以为他们真的忠心耿耿吗？你以为只有将军才能造反而文人就没能力造反吗？如此多的人结成了团伙，他们想干什么？

皇帝最忌讳的就是朋党，一旦拉帮结伙、结党营私，皇权随时会被架空，皇帝的生命也会受到威胁，到时候，皇帝说话，还有人听吗？

宋仁宗是封建王朝难得的明君，他虽然深信范仲淹等人，但是也有些担忧。这些人真的如此吗？他们一旦形成朋党，以后还不得掀翻天？

有一天，宋仁宗突然问范仲淹等人："自昔小人多为朋党，亦有君子之党乎？"自古小人喜欢结党，君子也喜欢结党吗？

面对流言，辩解毫无用处。范仲淹说道："自古正邪不两立，都是各为一党，根本禁止不了。朋党哪里都有，我当年打仗的时候，勇敢的人为一党，胆小的人为一党，如果大家结合在一起做好事，又有什么害处呢？"

欧阳修也写了一篇著名的奏章——《朋党论》，驳斥流言。他既不回避，也不辩解，我们就是"朋党"，怎么了？他还创造性地提出了"君子有党，小人无党"的观点，小人结党是为了营私谋利，君子因为共同理想聚在一起，出谋划策、为国为民，只要不营私舞弊、贪污腐败，又何来朋党之说？难道聚在一起带领国家发展都不行吗？"君子与君子以同道为朋，小人与小人以同利为朋"，他劝诫皇帝要远离小人朋党，任用君子朋党。

文章气势磅礴，有理有据，可是无法动摇整个利益集团。庸才和小人在咬人方面都是极具天分的。

一波流言刚平，一波又起。

那个好事的特级教师石介又给枢密副使富弼写了一封信，结果被政敌（有传闻是夏竦，但无确凿证据）买通富弼家的婢女，命人模仿石介的笔迹写了一封废立皇帝仁宗的信。

流言蜚语满天飞，让人两眼一抹黑。

范仲淹受不了了，干点实事真难啊！三人能成虎，十人便成精！这样下去，我还不得成为商鞅第二，被五马分尸？走吧，走吧，不要给仁慈的皇帝添麻烦了，其实他夹在中间最辛苦。

于是，富弼、范仲淹二人主动辞职，请把我们调走吧！不干了，太累了！

宋仁宗并不是多疑的昏君，他不会相信那些看似很真的谣言。可是随着造谣的人越来越多，他也不得不考虑平息反对派们的怒气，不得不想办法保护自己的爱将们。万一哪个人被抓住了小尾巴，岂不损害新政的推行？岂不打击为国为民者的信心？

恰逢边境战乱又起，契丹想要攻打党项部落。范仲淹担心契丹声东击西，目标在大宋，于是请求去前线阵地巡边。

想要保护改革派的宋仁宗答应了，任命范仲淹为陕西、河东宣抚使（负责军事指挥和安定边境），富弼为河北宣抚使，后来又任命欧阳修为河北都转运按察使（掌管粮盐转运等事）。你们先出去避避风头，中央的职位给你们留着，风头过了就回来。

可是，改革派中又有人出事了。

庆历四年（1044 年）九月，宋朝人迎来一个集体狂欢节——秋季赛神会。这一天，京城各个机关单位都要准备酒席，聚在一起搞个联欢会。当时负责印刷、发行宋朝“机关报纸”（朝报）的机构叫进奏院，长官乃大名鼎鼎的书法家苏舜钦，他是杜衍的女婿，范仲淹的“粉丝”，也是铁杆改革派。

秋季赛神会之前，苏舜钦把机关的废报纸卖掉，换成了四五十贯钱，作为狂欢节的经费。为了不至于把进奏院的狂欢节办得太寒酸，他又鼓励每个人掏钱，众筹了一场豪华的酒席，还请来官妓作陪。大家喝得晕头转向，少不了跟官妓们搂搂抱抱，你侬我侬。

结果，他被人告发了！

进奏院领导盗用卖废纸的钱，与妓女们亲密接触，这两件事都触犯了宋朝的法律。搁在普通的官员那里，这只是小事一桩，大家心知肚明，谁都不干净，四五十贯钱算什么？搂着妓女算什么？

可现在对象是改革派的人，岂能轻易放过？于是你一言，我一语，小事被放大，苏舜钦等人被一撸到底。

范仲淹明白大势已去，反对派们太强悍了，于是在边境安定之后，强烈请求到地方任职。宋仁宗最终还是同意了，罢免了范仲淹的参知政事之职，让他去了邠州（今陕西省彬州市）、邓州（今河南省南阳市）等地担任知州（州一级的地方行政长官）。改革派的核心人物们纷纷离开中央，庆历新政失去了执行者与推行者，实际上成了纸上的命令，新政措施被一一废除。

邓州风景优美，气候宜人。心力交瘁、疾病缠身的范仲淹松了一口气，金山银山，不如这里的绿水青山啊！就在这里养老了！顺便放开手脚干点实事。

邓州没有像样的学校，他就建设一座花洲书院，忙完公务，亲自讲课。偶像的吸引力太强大了，一时间，名师文人纷纷汇聚而来，文化落后的邓州成了读书人的圣地。所以，当范仲淹任官期满将被朝廷调往其他地方的时候，邓州百姓们极力挽留。不走行不行啊？没有你的陪伴，我们好孤单！

看着热情的百姓、美丽的山水，到哪里找这么好的人、这么好的地？范仲淹奏请朝廷，继续留任。

当年滕宗谅被贬到岳州（今湖南省岳阳市一带）担任知州，为了能够早日回到中央，他想尽办法搞政绩，其中一项就是重修岳阳楼。但一朝被蛇咬，十年怕井绳，他再也不敢动用公款，哪怕是为了公事。想来想去，他终于想到一个好办法——众筹。那个时候的岳州地区穷山恶水，易出刁民，有很多欠款不还的“老赖”。滕宗谅贴出通告：凡是追不回欠款的债主，如果愿意将一部分钱捐给政府重修岳阳楼，我们就协助你们追债。

通告一出，岳州震动。政府有人有权有信用，他们出面帮我们追债，哪个敢不还钱？反正追不回的钱相当于打了水漂，现在能要回来，捐一部分算什么？就算全部捐了我也乐意啊！

“老赖”还钱，众人捐款。滕宗谅望着白花花的银子，笑了，不修个地标型超级建筑，对不起自己和岳州百姓啊！经过精心设计打造，认真施工装潢，一座雄伟的岳阳楼诞生了。望着新楼，滕宗谅总觉得还缺点什么，自然景观得加点人文内涵啊！

谁的文章能瞬间拉高岳阳楼的档次呢？

当然是全民偶像——老范！

他赶紧让人画了一幅《洞庭晚秋图》，快马加鞭送给老领导范仲淹，请他务必赏光，写一篇文章，正在邓州悠哉游哉的范仲淹爽快地答应了。虽然没有亲自到过洞庭湖，但是名川大湖他也看了不少，望着美丽的《洞庭晚秋图》，想起跌宕的人生经历，他写下了名震天下的《岳阳楼记》。

范仲淹用“衔远山，吞长江”写出了湖的气势，用“浩浩汤汤，横无际涯”写出了湖的辽阔，用“朝晖夕阴，气象万千”写出了湖的变化。洞庭湖在他笔下变化多端、气势非凡，正如他的人生经历与性格：“不以物喜，不以己悲。”浑厚的文字与辽阔的洞庭湖融合在一起，铸就了千古名篇，急速提升了岳州的档次。

想起改革的失败，想起曾经的好友，范仲淹感叹：有一种人，在朝廷做官时为百姓忧虑，不在朝廷时为国君忧虑；干事的时候大刀阔斧，隐退的时候心忧天下。进也忧虑，退也忧虑，什么时候才能笑傲江湖？

唯有“先天下之忧而忧，后天下之乐而乐”。

别人不敢做的事情，他们先去挑战；百姓快乐奔了小康，他们才会快乐。如果遇不到这样的人，我又能跟谁一起手拉手、向前走呢？

他怀念除旧迎新的庆历新政，想念为国为民的改革人物。如今一切已成了尘土，心中不免伤感悲凉！

得到《岳阳楼记》的滕宗谅如获至宝，特地邀请大书法家苏舜钦手写文章，命人刻在石碑上，又请来著名篆书家邵餗为石碑“篆额”（用篆体字书写碑头）。

一夜之间，岳阳楼名闻天下。当时的人将滕楼、范记、苏书、邵篆合称为“天下四绝”。

滕宗谅在岳州的行动产生了巨大的轰动效应，很快被调往江南重镇苏州担任一把手，只可惜，上任不到一个月就病死了。

参与庆历新政的人大多已经离开朝廷，反对派露出了阴险的笑容，接下来还有一个影响力比较大的刺头欧阳修需要“修一修”。他们如同躲在暗处的狼群，一旦对方露出马脚，就立刻冲过去撕咬。

欧阳修有个从小相依为命的妹妹，长大后嫁给了一个叫张龟正的人。张龟正与前妻生了个女儿叫阿张，欧阳修的妹妹出嫁不久后，张龟正就去世了，妹妹只能带着无人抚养的小阿张回到娘家。欧阳修心疼妹妹孤苦无依，就用张龟正留给小阿张的钱买了田产，让母女二人有个稳定的收入来源。鉴于小阿张年纪尚幼，他在田产上登记的是妹妹的名字。结果被人小题大做，说他用张龟正留给阿张的钱购置田产，却以妹妹（阿张的继母）的名字立户，有侵吞孤儿财产的嫌疑。

小失误干翻大文豪！

新政最后的主力战将也因此被贬到了滁州。

庆历新政虽然失败了，但策论水平决定科举考试总成绩逐渐成为全国上下的共识。在科举考试指挥棒的指引下，大家纷纷研究、练习议论文与散文的写作，欧阳修等人也针对形式主义的骈文发起了新一轮声势浩大的古文运动，政论文、散文成了宋朝的时尚主流。

“唐宋八大家”，宋朝占了一大半！看散文高手闪亮登场。

◆参考资料：

1. 王瑞来：《天地间气·范仲淹研究》，山西教育出版社，2015 年8 月第 1 版。

2. 吴钩：《宋仁宗：共治时代》，广西师范大学出版社，2020 年4 月第 1 版。

3. 中华书局编辑部：《名家精译古文观止》，中华书局，1993 年2 月第 1 版。

4. 郑天挺等：《中国历史大辞典》，上海辞书出版社，2007 年8 月第 1 版。

《醉翁亭记》《秋声赋》——文坛领袖为什么牛

在离长江不远的一条小河旁，男孩正在母亲的指导下，以荻草为笔、以河沙为纸，聚精会神地练习写字。自从担任低级官员的父亲去世，出身文人家庭的母亲便带着他投奔了丈夫的弟弟。没钱供孩子上学，她亲自教导；没钱买纸笔，就在沙滩上写。慢慢地，她发现儿子特别喜欢读书。家里没有藏书，他就跟有书的小朋友套近乎，混熟了之后，就跑到别人家里借书，用尽一切时间去背诵。在还书的时候，他往往已经会背了。

有一天，他看到别人家存放旧书的破筐里有六卷《昌黎先生集》。早就想拜读韩愈先生的书了，无奈囊中羞涩，既然你们不想要了，就借给我看吧！回到家，他迫不及待地翻开书，那雄浑的气势、深刻的见解、流畅的文笔、严密的论证深深吸引了他。好文章，长见识，他像着了魔似的，读起书来常常忘记吃饭和睡觉。

但当时文坛的主流并非“韩愈体”，而是时尚华丽的“西昆体”。那个时候，杨亿、刘筠、钱惟演等十几位重量级文人高官常常聚在一起饮酒聊天，他们仿照唐朝李商隐、温庭筠等人的风格写诗作赋，最终越写越多，编辑成册，叫作《西昆酬唱集》。这些诗赋辞藻华丽、形式工整却内容空洞，宛如东施效颦。

可谁让人家是成功人士、朝廷高官呢？他们就是时尚潮流的引领者！

朝廷的公文、奏章又开始盛行用骈文写作。这些文章讲究形式与对偶，基本都是四字与六字短句，看起来气势磅礴，读起来音律和谐。在唐朝被韩愈、柳宗元领导的古文运动压制下去的形式主义骈文又重新抬头，占据主流，进而影响了科举考试的文风。

在没有推行庆历新政之前，宋朝的进士科考试内容跟唐朝的相似，第一场试诗赋（根据题目与韵脚创作几首诗赋），第二场试论（命题议论文），第三场试策（就时事政治提出见解看法与解决方案），第四场试经义（帖经和墨义的合称，题型为填空题和简答题，默写和阐释儒家典籍中的词句）。诗赋依然是文人们学习的重点，而“西昆体”又是诗赋的热点。

一时间，想要高分，必先“西昆”。天下文人纷纷效仿，追求形式，忽视内涵，诗歌与文章渐渐地又失去了灵魂。

刻苦学习韩愈文章的男孩长大了，成了科举考场上的异类。别人写“西昆体”，他却崇尚“韩愈范”，结果，连续参加两次科举考试，都是轻轻地走了，正如他轻轻地来。

沮丧、失落，怎么办？

改变不了大环境，就改变自己吧，再牛也得吃饭啊！于是他掉转船头，集中精力研究“时文”“范文”。顶级学霸学什么都快，更何况是形式主义的对偶句？想怎么华丽就能怎么华丽。为了打出名气，他带着一篇新写的“时文”——《上胥学士偃启》，去拜访文坛大家、朝廷高官胥偃。

胥偃读着文章，拍手称赞。这小伙子以后肯定有出息，做我徒弟吧！等等，干脆好事成双，也做我女婿吧，如何？

就这样，年轻人被预定了！有了大师的指点，他在乡试、省试中连获两个第一名，殿试获得了甲科进士。

金榜题名时，洞房花烛夜！

小镇青年欧阳修终于在京城有了自己的一席之地。

与恩师胥偃的女儿完婚之后，欧阳修就来到西京（今河南省洛阳市）担任留守推官（留守司是中国宋朝到明朝在陪都设置的官署，宋朝的陪都在洛阳，推官有点类似司法局的负责人）。在这里，他度过了人生中最开心、最幸福的时光，遇到了领导兼恩师——西京留守钱惟演。

钱惟演虽然是西昆派的领袖，却并不强制属下写“西昆体”文章，给属下自由发展的空间和无微不至的关怀。有一天，欧阳修和几个同事在登山的过程中遇到大雪，只能坐在亭子下欣赏雪景。在大家饿得肚子咕咕叫的时候，忽然有人冒雪前来，还带来了厨师和歌伎。难道我们出现了幻觉？不像啊！

原来是大领导钱惟演派人前来传话慰问。同志们辛苦了，你们可以在山上多待会儿，一边赏景，一边吃饭，工作上的事情不用操心，有我在，慢慢玩！

在洛阳，他不光遇到了好领导，还结交了一生的好友梅尧臣、尹洙。一次，钱惟演脑洞大开，为属下们举办了一场“作文比赛”。欧阳修写了五百多字，钻研《春秋》、擅长古文的尹洙只写了三百多字，却形神兼备、庄重典雅。从此，欧阳修成了尹洙的小“迷弟”，经常向偶像讨教写作技巧。

欧阳修的精神与悟性令尹洙大为感叹，欧阳老弟每天都有进步，每天都在提升。

在洛阳任职期满以后，欧阳修升任馆阁校勘（相当于历史编辑），参与编修《崇文总目》（北宋国家藏书的目录，为了方便搜索图书）。

当时，朝廷中发生了一件轰动京城的大事。范仲淹呈上《百官图》，指出哪些人是能人，哪些人是庸人，哪些人与宰相有关系，点评朝廷用人的得失。篓子捅得有点大，宰相吕夷简愤怒了，不知天高地厚的小年轻，看我怎么整你？皇帝也犹豫了，小伙子，一上来就单挑老宰相，尺度有点大啊！

范仲淹却丝毫不收敛，针锋相对，越说越来劲。他的行为得到了很多热血青年的大力支持！

一边是宰相和利益集团，一边是小臣和有为青年。宋仁宗权衡再三，虽然明白朝廷用人制度存在缺陷，但是总不能把所有人都开掉吧？最终只能将范仲淹贬去了饶州。为了防止范仲淹的“粉丝”们上书，他特意张榜告诫百官，不得越职言事，不在其位不谋其政！

当前稳定压倒一切啊！

吕夷简与宋仁宗低估了“范粉”们的力量，他走我们也走！尹洙直接上书，说自己就是范仲淹的“朋党”，我们意气相投，为国为民，不能一起做事，就一起离职，让我也走吧！

岂有此理？走，都走！

尹洙也被贬为地方小官。

当时作为司谏（掌讽谕规谏的官员）的高若讷阿谀逢迎，默不作声。欧阳修愤怒了，当谏官却不呐喊，你是来耍酷的吗？还有没有廉耻？他连夜写了一篇《与高司谏书》。

高若讷火了，耍酷也犯法吗？他赶紧把这篇文章拿给宋仁宗，并在一旁煽风点火，看看，这个小官其实是在讽刺陛下您呢！

欧阳修也被逐出朝廷，成了夷陵（今湖北省宜昌市）县令。

但是，范仲淹、尹洙、欧阳修等人也因此名震天下，成了当时的红人。有个叫蔡襄的文人写了一首《四贤一不肖》的诗歌，赞美范仲淹、欧阳修等，批评高若讷，一时间，《四贤一不肖》成了天下人争相阅读传抄的“爽文”。

几个年轻人在职场受到了打击，却赢得了人心。

欧阳修流落到地方，担任基层小官员，文人的仕途往往和创作成反比，他的文学水平在这一时期更上一层楼，他心里也渐渐有了一套比较成熟的文学改革主张。有朝一日，他定要掀起一波巨浪，改掉那些无病呻吟的文风，改变这僵化不变的思想。

他的命运随着庆历新政的改革坐起了刺激的过山车。众贤在朝，改革呼啸。以范仲淹为首的改革派向北宋的积贫积弱、官僚体制开刀，结果遭到反对势力的疯狂阻挠。我们安静地睡觉打盹，你们偏偏跑来大呼小叫。

怎么办？说大道理说不过那些能人，只能使阴招、散谣言，让你们脱层皮。

宋仁宗为了平息矛盾、保护人才，只能将范仲淹、富弼、欧阳修等人贬出中央，废除新政。

在大海面前，微风又能掀起什么波澜？欧阳修心灰意冷，既然无法实现理想，那就做个旅游达人。他在滁州担任太守，将生活玩出了新花样。每年夏天，他都带着大家来到郊外荷花塘边，派人采来很多荷花，插到盆中，让歌伎取荷花相传，传到谁，谁就摘掉一片花瓣，摘到最后一片的人，必须饮酒一杯。摘完一朵，继续摘下一朵。

花酒喝出了诗意，生活玩出了惬意！

滁州的琅琊山景色优美。早晨，烟雾慢慢散尽；傍晚，烟云缓缓聚拢。春天，野花绽放；夏天，枝繁叶茂；秋天，天朗气清；冬天，霜露洁白。欧阳修常常和当地的老人们一起漫步山中，渴了有山泉，饿了有野果，困了有草地，此情此景，唯有七个字：生活真是有点甜！

下棋，游戏，唱歌，饮酒……今朝有酒今朝醉，管他东南与西北！

琅琊山顶有个供人休息的凉亭，吃饱喝足的欧阳修靠在柱子上，望着山中的美景，想起凉亭还没有名字，顿时心血来潮：我不是自称醉翁吗？就叫它醉翁亭吧！

小亭子没有大文章，怎会有灵魂？他又写下了著名的《醉翁亭记》。“醉翁之意不在酒，在乎山水之间也”，此情此景，何必再想那些糟心事？什么都是浮云，享受才接地气！

《醉翁亭记》瞬间刷爆了文人圈、官员圈和百姓圈，在当时就已经名扬天下。音乐家沈遵甚至被它吸引到滁州，亲自游览文章中的琅琊山，回去后谱成琴曲——《醉翁吟》，也叫《醉翁操》。精妙绝伦的音乐与生动清新的文章，绝配！

十年之后，欧阳修在出使契丹的路上碰到了沈遵，二人饮酒畅谈，想起了《醉翁吟》。来，欧阳老兄，我为你弹奏一曲！

好听，好听！欧阳修沉醉其中，醉翁，醉翁，陶醉的老翁！

偶像在哪里，“粉丝”到哪里。很多人慕名来到滁州，向欧阳修请教文章的写作技巧，江西秀才曾巩也在这个时候成了欧阳修的关门弟子。

欧阳修辗转扬州、颍州（今安徽省阜阳市）等地做官，岁月在他身上注入了成熟之气，也留下了沧桑之貌，各种疾病让他感慨风烛残年百病生！

母亲郑氏与好友尹洙、范仲淹、苏舜钦等人的相继去世，让他体会了孤独、寂寞与寒冷。

故人越来越少，新人越来越多，该是给年轻人让道的时候了。

宋仁宗看着当年意气风发的欧阳修竟变得犹如枯藤老树，感慨万千。爱卿，你怎么老成这样了呢？怪我，都怪我！当年辜负了你们。于是仁宗提拔欧阳修为翰林学士（相当于皇帝最亲近的顾问和机要秘书）、集贤殿修撰。

位高权重的欧阳修并没有独自享乐，也没有忘记落魄的好友，他推荐梅尧臣担任国子监直讲，又举荐了王安石、包拯、吕公著等一批有才干的年轻人。他要尽快为国家培养更多的接班人。

嘉祐二年（1057 年），欧阳修被宋仁宗任命为科举考试主考官，主持礼部贡举。这一次，他迎来了人生的高光时刻，一半是海水，一半是火焰。

当时社会上流行一种拥有众多“粉丝”的文学派别——“太学体”，属于“西昆体”、四六文的“变异版”。“太学体”在形式主义的基础上又融合了生僻主义，专门使用大量生僻字词写文章。大家觉得越生僻怪异，越让人看不懂，越能证明知识丰富有才华。

欧阳修跟好友、同仁们做了多年的努力，依然没能改变这种形式至上的文风。留给他的时间不多了，这一次，无论如何也得跟不良风气扛一扛，哪怕头破血流，也在所不惜！否则，科举考试能选拔出什么人才呢？

改卷子的时候，他看到一份试卷开头写道：“天地轧，万物茁，圣人发。”感觉好搞笑，明明是写天地交融，万物生长，圣人出现，你老人家偏偏追求古怪字眼和胡乱搭配，让人一头雾水。于是他大笔一挥：“秀才剌，试官刷！”你学问不行，我就把你刷掉了。

早就厌烦这种文风的欧阳修大刀阔斧地改革，只要在考试中写“险怪奇涩之文”的人，一个不录取。结果引起了一场学生运动，差点丢了老命。

大批落榜的文人愤怒了。砸我们的饭碗，挑我们的神经？走，我们一起去痛扁欧阳老儿！一时间，喊打喊杀声此起彼伏，冲动起来的年轻人如同洪水猛兽，街上负责保卫的士兵挡都挡不住。有人写匿名信，状告欧阳修徇私舞弊；有人写恐吓信——《祭欧阳修文》，投到欧阳修的家里；还有不少人想不开投河自尽。

宋仁宗头都炸了，镇压？他们也没造反啊！顶多算“非暴力不合作”。拘留？会不会引起连锁反应？找替死鬼？不符合我仁慈的作风嘛，而且老欧也没错啊！

最后，宋仁宗决定给每个考生发一颗硬糖：“凡与殿试者始免黜落。”大家不要吵，不要闹，只要参加殿试，都能进入体制内。从这一次科举考试开始，宋朝确立了殿试只定名次不淘汰的制度（之前的殿试也会根据成绩淘汰一部分人），每个人都能取得一官半职。

整个世界安静了，吃人家的嘴短，拿人家的手软，闹来闹去，不就图个皇家“编制”嘛！

除去那些闹事的人，先前由欧阳修录取的人才，个个名垂千古，这次考试也成了千年科举史上最闪亮的一次。被他亲自录取的考生有苏轼、苏辙、曾巩、曾布、吕惠卿、章惇、张载、王韶、程颢、程颐，他们都成为文学、哲学、军事、政治领域的尖端人才。这批人中有“唐宋八大家”中的三家——苏轼、苏辙、曾巩；理学宗师两个——程颢、程颐。除了这些人，还有一大批学识渊博、品学兼优的文人脱颖而出。

从此，欧阳修成了当之无愧的文坛领袖，身边聚集了大批的追随者和崇拜者，多年的古文运动终于取得了巨大成功。文人们纷纷学习汉唐时期的文章，抛弃了形式主义与生僻主义，“唐宋八大家”除韩愈、柳宗元之外，其余六个人都出自那个时代。

欧阳修此次的成功除了靠他自身的实力、眼光和影响力，还有两个重要原因。第一个原因是科举制度的改革与完善。大宋建立初期，皇帝们忧心忡忡，武将靠不住，文人要拉拢，新建立的国家缺人才啊！用贵族，他们能听话吗？用平民，怎么发现他们呢？发现了又怎么任用他们呢？需求刺激了消费，消费又刺激了生产，怎么利用流水线生产大批量朝廷急需的人才呢？嘿，隋唐的科举考试不错，但并不完全公平公正，试卷上能看到学生的姓名和籍贯，导致许多人考前跑关系、走后门，选拔的效率与效果大打折扣，最后科考成了贵族之间任人唯亲的游戏。选出来的都是他们的人，那做皇帝还有啥意思？必须选出我想要的人！

为了笼络更多的文人雅士，大宋皇帝们不断地同不公平的考试制度作斗争。在考卷上把考生的姓名、籍贯等封起来，叫弥封，又叫糊名，考前打招呼、走后门不太可能了。名字看不到，那笔迹呢？把平时的笔迹给考官看，让他凭字迹打高分也行得通。因此，朝廷又设置了誊录院，考卷一律由工作人员重新誊写。如果命题人泄露考题给亲戚、朋友怎么办？于是又创立了锁院与别试制度，只要被任命为考官、命题人等，一律被提前封闭起来，大概五十多天的时间不得外出或见外人，考官们的子女、亲戚如要参加科举考试，需另设单独考场，进行别试，重新拟定考题。有考生携带参考书进场怎么办？你想多了，门口一排排的卫兵严阵以待，搜身能搜到你的短裤。

皇帝笑了，这下公平了吧？谁打招呼都不行，想要做官，必先科考，你们考上只能感谢一个人，那就是皇帝我！从此，考生成了天子门生。在严格公平的科举考试制度下，社会中下层的贫寒子弟们看到了希望，民间的读书热情高涨。如果家里的孩子不读书，家长在别人面前根本抬不起头，文化普及效果显著。一个家族出个进士，瞬间拉高整个家族的档次！

历经几百年的门阀贵族制度，在宋朝严格公平的科举考试制度下瞬间土崩瓦解。

此乃宋朝统治者的高明之处，打击强大的敌对势力与铲除盘根错节的名门望族，并不一定要用暴力。你让大批寒士尽开颜，给他们晋升空间与极高待遇，寒士们就会拼死拥戴并维护你，彻底挤掉那些高高在上、不干实事的贵族。

当时有诗歌写道："唯有糊名公道在，孤寒宜向此中求。"一大批寒门子弟因此脱颖而出。欧阳修处于宋朝科举制度最为完善的仁宗时期，所以他能按照客观的标准选出大批真正有本事的人，否则，无论他的影响力多么大，他也不可能抵挡住来自王公贵族们的说情与压力。

之前的庆历新政虽然被废止，但是其对科举考试内容的改革得到了很多人的认可。诗赋题在唐朝考了几百年，大家早就疲倦了，统治者们也意识到了"文以载道"的作用，懂得了引导人们利用儒家经典书籍来发表意见、治理国家才是当务之急。于是，到了范仲淹推行庆历新政的时候，考试的内容改为先策，再论，后诗赋。策论成了考试的重点，文章写得好，才能赢科考。虽然庆历新政失败了，科举制度暂时又回到从前，但是提高策和论的地位与分量，已经成为大家的共识。这样的制度与共识也为欧阳修的文学改革运动提供了重要的前提。

欧阳修是庆历新政的坚定支持者，既然当年推不动新政，那就在自己能够做主的科举考试领域来一场变革，大大提高策与论的分数比重，以议论文水平的高低来录取人才。把古文写作与科举考试、官位晋升进行利益捆绑，燃起了古文寒冬里的一把火。

第二个原因就是宋仁宗的胸怀宽广。在大家闹得快要造反的时候，宋仁宗并没有拿欧阳修做替死鬼，也没有斥责他的极端，而是以仁者的胸怀包容了属下，以睿智的手段安抚了考生。宋仁宗时代之所以群星闪耀，文化繁荣，经济发达，成为宋朝乃至封建社会时期最幸福的时代，离不开这位大佬超强的协调能力与极为宽广的胸怀。只可惜，这位把皇帝做到极致的人却较少受到后人的关注。

欧阳修不仅自有才华、名扬天下，还喜欢举荐后辈与能人，受到了天下文人的敬重。在众多志同道合的文人、徒子徒孙、好友属下的共同努力下，他终于彻底完成了北宋的文风改革，这也算是对失败的庆历新政的一种慰藉吧！

从此，他走上了人生的巅峰。但是上天不可能把所有的幸福都送给同一个人。

独撰《五代史记》（《新五代史》）、编修《新唐书》、执掌开封府等一系列繁重的工作让他的身体亮起了红灯，好友梅尧臣也染病身亡，离他而去。五十三岁的欧阳修被众多疾病缠身，眼睛看不清，双手直颤抖，臂膀很僵硬，犹如一个将死的老头。

一个秋天的夜晚，他点起油灯，安静读书，忽然听到一阵奇怪的声音，仿佛山鬼在空中呼号呐喊，又仿佛军队在夜间安静前行；忽而奔腾澎湃，忽而低声抽泣，忽而金戈铁马，忽而悄然夜行；有一点凄凉，有一丝悲伤。欧阳修对小书童说道：“去看看，这是什么发出的声音？”

小书童揉着睡眼，打开窗户。哪有什么声音？窗外星空灿烂，银河闪亮，四周无人。咦？好像树木中间发出了一阵声音！树叶随风飘零。哎哟，有点冷！书童赶紧关上窗户，继续呼呼大睡。

欧阳修明白了，秋天来了，唉，为什么来得这么突然呢？

想起一个个离他而去的好友与亲人，想起自己每况愈下的身体，他感到渺小的人在岁月与自然面前是那么微不足道。总是操劳这、忧虑那，担心将来、悲痛过往，消磨了精力，损耗了体力，何必呢？就让秋风带走我种种顾虑吧，我也该好好歇一歇了！

欧阳修提笔写下散文名篇《秋声赋》，这篇文章是他对新古文理论的一次牛刀小试。针对唐宋流行了几百年的骈赋文，欧阳修开发出了文章“新品种”——文赋，即散文化的赋。

他对骈文（四六文）和律赋（格律赋）不抛弃、不放弃，吸收它们铺陈排比、磅礴大气的优势，又融入散文自由收缩、活泼生动的长处，让大家亲眼见证，赋还可以这么写，散文还可以这么美！

这样的写法影响了很多人，直接催生了苏轼的《赤壁赋》。

晚年的欧阳修德高望重，官运亨通，担任枢密副使、参知政事，加封上柱国（宋朝勋官分为十二级，最高级称为上柱国），但他并没有沉醉在自满与骄傲中。宋仁宗去世以后，他得了消渴病（糖尿病）。即使身体无力，他依然坚持写作，《相州昼锦堂记》就写于此时。

韩琦在相州（今河南省安阳市）做官的时候，修建了昼锦堂，后来升任宰相，欧阳修特意为他写了这篇文章，勉励韩琦好好治理国家。据说，《相州昼锦堂记》寄给韩琦以后，欧阳修想起几个字写得不太好，看看时间，还来得及，马上拿起笔重新写了一篇寄出去。收到前后两篇文章的韩琦经过仔细对比，发现后文只比前文多了两个“而”字，但是语气更加流畅。

一丝不苟，精益求精，文坛老大也不是随随便便成功的！

然而，一件小事给欧阳修安静祥和的晚年激起了不大不小的浪花。宋英宗去世，宋神宗继位，欧阳修在丧服里穿了件紫袍，却被御史弹劾。这还得了，丧服岂能有鲜艳的颜色？这是蔑视皇上！

穿错衣服不得不被惩罚，皇帝下令贬他到地方去担任知州。

经历过风风雨雨的欧阳修早已看淡了一切，曲折苦难也受过了，人生巅峰也登过了，名气、地位都有了，何必在乎官职？

欧阳修上书宋神宗，请求提前退休，我的身体实在扛不住了！皇帝念及他的功劳，特意恩准他以太子少师（辅导太子的官员）、观文殿学士的身份退休。欧阳修再无遗憾，隐居颍州，继续钻研学问与文章。

他给自己取了个外号——六一居士：家有藏书一万卷，集录三代以来金石遗文一千卷，琴一张，棋一局，酒一壶，老头子一个。

终于可以无拘无束，想干什么就干什么，想做什么就做什么了。他经常乘着船来到荷塘深处，闻着扑鼻香气，喝着小酒，乘着微风细雨，在一片歌声中快乐归去，闻着莲花香，睡到自然醒。“烟雨微微，一片笙歌醉里归”“残霞夕照西湖好，花坞苹汀，十顷波平，野岸无人舟自横”。

他的品质与文风影响了一代又一代的文人，其中就有苏家父子。没有他，苏洵估计一辈子都是“废柴流”；没有他，苏轼也许很难轻松成为“天才流”。

◆参考资料：

1. 沈约：《宋书》（点校本二十四史修订本·全8册），中华书局，2018年5月第1版。

2. 上海师范大学古籍整理研究所：《全宋笔记全十编》，大象出版社，2018年4月第1版。

3. 洪迈：《容斋随笔》（全5册），团结出版社，2020年8月第1版。

4. 郭正忠：《中国古典文学基本知识丛书·欧阳修》，上海古籍出版社，1982年8月第1版。

5. 梁庚尧：《宋代科举社会》，东方出版中心，2021年1月第

1 版。

6. 李兵、刘海峰：《科举：不只是考试》，上海教育出版社，2018 年 4 月第 1 版。

7. 薛金星：《初中语文基础知识手册》，现代教育出版社，2022 年 2 月第 1 版。

8. 中华书局编辑部：《名家精译古文观止》，中华书局，1993 年 2 月第 1 版。

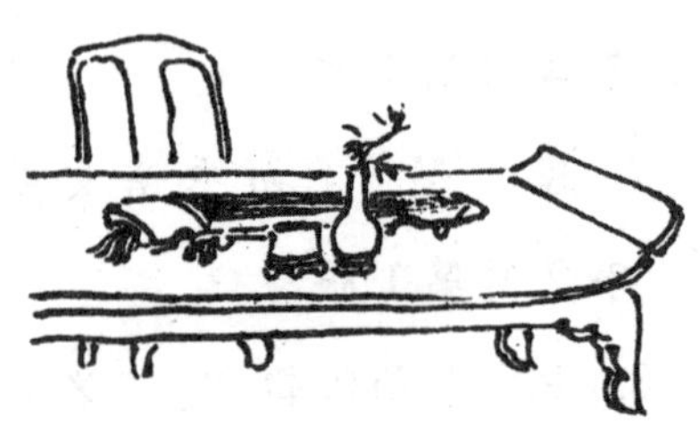

《六国论》——北宋“废柴流”上演“爸爸去哪儿”

北宋时期，在眉州眉山（今四川省眉山市），有一位中年大叔在辅导两个儿子读书学习的时候，发觉小朋友们的水平越来越高，自己有点跟不上他们的节奏了。这样下去不行啊！人家将来拼爹，我岂不是要拼儿？太丢人了！于是，在中年的时候，他梳洗打扮，重新出发，刻苦读书做榜样。最终，父子三人在北宋文坛上演了一出精彩的“爸爸去哪儿”。

他就是苏洵！大文豪苏轼与苏辙的老爸！

苏洵年少的时候并不喜欢读书，由于家境还算不错，就加入了啃老大军，学李白“仰天大笑出门去”，仗剑走天涯，看一看世界的繁华。后来玩腻了、玩累了，他看到两个哥哥认真读书，心想，我也读点书吧！读着读着，他觉得“之乎者也”好没意思，便又放弃了。

他的老爸苏序对这个儿子既不呵斥，也不责骂，任由他随性而为，毕竟他有三个儿子：苏澹、苏涣、苏洵。早年逼着大儿子、二儿子读书考功名的苏序对小儿子管教并不严厉，给了他很多自由空间。

转眼间，到了结婚年纪的苏洵，在众人的羡慕嫉妒恨中娶到了程家小姐。程家既是书香门第又是典型豪门，程家小姐知书达理，貌美如花，是个妥妥的“白富美”。多少富家帅哥、官家子弟、文人雅士踏破门槛都被她拒之门外，为何偏偏嫁给了那个“废柴流”？

更令人眼红的，是程家小姐还带来了十车嫁妆和一个祖传玉佩。不仅人来了，钱也到了，这下苏洵该收收心了吧？

可他依然我行我素，整天游手好闲。在以考取功名为荣的大宋，苏洵绝对如同冰河世纪的恐龙。程家人也开始对他指指点点，这个姑爷不着调，只把青春来消耗。妻子却并未埋怨，她明白丈夫总有爆发的时刻。

痛苦才能让一个人真正成长。

苏洵的长女，未满一岁夭亡，接着母亲又突然病故。接二连三的打击让苏洵感觉人生无常，得做点什么！

他开始认真读书，读着读着，他自我感觉太良好，读书也没什么难的嘛！那些考取进士的人能比我高明到哪里去？看我分分钟灭了那些书呆子！

老婆，你等着，我绝对弄个进士回来！

苏洵信心满满地参加了乡试（乡试是宋朝科举最低一级的考试，乡试以上还有会试、殿试），考试结果很悲催——落榜。

程氏又生下了大儿子苏景先和第二个女儿。

怎么会这样？丢死人了，以后我怎么教导儿子，怎么起到模范带头作用？痛定思痛的苏洵找出自己以前写的文章细细品读，越读越觉得失败，写的什么鬼？垃圾一堆！“吾今之学，乃犹未之学也”！

苏洵一把火将之前的文章烧了个干干净净，看成败人生豪迈，只不过是从头再来！

从此以后，他每天闭门苦读。之前跟着他玩耍的年轻人都觉得好奇怪，大哥怎么变了啊？

苏洵立下壮志，不读出精髓就不写文章。读书成果未知数，爱情结果亮晶晶，妻子又生下了日后引领北宋文坛的苏轼。苏洵算是读书、恩爱两不误！

几年以后，他来到京城参加会试，再一次受到了强烈的打击——落榜，落榜，还是落榜！

没关系，看来还是学问不精，继续干！后来苏洵又参加了一次考试，拿回四个字——谢谢参与！

他的命运进入了漫长的梅雨季节，打击接踵而来，大哥和八岁的大儿子苏景先不幸离世。

但是很快，妻子又生下一个儿子——苏辙。

经过五六年的刻苦研读，苏洵觉得自己学问大增。既然做不了官，那就在家一边思考一边做个好爸爸，亲自教苏轼、苏辙读书。在此期间，他又经历了一系列的悲欢离合：妹妹、两个女儿相继去世。世事无常让他不再执着于为考试而读书，而是为提高自我修养而读书，为活着的人尤其是默默支持他的妻子而读书，于是他更加刻苦用功。

在苏洵读书期间，程氏为了解决丈夫的后顾之忧，充分发挥经商才能，变卖嫁妆，用来做创业启动资金，经营布庄生意。几年时间，她就把苏家打造成小康之家，她算得上是苏家“爸爸去哪儿”节目的幕后投资人。

一晃眼，苏洵四十多岁了，也没混个一官半职，他将主要精力都用于读书与教育两个儿子。苏洵是个实干家，特别喜欢研究先秦古文和时事政治，但此时的他没有官员的身份，不在其位不能谋其政，那就写几篇阅读历史的感慨吧！他将自己多年的深入思考写成了《权书》系列文章。

《权书》一共有十篇文章：心术、法制、强弱、攻守、用间、孙武、子贡、六国、项籍、高祖。都是论述兵法和权谋的。其中一篇就是我们熟悉的《六国论》。

"六国破灭，非兵不利，战不善，弊在赂秦。赂秦而力亏，破灭之道也。或曰：六国互丧，率赂秦耶？曰：不赂者以赂者丧，盖失强援，不能独完。故曰：弊在赂秦也……夫六国与秦皆诸侯，其势弱于秦，而犹有可以不赂而胜之之势。苟以天下之大，下而从六国破亡之故事，是又在六国下矣。"

读着六国的往事，想起如今的时事，苏洵感慨万千。现在的大宋比六国强大，却不断贿赂西夏和辽国，岂不连当年的六国都不如？

北宋自建国以来，跟辽国、西夏间大大小小的战斗不断，败的多，胜的少。因为大宋以文治国，对武力并不重视，庞大的军队只是养在家里的摆设，端得上台面，却拿不了真枪。大宋每年还得向辽国、西夏提供银两与商品：求求你，别没事跑过来打一枪，我们给钱！

大宋向来是钱能解决的事情，从不依赖刀枪。

就算打了胜仗，也会用钱来谈判，请求早点签订停火协议。比如宋真宗时期的"澶渊之盟"，明明是辽国被打急眼了，跑过来求和，最后却在条约里加上一条：宋方每年向辽提供助军旅之费银十万两，绢二十万匹（即岁币）。

到了苏洵生活的宋仁宗时期，朝廷又在占据优势的情况下，与前来求和的西夏国签订了"庆历和议"。规定大宋"给西夏岁赐绢十三万匹，银五万两，茶二万斤，加上乾元节和贺正回赐及仲冬赐时服，合计绢十五万匹、银七万两、茶三万斤，此外西夏国主生日时赏银器二千两，细衣着一千匹，杂帛二千匹作为生日礼物"。

苏洵听了自然非常气愤，凭什么？堂堂大宋，要钱有钱，要人有人，干吗变相贿赂地位和国力都不如自己的国家？干吗要对他们点头哈腰陪笑脸？

《六国论》借秦国与六国的故事来讽刺现实，说得很有道理，但并未受到统治者的重视，因为皇帝们也有自己的考虑。

重文轻武乃宋朝祖训，相当于宪法，必须遵守。当年，宋太祖赵匡胤龙袍加身，登上皇位之后又难以安心，我能如此轻易坐上皇帝宝座，难道他们坐不得吗？枪杆子里面出政权啊！怎么办？像刘邦那样杀功臣，不好吧，都是兄弟。于是他把大将们叫过来喝美酒，然后叹息一声："唉，我这皇帝不好当啊，最近老是失眠健忘易冲动。"

大哥这是怎么了？众将懵圈了，失眠健忘也就罢了，怎么还冲动了呢？皇帝一冲动，我们人头就得破个洞啊！

"唉，虽然我知道你们没有造反的心，可是，万一手下把黄袍披在你们身上呢？谁能抵得住诱惑？"

"啊，大哥，小弟们万万不敢啊！"

几位将领吓得面无血色，开国功臣都没有好下场，难道这次轮到我们了？

赵匡胤乘机扶起他们，兄弟们，人生短暂，我们当年打仗为了什么，还不是想要多多的财富，让后代享福嘛！不如放弃兵权，到地方上去，你们负责疯狂潇洒，朕来替你们还款刷卡。大将们头点得如同小鸡啄米，纷纷回去买田买地，饮酒唱歌看跳舞，过上任性潇洒且枯燥的有钱人生活。

宋朝的江山来得有点莫名其妙，只要手握兵权，精心策划，时机一到，表演黄袍加身的戏码，谁又敢说一个不字？所以，皇帝们都想着打压武将，用钱来消磨他们的斗志。文人再怎么闹，也不过打打嘴仗、过过嘴瘾，没有枪、没有炮，他能干吗？

对外，宋朝更是崇尚低头言和，只要你不打我，钱有的是。蛮人嘛，抢点东西就走了，给点好处就停了，只要不抢我的龙椅，尽管开口，我们有钱！只要内部没人造反，稳定有序，让我享受人生，在我的地盘做主就行！这种想法导致宋朝对外极其软弱，别人想要什么就给什么。万一让将军领兵打过去，他半路来个黄袍加身怎么办？

想要维持对外撒钱和官员们享乐的庞大开支，只有拼命发展经济，商品经济、外贸经济、夜市经济飞速发展。百姓负责赚钱步步高，朝廷负责收税哈哈笑，工商税成了国家最主要的财政收入。

朝廷又在明州（今浙江省宁波市）、杭州（今浙江省杭州市）、泉州（今福建省福州市）、广州（今广东省广州市）等大城市设立了市舶司，专门管理海上的对外贸易，相当于现在的海关。让天下没有难做的生意，大宋赚全世界的钱。当时朝廷与几十个国家保持通商，进出口贸易做得风生水起，财政收入又有了新的来源。

对外求和也从侧面刺激了宋朝统治者想尽办法发展经济、科技与对外贸易，这让宋朝的经济文化迎来爆发式的发展，出现了最早的纸币——交子，还在印刷、医学、天文等领域取得了一系列成果。

在不降低国家身份与尊严的前提下，对外和议也是一种外交策略，可以为国家的稳定与发展营造良好的外部环境。西汉初年的和亲政策就是这样，只不过把钱换成了人而已。宋朝前期的“澶渊之盟”也并未丧权辱国，而是很快结束了宋辽两国之间多年的战争，每年支出的岁币费用远远低于战争的军费开支，用小钱换回了大钱。宋辽两国开发贸易，互惠互利，边境的百姓也不用担惊受怕。

宋仁宗时期的“庆历和议”，更是在西夏答应对宋朝称臣的基础上签订的。我给你钱，是因为不想打仗，想让双方百姓安居乐业，而不是怕打仗或者是打不赢，完全不是后来宋徽宗时期的委曲求全和南宋时期的俯首称臣。

比起战争的军费，岁币开支无足轻重。宋夏战争时期，陕西一个省的军事费用支出就达到几千万。所以，在不丧失尊严的前提下，能用钱解决的事情尽量不动用武力。

但是这种政策的尺度不好拿捏，在明君的手里，这就是拿钱消灾，用钱换得发展的时间与环境。在昏君的手里，这就会变成低三下四的求和方式，消灾以后不发展经济，而是沉醉享乐，继续从百姓身上刮钱。大家既要承担对外消灾的费用，还得承担皇帝与官员潇洒的费用，内心的怨恨必然会越积越多，国内的矛盾也会越来越深。

没有尊严的委曲求全只会换来敌人的变本加厉与肆无忌惮。没钱了，他们就会把刀架到你的脖子上，老弟，弄点钱花花！最终，北宋与南宋都被胃口越来越大的敌人消灭，应了苏洵那句“赂秦而力亏，破灭之道也”“不赂者以赂者丧，盖失强援，不能独完”。

求和的基础是具备不怕打仗的勇气与决心和拥有打赢对方的实力，否则就是变相贿赂，屈辱求生。

十篇《权书》，代表了苏洵思考历史的十个角度。

嘉祐元年（1056 年）春天，苏洵带着系列文章和二十一岁的苏轼、十九岁的苏辙，从老家沿江东去，他要陪儿子们进京赶考。父子三人一边走一边玩，乘着船，唱着歌，作作诗，谈谈天，快活似神仙！

到了京城以后，苏洵在好朋友的推荐下，拿着平时写的文章拜见了当时的文坛领袖欧阳修。

多年的积累终于有了爆发的机会。欧阳修看过《权书》系列文章之后，大力点赞：“好文章，好文章，简直是刘向、贾谊转世啊！语言犀利，纵横恣肆，如滔滔黄河，奔涌向前。”

老大都说好，肯定是真的好！

文人官员、考生老师争相阅读苏洵的文章，那个“废柴流”老爸终于体会到了众星捧月的感觉，崇拜者们如洪水般涌来，纷纷求签名！

好运一到，阻挡不了！参加考试的两个儿子同时考中进士。

一夜之间，苏氏三父子共同晋升为“一线网红”。聚光灯下，众人崇拜，这是哪里来的神仙父子？考生们、文人们争着阅读欣赏他们的文章。当时京城最流行的广告词是：“苏文熟，吃羊肉；苏文生，吃菜羹。”熟读“三苏”的文章，就能啃大肉、品美酒，否则只能吃烂叶、嚼菜根。

苏洵的完美逆袭，给儿子们起了良好的示范作用，苏轼、苏辙更是青出于蓝而胜于蓝。

◆参考资料：

1. 沈约：《宋书》（点校本二十四史修订本 · 全 8 册），中华书局，2018 年 5 月第 1 版。

2. 上海师范大学古籍整理研究所：《全宋笔记全十编》，大象出版社出版，2018 年 4 月第 1 版。

3. 脱脱等：《宋史》，中华书局，1985 年 6 月第 1 版。

4. 陈心怡：《“德才之辨”视域下苏洵人才观中的纵横思想》，《长江师范学院学报》，2022 年第 4 期，第 80—93 页。

5. 阮忠：《六国赂秦的历史批判与现实沉思——论苏洵〈六国〉》，《文史知识》，2022 年第 6 期，第 89—97 页。

6. 中华书局编辑部：《名家精译古文观止》，中华书局，1993 年 2 月第 1 版。

《赤壁赋》《石钟山记》等——东坡坚信，没有愈合不了的伤口

当年，“超级教师”石介在国子监“直播带货”的那首《庆历圣德颂》，销量猛涨，被天下传颂。有个远在四川的少年，正在高声朗读这首诗，对范仲淹、韩琦、富弼、欧阳修四位“大哥大”充满了敬佩。他望着天空的明月，漫天的星星，心想：如果我将来能像他们一样，该多好！

此刻的他怎么也想不到，长大之后，他不仅成了“大哥大”，还成了“超级大哥大”。

认真读书吧！努力考试吧！

嘉祐二年（1057 年），少年成了青年，在父亲的带领下，跟弟弟一起去参加科举考试，主考官正是大名鼎鼎的欧阳修。青年参加的礼部进士科考试总共有四场：第一场试诗赋，第二场试论，第三场试策，第四场试经义。

他在第一场诗赋考试中，成绩很差，但在第二场考试中，他写的《刑赏忠厚之至论》犹如黄河之水天上来，奔流到海不复回，有理有据，辩才无双，震惊了批卷的考官们。欧阳修以为是自己学生曾巩的大作，为了避疑，他将这篇文章评为第二名。

第三场考试没有历史资料显示他得了多少名，估计在中等偏上。第四场考试他得了第一名。综合四场成绩，青年人顺利晋级。如果按照唐朝和宋朝初年的考试要求，诗赋比重最高，逐场定去留，他这一次肯定会落榜。幸好他在宋仁宗时代，碰到了慧眼识珠的伯乐欧阳修。

之后，欧阳修才发现《刑赏忠厚之至论》的作者叫苏轼。他感慨地对好友梅尧臣说道："这孩子以后肯定名扬天下，若干年以后，没人会记得欧阳修，只记得苏轼了！"

有人可能很惊讶，诗词创作的天才怎么连第一场诗赋题都答不好呢？很简单，你让著名作家去写高考作文，未必能得高分。诗赋题讲究严格的押韵和形式，一个押韵弄错，就会不合格。

当苏氏父子三人名震京城的时候，家乡传来噩耗，苏家"爸爸去哪儿"的幕后投资人与总导演——程氏病逝家中。三人日夜兼程赶回老家。在封建社会，父母或祖父母死去，子孙辈必须停止一切娱乐活动、交际应酬，做官的人也得自动下岗，在家守孝，这叫守制或丁忧。

守制期满，苏轼被授予河南府福昌县（今河南省洛阳市宜阳县）主簿，苏辙被授予河南府渑池县（今河南省三门峡市渑池县）主簿，都是县里一把手的小助理。因为他俩在进士科考试中成绩并不靠前，所以只能从小地方的基层干起。

两人有点不服气，我们要为自己的智商讨个说法。他们暂时没有去赴任，而是在欧阳修的举荐下，积极准备嘉祐六年（1061 年）的制举考试。

制举大多是皇帝心血来潮临时组织的科举考试，时间不固定，科目也不固定，成绩突出的人可以马上入编任职。对在职官员和待编进士来说，制举相当于跳板，升职加薪速度快。

制举科目繁多，名字也很奇葩。有的科目平民百姓也可以直接参加，如高蹈丘园科、沉沦草泽科、茂材异等科；有的科目在职官员或有进士身份的人可以参加，如贤良方正能直言极谏、博通坟典明于教化、才识兼茂明于体用等六科。

制举宽进严出，难度极大。苏轼、苏辙参加的是贤良方正能直言极谏科的考试。苏轼获得第三等（最高等级），整个北宋只有四个人获得这一等的成绩。苏辙这次因为写了抨击皇帝的文章，被列为第四等。兄弟二人又完成了不可能完成的任务。

苏轼被授予大理评事、凤翔府签判。宋朝的官制分为官、职、差遣三种，官、职是虚衔，相当于荣誉称号，比如某某殿学士等，差遣才是实打实的职务。大理评事是官，签判（协助地方长官处理政务）是差遣。苏轼带着中央“编制”与荣誉证书，干起了市长助理的工作。

在凤翔任职三年多，苏轼回到中央任直史馆，负责编修国史。这是很多文人梦想的职业，既可以借工作名义读书，还可以点评历史人物。可惜，此时苏轼的妻子王氏、父亲苏洵相继去世，他又回到家乡守丧。

等他回到中央，已经是宋神宗熙宁二年（1069 年），全国上下在王安石的领导下，开展了轰轰烈烈的变法运动。由于急功近利、过于冒进、用人不当等原因，朝廷在推行变法的过程中出现了一系列的问题。

连欧阳修、富弼、韩琦等庆历新政的元老们都纷纷出来指责王安石，年轻的苏轼也写了《上神宗皇帝书》《再上皇帝书》，集中火力炮轰变法。

朝廷中开始了无休止的斗争，今天变法派打反对派，明天反对派骂变法派，大家都摆出不干死对方不罢休的姿态。

唉，太吵了。争来争去，连续上书，皇帝还是不放弃变法。那就闪人吧！苏轼请求外任。宋朝官员的工资高、补贴多、待遇好，拿着工资到地方上潇洒，懒得跟你们费口水。

苏轼去了杭州担任通判（不仅要处理政务，还要监察地方官员），又相继在密州（今山东省诸城市）、徐州、湖州（今浙江省湖州市）三地担任知州，有权有钱又有闲！他一边工作一边旅游一边创作，每个地方都有他留下的最美诗词与文章。

在湖州的某一天，苏轼晾晒自己收藏的书画时，突然看到表兄文与可赠给他的一幅画——《筼筜谷偃竹》，顿时眼泪哗哗地流。老表，你咋去世得那么早呢？他想起了二人之间的点点滴滴。

著名画家文与可是苏轼的表兄，尤其喜爱画竹子。不管是炎热的夏天，还是寒冷的冬天，不管是北风那个吹、雪花那个飘，还是大雨倾盆、小雨淅沥，他长年累月地在竹林里窜来窜去。

三伏天，人被晒得像蒸笼上的鲜肉大包，他却跑到竹林里，站在太阳底下纹丝不动地观察竹子的变化。忽而用手指头量一量竹节有多长，忽而又数一数竹叶有多少，忽而蹲在地上观察露出来的竹根，忽而又仰着头凝视竹子的身姿。不知不觉，头上的汗珠啪嗒啪嗒地滴入竹林的土壤中，身上的衣服早已湿透，可他并未在意，仍然痴痴地盯着竹子。

有一次，天空狂风大作，乌云密布，电闪雷鸣，猛烈的暴风雨将要来临。在田间、竹林劳动的人都赶紧往家中跑。跑着，跑着，大雨开始从空中倾倒下来，大家都在抱怨该死的天气。文与可戴着草帽，急急忙忙地朝反方向小跑，一头钻进竹林，暴风雨对他没有任何影响。他不顾路滑雨大，抓住难得的机会观察大雨狂风中的竹林、竹叶、竹根，用心地记下竹子在风吹雨打中的各种姿势与形态。

正因为刻苦努力，他画的竹子名闻天下，总有不少人拿着贵重的丝绢登门求画，一个接着一个地找上门来。

还让不让人安静作画了？文与可很厌烦，把丝绢都扔到地上，骂道："我要拿这些丝绢去做袜子！"他写信给苏轼，调侃道："最近我告诉那些求画的人，徐州（当时苏轼在徐州）也有画墨竹的高手，你们可以去那里要嘛！老表，这回做袜子的材料应该都集中到你身边了吧？你可要好好感谢感谢我，请我吃一顿大餐就行！"

你不也是画画的高手嘛，我把他们引到你老人家那边去，让他们去烦你，不要来烦我，哈哈！

文与可在信的末尾写道："拟将一段鹅溪绢，扫取寒梢万尺长。"我要用一段丝绢为你作一幅万尺竹的大画，给你补偿一下，嘿嘿！

苏轼看到文与可的书信，哈哈大笑。这个家伙，竟然把浑水往我这里引，算你狠！他也写信调侃："竹子如果长到一万尺，那得使用二百五十匹绢。我看你啊，就是偷懒，不想亲自画画赚丝绢，故意叫人到我这里求画，拿我当免费劳动力吧？然后轻松得到二百五十匹丝绢，是不是？哼，被我拆穿了吧？"

说得倒好听，给我画"寒梢万尺长"，没有绢，你怎么画？

文与可无语了，苏轼就是苏轼，想象力真丰富！他立即回信："老表同志，你净瞎说，世界上哪里有一万尺长的竹子啊？你难道不清楚'万尺'是夸张的说法吗？"

小样，跟我斗！苏轼继续挑动老表的神经，回信道："怎么没有？你看这首诗：世间亦有千寻竹，月落庭空影许长。千根竹子，万米影子，说的不就是万尺竹吗？"

文与可无奈地笑道："得得得，老苏，你的嘴巴太厉害了，我说不过你。你要是给我挣到二百五十匹名贵的丝绢，我还用工作吗？拿着它们去买良田，回家养老啰！"说我偷懒？那我真给你画一幅竹子，好吧？

文与可果然给苏轼寄来了《筼筜谷偃竹》，里面几尺高的竹子看起来有万尺的气势。

望着眼前的图画，想起曾经的玩笑，苏轼泪眼朦胧，不过很快又破涕为笑，因为他想起了另外一件搞笑的事。他写过一首《筼筜谷》诗给文与可："汉川修竹贱如蓬，斤斧何曾赦箨龙。料得清贫馋太守，渭滨千亩在胸中。"汉水一带竹笋很多，到处都是，价格便宜，经常有人拿着斧头砍向那些鲜嫩美味的小竹笋。我猜想你这个清贫嘴馋的太守（文与可）啊，肯定把那边的竹笋吃光了吧？千亩竹林早就进了你这家伙的肚子里啰，是不是？

超级吃货苏轼，想到了美味竹笋，调侃调侃老表。

没想到，文与可恰好跟妻子在筼筜谷的竹林里游玩观景，晚上又正好烧竹笋吃。打开信封看到诗歌，文与可笑得直抽筋，嘴里的饭喷了一地。

好你个苏轼，你以为我跟你一样，是个吃货？哈哈，不过竟然被你那张破嘴说中了，我确实正在吃竹笋呢！

想起表兄兼知己，苏轼写下《文与可画筼筜谷偃竹记》，记录了文与可学习画画和与自己交往的故事。

也许多年的外放生活太快活了，老天都在嫉妒苏轼，一个巨大的魔爪伸向了他的背后，差点拽着他跟阎王爷去喝酒聊天、吟诗作赋。

元丰二年（1079 年）七月二十八日，大宋御史台（中央监察机构）的官员皇甫遵奉朝廷的命令从京城赶到湖州衙门，当场逮捕了正在上班的湖州一把手苏轼。

这是咋了？

自从王安石迫于压力退休回家，变法派就变了味，逮到机会就咬，碰到敌人就揍，变法强国成了斗死强敌。擒贼先擒王，先搞名气大的。因此，名扬天下的苏轼光荣进入变法派“抢先抓早黑名单”。

变法派突出重点，迅速行动，从苏轼的诗歌里一个字一个字地抠，找出讽刺或疑似讽刺变法的句子，然后上奏宋神宗，落井下石。看看，苏轼太不像话了，我们在拼命干事，他却在一旁作诗讽刺，目无君王，愚弄朝廷。嘲笑我们也就罢了，还敢嘲笑皇上，是可忍孰不可忍，不杀不足以平民愤！

气愤的宋神宗立刻下令御史台逮捕苏轼，押往京师，凡是传抄、阅读诗歌的人都受到了牵连，这就是北宋著名的乌台诗案（乌台即御史台，因为里面种植了很多柏树，乌鸦喜欢栖息于此，故称乌台）。

客观来讲，苏轼的诗歌并非刻意讽刺新法，而是反映了当时的现实。可是文字弄不过枪杆，心灰意冷的苏轼在狱中早早地写好了“遗书”（两首绝命诗），托人交给弟弟苏辙。唉，老弟，才华不仅可以当饭吃，还能把命丢！这一次，我怕是躲不过了！

文人天天有，百年一苏轼。杀了他，太可惜了！

一帮老臣纷纷出来说情，连变法派的章惇也开始帮忙，最后退休在家的王安石上书宋神宗，说了一句：“哪有盛世王朝滥杀才子的呢？”大家政见不同而已，何必借机杀害忠良呢？

宋神宗点点头，消消火，老王的面子不能不给！

经历一百零三天狱中惊魂的苏轼被贬到了黄州担任团练副使、本州安置，是个挂个名的虚职，不得参与地方的公事。领完工资，哪里凉快哪里待着去！

他还真找到了凉快的地方！

在别人的帮助下，苏轼得到了黄州东边的一块荒地，他亲自耕种，丰衣足食，大才子成了老农民。乐观的他将这块来之不易的荒地取名东坡，也给自己取了外号——东坡居士。从此，苏轼成了苏东坡。

一手抓物质文明，一手抓精神文明。不让工作，旅游总可以吧？写诗不行，写文总可以吧？苏东坡将创作的重点放到了写人写景的散文上。

一天，他到黄州附近的岐亭游玩，忽然碰到一个人，对方戴着少见的方山冠（古代乐师戴的礼帽）。咦？这人为什么如此眼熟？他是谁呢？

陈慥，是你吗？你怎么会在这里？苏轼想起了对方的名字，这是他曾经的至交好友。

当年他担任凤翔府签判时，顶头上司叫陈希亮，他的儿子叫陈慥，两人经常来往，意气相投，成了好朋友。陈慥当年武艺高强、酒量惊人、不拘小节，一副江湖豪侠的做派，身边总有一帮年轻小弟前呼后拥。到处都有他们家的田产，每年钱粮金银堆成小山，他住在洛阳豪华园林大宅里，不是王侯胜似王侯，过着霸道总裁般的潇洒生活。陈公子经常带着随从，策马狂奔，出去打猎；偶尔也会和苏轼谈论兵法与历史，指点江山，自信满满。

为什么他会出现在这么偏僻的地方呢？

苏轼？嘿，怎么是你！陈慥好惊讶。

两位多年未见的老朋友兴奋异常，谈起了各自的往事。

成年以后发奋读书的陈慥一直没交到好运，没考上文官，大宋又不重视武人。管你十八般武艺耍得有模有样，一边待着去！

父亲陈希亮死后，家道中落。陈慥干脆隐姓埋名，居住在距离黄州一百多里路的岐亭，住着草屋，吃着素食，不跟人来往，不坐车骑马，不戴书生帽，而是戴着一顶方方正正而又高高耸立的帽子，像是古时候乐师戴的方山冠。因为没人知道他的真实姓名，所以人称方山子。

陈慥听完苏轼的经历，仰天大笑，走，去我家，咱们不醉不归！

好啊！生性乐观的苏东坡也不再纠结乌台诗案的伤心往事，去了老朋友家。

一眼望去，天哪，家徒四壁说的就是你啊！这里跟之前的陈家大宅相差十万八千里。但是，屋内屋外打扫得干干净净，妻儿以及奴仆的脸上透着淡定与从容。

苏轼感慨万千，神人啊！从大富大贵到一贫如洗，却没有丝毫怨气，我还忧郁个什么劲？他写下了散文《方山子传》，纪念这位多年未见的老朋友。苏轼在黄州期间，两人时不时地串串门。

除了方山子，还有张怀民。

一天晚上，苏东坡正准备脱衣服睡大觉，恰好皎洁的月光从窗户外照进来。嘿，这景色，美得不像话，大自然在召唤我啊！

披上衣服，背着双手，走起！来一场好梦半夜游。

不过，没有朋友的陪伴，心里有点小孤单啊！对，张怀民肯定还没睡，就算睡了，我也得把他拉起来，一同“梦游”！哈哈，找他去！

张怀民也是被贬官员，一直住在承天寺。为了更好地欣赏风景，他在寺庙旁边建了个小亭子，苏东坡为它起名快哉亭，苏辙还特意写了一篇《黄州快哉亭记》。

“咦，东坡同志，你怎么来了？”正在打哈欠的张怀民发现了好友。

“哈哈，来找你玩啊！走，这么好的月色，不去看看，可惜了！”

“好，妙，我们走！”

两个最佳“贬友”半夜不睡觉，兴奋地出去了。寺庙庭院里的月光犹如清澈透明的寒潭，水藻、水草纵横交错。哦，不是，两人定睛一看，原来不是水草，而是庭院里竹子和松柏的影子，随风而动，摇曳多姿。月光笼罩着寺院及周边的景色，还笼罩着这两个闲得不能再闲的男人。

就算闲，也要闲得有文化，苏东坡写下了《记承天寺夜游》。有朋友，有美酒，更有美景，还有什么好伤心的呢？

原来生活可以更美，我们一起去游山玩水。

在黄州城西北处的长江畔，有一座红褐色的陡峭石崖，形状像一个巨大的鼻子，被当地老百姓称作赤鼻山或赤鼻矶（矶指水边突出的崖石）。因为一整块大石头高高地竖立在江边，形成了悬崖峭壁，又被称作赤壁，与三国赤壁大战的赤壁不是同一个。三国赤壁在黄州以西，两个地方相隔了一段距离。

这里江面开阔，水流奔涌，仿佛一片浩瀚的大海。江水时不时撞击着赤壁，发出轰隆巨响，犹如古战场上的喊杀声。赤鼻山的顶上，修建了栖霞楼、竹楼、月波楼等亭子，很多人在这里观赏江景。眺望远方，让人很容易联想起三国赤壁的古战场。赤壁山成了当地有名的文化旅游胜地，文人官员们纷纷前来，吟诗作赋，抒发感慨。

如此好的地方，东坡岂能错过？别人来此地“打卡”，他来此地让更多的人前来“打卡”。

元丰五年（1082 年）七月十六日，苏轼跟好友乘着小船夜游赤壁山下，几个人喝酒聊天，欣赏夜景，领略清风、白露、高山、流水、月色、天空之美。“纵一苇之所如，凌万顷之茫然。浩浩乎如冯虚御风，而不知其所止；飘飘乎如遗世独立，羽化而登仙。”此情此景，让人飘飘欲仙，不是神仙胜似神仙，让伤心惆怅统统见鬼去吧！

几个人拍打着船舷，高唱着歌曲，有人吹起了低沉的洞箫，箫声像是被男人遗弃的女人在伤心地哭泣，让人感觉浑身发冷。苏东坡看着千年不变的滔滔江水，陷入了沉思。想当年，曹操率领千军万马“破荆州，下江陵，顺流而东”，结果却被孙刘联军打得狼狈而逃。

那些英雄人物如今何在？早就去了西天，而他们征战过的长江却依然静静地流淌，让人好生羡慕大江的无穷，哀叹人生的短暂。“哀吾生之须臾，羡长江之无穷”，如果能“挟飞仙以遨游，抱明月而长终”该有多好！

但是，自古以来，哪有人能够长生不老？哪有人能够活到万岁？短短的一生，还要经历那么多的苦难与挫折，好悲伤！苏轼不禁悲从中来，“知不可乎骤得，托遗响于悲风”。

如果换作是普通人，肯定一把鼻涕一把泪，哀叹自己如此不幸，如此倒霉！但苏东坡坚信，没有愈合不了的伤口。

他重启自我开解模式：从变化的角度来看，花开花又落，天地万物转瞬即逝；从不变的角度来看，人与自然都是无穷尽的，我们死了，还有下一代，还有下一代的下一代，所以我们又有什么好伤心的呢？

把握当下，笑对人生。看看，江上的清风，山间的明月，我们随时随地可以享用。此刻，有酒有肉，有景有人，生活好滋味，吃嘛嘛更香！

江水滔滔不绝、万古长流又能如何？估计他老人家早就觉得无聊了吧！这么多年都不死，会不会觉得孤独寂寞？嘿，在短暂的一生中留下永恒的瞬间，足矣！把我们的生命融入自然美景中，尽情地享受吧！“惟江上之清风，与山间之明月，耳得之而为声，目遇之而成色，取之无禁，用之不竭。是造物者之无尽藏也，而吾与子之所共适。”

赤壁賦
蘇軾

沧海一声笑，滔滔两岸潮。浮沉随浪，只记今朝！

几个人又开始喝酒、聊天、唱歌，最后睡在船上，随波逐流，不知不觉，天已经亮了。

在《前赤壁赋》中，作者的心情从快乐到悲伤再到释怀，这种过程“很苏轼”。郁闷、挫折可以有，但是不能长时间在心中停留！只要有美酒、佳肴、风景、朋友，还有什么烦恼赶不走？

三个月以后，十月十五日，苏轼又故地重游。正值深秋时节，“霜露既降，木叶尽脱”，寒风吹来，山上的树叶凋零，他的心情自然没有作《前赤壁赋》时那样畅快。

上次过来，苏轼并没有登上赤壁山顶，留下了遗憾。要不这次上去看看？走起！一行人“履巉岩，披蒙茸，踞虎豹，登虬龙，攀栖鹘之危巢，俯冯夷之幽宫”，攀上悬崖，下望深谷，苏轼甩开了几个慢吞吞的朋友，独自登上最高峰。仰天长啸，草木震动，深谷里响起了回声。寒风呼啸，身上发冷，他感到些许的害怕与悲凉，“予亦悄然而悲，肃然而恐，凛乎其不可留也”。

苏轼在黄州，名为团练副使，实则“不得签署公事，不得擅去安置所”，属于在监控范围内的管制犯。时间一长，闲着没事干，再豁达的人也会郁闷，因此在《后赤壁赋》中，他的心境有点悲凉。

两篇赋犹如两颗最亮的星，照亮了黄州的赤鼻矶。从此，一块耸立江边的平凡大石头成了富含文化底蕴的“圣地”。清朝人干脆将黄州赤壁命名为东坡赤壁，直到今天，这里还有二赋堂、酹江亭、坡仙亭等。

元丰七年（1084 年），苏轼改任汝州（今河南省汝州市）团练副使、本州安置，依旧是个闲得不能再闲的闲职。反正也没人在意他是否迟到早退，索性在上任的途中，一路游山玩水，寻访名胜古迹。

来到湖口（今江西省九江市湖口县）时，当地石钟山的名字引起了他的好奇。为什么叫石钟山呢？石钟又是什么？历史上有两种看法：一是郦道元认为，水和石头相互拍打发出的声音似钟声；二是唐朝李渤认为，用工具敲击山石而发出的声音似钟声。苏东坡对这两种看法都表示怀疑，没有调查就没有发言权，他决定亲自前往一探究竟。

经过考察，他发现原来两山之间，有块巨大的石头矗立在河水的中央，石头上面能够坐几百人。因为中间是空的，还有不少洞洞，水和风穿过大大小小的石洞时，会发出犹如敲击大钟的声音。

苏轼恍然大悟，原来如此！

也许是对乌台诗案耿耿于怀：朝廷中的那些人不管三七二十一，不调查，不思考，凭着几个字词就随意断定别人谋反，岂不可笑？苏轼发出感叹，耳听为虚，眼见为实，任何事情怎能不做深入调查，仅凭主观印象加以猜测呢？

王安石好像跟那帮人不一样，对，去看看他！没有他的一句好话，我的脑袋可能早已搬家。

七月份，苏东坡到达金陵（今江苏省南京市），与退休在家养病的王安石进行了“世纪握手”。一个变法派和一个反对派成了至交好友，一同游山玩水，用实际行动阐释了什么叫“君子之交”。

经历了大起大落的苏东坡也想通了，反正到哪里都是当闲人，团练副使这种闲职，哪个地方都能安排，那就找个风景优美、气候宜人的地方“团练”一下，顺便养养老！

常州（今江苏省常州市）好像不错！于是他上书请求朝廷改派他到常州任职。

有心栽花花不开，无心插柳柳成荫。

大力推行改革的宋神宗突然驾崩，宋哲宗即位，保守派老大司马光成了宰相，变法派的人统统卷铺盖走了，朝廷各个部门严重缺人！

这么大的才子，想要养老？不行！

接着，苏轼坐着火箭去了中央，升官的速度之快连他自己都不好意思了。但他的良心始终没有因为被贬而泯灭，他的正直也没有因为受提拔而减少。守旧派上台后，拼命压制变法集团的人物，不论青红皂白，对合理的变法措施也一概废除。苏轼忍不住上书朝廷，对守旧派执政后的腐败等问题进行抨击，说了几句公道话，人家变法派也有好的地方嘛！

结果他又得罪了守旧派，同时上了守旧派与变法派两个集团的“不受欢迎黑名单”，两头不讨好。

如果他抛开良心，落井下石，一定会平步青云，但他始终坚守做人的底线。

好不容易东山再起的苏东坡又开始走四方，路迢迢水长长，迷迷茫茫一村又一庄。

被贬又不是被杀头，干吗执手相看泪眼？走就走，眼不见心不烦！即使后来被贬到遥远的海南（那个时候的海南可没有现在这么漂亮发达，文人被贬到那里，相当于被判了死刑，能不能活着回来都是一个大问题），他也依然物质文明与精神文明两手都要抓！

苏轼经常喝着自己酿的酒，站在朋友家门口，看过往的帅哥美女和老爷爷老奶奶，时不时找人聊聊天、吹吹牛。跟陌生人侃大山不过瘾，他又跑到隔壁邻居与朋友们的家里搞座谈会，你们每个人必须给我讲个有趣的故事，如果不愿意，我就赖在你家不走了！

洒脱从容的性格让他写出了一篇篇精彩绝伦的文章，赢得了古往今来无数人的喜爱。但我们也要看到，他之所以能如此洒脱，是因为宋朝有不杀文人的传统，加上欧阳修、王安石、司马光等大领导都是正人君子，始终抬高他、保护他。

如果把他放在南宋末期，面对元军入侵、国破家亡的局面，他又如何能豪放潇洒得起来呢？

◆参考资料：

1. 王水照：《中国古典文学基本知识丛书·苏轼》，上海古籍出版社，1981 年 12 月第 1 版。

2. 吴钩：《宋仁宗·共治时代》，广西师范大学出版社，2020 年 4 月第 1 版。

3. 君玉离等：《宋史》，浙江工商大学出版社，2022 年 5 月第 1 版。

4. 中华书局编辑部：《名家精译古文观止》，中华书局，1993 年 2 月第 1 版。

《指南录后序》——帅哥状元一声吼，全国军民把泪流

饥饿，疲惫，屈辱！

几个人衣衫褴褛，彻夜狂奔。隐约之中，前面出现了一个破败的房屋，四面是土墙。先躲进去再说！紧追不舍的元军骑着马疾驰而过。

唉，总算逃过一劫！

几天没进米粒的肚子如同张开血盆大口的老虎，啃噬着几个人的五脏六腑。一群砍柴归来的樵夫恰巧路过，随从杜浒走上前去，说道："老乡，能否给点吃的？"

樵夫们摇摇头："我们只有刚才吃剩的一点饭菜了！"

"剩下的也行！"

"只要你们不嫌弃，尽管拿去！"看着落魄的一行人，樵夫们赶紧递过剩饭。

几个人狼吞虎咽，总算往空空的肚子里填了一些东西。他们拍拍屁股，继续赶路。

悬赏令已经下达到全国各地，元军不会放过他们。走到不远处的板桥，一群如狼似虎的敌人飞奔而来，文天祥三个字现在就是黄灿灿的赏金，岂能轻易放过？

文天祥一行人跑进了周边的竹林，元军锲而不舍地追踪搜索。他们发现了张庆，嗖的一声，箭头呼啸而去，接着又是两支利箭，射中了张庆的眼睛、身体，鲜血喷薄而出。文天祥正要过去救他，却被随从杜浒、金应拦住了。

我们护送您先走，只要您还在，大宋就不会亡！

杜浒、金应拼死抵挡，被元军包围擒获。文天祥侥幸脱身，一路狂奔。黑夜，犹如鬼魅的利爪；寒风，犹如尖锐的刀片，他也不知道该跑向哪里。唉，我堂堂大宋怎会落得如此狼狈？

叫天天不应，叫地地不灵。自杀？不能死！只要活着，就还有反转的希望，无论如何也得活着，我要为大宋流尽最后一滴血，拼尽最后一份力。虽然大臣们接二连三地投降了，但我不能，世间总要留有正气在。

文天祥继续毫无方向地奔跑着，身上、脸上、脚上都是被树枝、灌木丛划开的伤口。他一瘸一拐地艰难行走着，突然，两个熟悉的身影追上来，他闪进草丛里。

杜浒、金应？

几个人相拥而泣。原来，杜浒、金应拿出身上的钱财贿赂看守的元军，才被放了回来，没想到大家还能碰到一起。

看着文天祥满身的伤口，杜、金二人雇用了两个当地的樵夫，抬着他继续往前走。

船，有船！前方的水面上出现了一只船，几个人赶紧登了上去。走水路，肯定能摆脱蒙古骑兵。他们避开元军占据的沙洲，逃出江口以北的海面，然后渡过扬子江口，进入苏州洋，放弃船只之后，又步行到达温州永嘉（今浙江省温州市永嘉县）。

这一路上多少次与死神擦肩而过，多少次想起流亡各地的亲人，多少次传来城池破碎的消息！每天早上起来，不知道晚上将会在哪里；每天晚上躺下，不知道能否看到明天的太阳。国破家亡，我早已将生死置之度外。可是我要给后世的人留下点什么，才能让他们知道，身处绝境，也不能放弃对国家的责任，也不能放弃作为人的尊严。

文天祥在四处逃亡的过程中，用诗歌记录了所见所闻，亲手抄录编辑成册，因为其中有首诗歌《扬子江》中有“臣心一片磁针石，不指南方不肯休”的句子，所以他将这部诗集取名为“指南录”。他又为诗集写了一篇序文——《指南录后序》，简要地写了自己出使敌营、斥责元军、遭受扣押、冒死逃脱、辗转各地的经历，表明了“誓不与贼俱生”的决心。

《指南录》饱含正气，坚守初心，字里行间透露着文天祥一生的追求：人生自古谁无死？留取丹心照汗青。

他出生在吉州庐陵（今江西省吉安市）的书香门第，取名文云孙。家境富裕的他从小衣食无忧，熟读经书。看着学堂墙上挂着的欧阳修、胡铨等忠臣的画像，他时不时感慨，如果不能成为画像中的一分子，怎么能称得上是真正的男子汉呢？

把什么样的人当成偶像，决定了将来的发展方向。

长大后的文云孙越来越帅，他身材魁梧，皮肤白皙，双眼有神，仿佛行走的“荷尔蒙”，无论到哪里都是焦点。家境好、长得帅就够让人嫉妒的了，人家还特别勤奋有才。二十岁的文云孙高中进士，殿试时写的对策洋洋洒洒一万多字，不打草稿，一气呵成。考官王应麟兴奋地向皇帝宋理宗报告：“这份试卷忠心肝胆好似铁石，朝廷得到这样的人才，实属难得，微臣特向陛下祝贺！”

宋理宗亲自拿来答卷一看，哎呀，人才啊！大笔一挥，状元就是你了。

多少文人终其一生也完不成的目标，他完成了，真是上天降下了祥瑞啊！从此文云孙改名文天祥，改字宋瑞。可惜还没来得及展示才能，父亲突然去世，他赶紧回到家中守丧。

南宋末年，皇帝懒于国事，奸臣贾似道专政，买卖公田，滥印钞票，将国家的钱敛入私人的腰包，上行下效，无人关心朝政。蒙古大军磨刀霍霍，这些南宋人简直就是待宰的羔羊！于是兵分三路，大举南侵。宦官董宋臣建议理宗迁都，赶紧向南边闪人，总比待在这里等死好啊！

朝廷上下无人提出抗议，南宋开国皇帝宋高宗当年不也是逃跑到海上才躲过一劫的吗？所以逃跑不丢人！时任宁海军节度判官的文天祥愤怒上书，战斗还没打响，就想着逃跑？他请求皇帝斩杀董宋臣，稳定人心。

建议未被采纳，文天祥直接裸辞回老家。但朝廷并未忘记他的才能与忠心，接连给他升官，可正直敢言的文天祥在一群油滑享乐的大臣中间成了异类。

这样的朝廷岂能长治久安？

很快，长江上游告急，南宋军节节败退。皇帝急诏天下兵马勤王，快来救救朕哪！

可是没几个人响应，大家只顾保全自己的小命，管你江山落入谁手？文天祥看着诏书，痛哭流涕，我大宋到底怎么了！

危急时刻，他变卖所有家产，联络各方有志之士，迅速组建了一支万余人的队伍，准备与元军拼死一战。朋友制止他说：“现在元军势不可挡，攻打京城。你带领这些乌合之众又能起到什么作用？岂不是羊入虎口？省点力气吧！”

文天祥点点头，他又何尝不清楚此番前去必定是以卵击石。但明知山有虎偏向虎山行，亦是一个男人和民族必备的精神。别人杀你妻儿，占你良田，毁你国家，难道我们连还击的勇气都没有了吗？

他说道：“我也明白你说得对！但国家养育我们三百多年，如今危在旦夕，皇帝征集天下的兵丁，却无人响应，让我很痛心。总要有人站出来，所以我准备以身殉国。希望天下的忠臣义士看到我的举动后，都能站起来保家卫国，誓死抵抗，那样我们也许还有反败为胜的机会，我的死还有意义。”

文天祥已经做好了随时赴死的准备，可是南宋朝廷早已腐败透顶，宛如一盘散沙，在民族危亡的时刻，还不放弃内斗与享乐，投降的投降，逃跑的逃跑。朝廷火速提拔忠心耿耿的文天祥为右丞相兼枢密使，命他作为使臣北上，同元军谈判议和。

在敌营，他义正词严，毫不退却。元军主帅伯颜发怒了，你老人家是来议和，还是来挑衅的？你不该卑躬屈膝地求我吗？不该唯唯诺诺地匍匐于我的脚下吗？

伯颜下令逮捕文天祥一行人，押送到了镇江（今江苏省镇江市）。随从杜浒用钱买通了看守的元军，几个人乘机逃跑，一路风餐露宿，出现了开头的那一幕。

不久，元军攻占南宋都城临安（今浙江省杭州市），俘虏了五岁的皇帝宋恭宗。

国家没了，该何去何从？大势已去，抗争继续！

文天祥、陆秀夫、张世杰等人拥立益王赵昰（宋端宗）为皇帝，成立小朝廷，向天下证明，大宋还没有灭亡。

可是元军穷追不舍，宋端宗等人继续南逃，广州失陷，他们只能乘船退守海上，在大海上办公。偏偏老天也跟他们杠上了，海上忽然刮起飓风，九岁的宋端宗不幸落水，惊吓过度，病死荒岛。

天下不能没有主心骨，大家又拥立宋端宗幼小的弟弟赵昺继承皇位，史称宋末帝，改年号为祥兴。文天祥被加封为少保、信国公，继续辗转各地抗击元军。不巧，军中瘟疫流行，损失惨重，文天祥的母亲和他唯一的儿子也病死了。一天，文天祥正在军中吃饭，元军大将张弘范在南宋叛徒陈懿等人的指引下突然出现，宋军被打得措手不及，文天祥在逃亡过程中被人抓住。唉，该尽的责任都尽了，他闭起眼睛，流着眼泪吞下二两龙脑（冰片，一种药材）自杀，却被及时救醒，押往敌营。

元军大将张弘范仰慕文天祥的为人，以礼相待。此刻，南宋左丞相陆秀夫带着小皇帝退守崖山，誓死抵抗元军。张弘范让文天祥一起进入崖山，要他写信招降南宋君臣。文天祥义正词严地说道：“我不能保护自己的父母亲人，难道还要教唆别人丢弃父母吗？”

写信？笑话！他写下一首著名的《过零丁洋》：“辛苦遭逢起一经，干戈寥落四周星。山河破碎风飘絮，身世浮沉雨打萍。惶恐滩头说惶恐，零丁洋里叹零丁。人生自古谁无死？留取丹心照汗青。”

张弘范读后，肃然起敬。文天祥，你果然名不虚传！罢了，罢了，你不想写就不写！但我要你亲眼看到南宋灭亡。

南宋军与元军在崖山开展最后的决战（史称“崖山海战”）。宋军惨败，陆秀夫背着小皇帝赵昺在崖山纵身跳海，十万南宋军民紧跟其后，投海殉国。

虽败犹荣，可歌可泣！

目睹同胞们惨状的文天祥心痛不已。同胞们，好样的，你们走了，该轮到我上场了！

宋朝灭亡，元军大张旗鼓地举办庆功晚宴。张弘范以为亲眼见证国家灭亡的文天祥该投降了，于是上前劝道：“您的忠心孝义也尽到了，如果能像侍奉宋朝皇帝那样侍奉我们的皇帝，宰相的位置就是你的！”

听着敌人尽情的狂欢声、粗俗的划拳声，文天祥仿佛看到了崖山成千上万的尸体。他流着泪说道：“国家都这样了，我怎么能忍辱偷生呢？杀了我吧！”

硬汉，好汉！张弘范不忍心杀了如此赤胆忠心的人，派人护送文天祥到京师，由皇帝忽必烈亲自裁决。文天祥准备绝食而死，路上八天没有吃饭，却依然没死。到达燕京（今北京市）以后，元世祖忽必烈不想让他死，下令务必劝降！

于是，大家轮番进攻。

“怎么样，投不投降？低头，就有高官厚禄；抗拒，只会家破人亡。”

已经记不清来劝降了多少次，一拨接一拨。绝食八天，文天祥肚子里翻江倒海，感觉身体被掏空。越是这样硬抗，忽必烈越是敬佩，越是想尽办法劝降他。

文天祥毫不动心，要杀要剐，随你便，绝不投降！

嘿，真是硬骨头！

接二连三的劝降工作又开始了。

首先出场的是南宋原同事留梦炎，他早就投降了忽必烈，前来现身说法：“你看看我，换套官服，还不照样当高官，吃香喝辣，你现在又何苦？”

“呸，滚开！”文天祥嗤之以鼻，留梦炎灰溜溜地走了。

第二个出场的是他曾经的主子，宋恭宗赵㬎，当年他成了俘虏之后，被忽必烈封为瀛国公。

“爱卿，国家都亡了，你又是何苦呢？”当年只有五岁的宋恭宗早就被忽必烈成功洗脑，忘记了国仇家恨。

文天祥跪在地上，痛苦不已，吐出四个字：“圣驾请回！”老大，您回去吧！

忽必烈发怒了，命人捆住他的双手，给他戴上木枷，将他关进牢房，让他知道什么叫生不如死！

敌方宰相孛罗亲自开堂审问，文天祥拒不下跪，宰相一声怒吼：“来人啊，按住他的脖子，让他跪下！”

任凭他们怎么按，文天祥就是不下跪，凭什么给你跪？

“嘿，一个俘虏，如此猖狂，现在还有什么话好说？”孛罗呵斥道。

文天祥轻蔑地瞟着对方，昂首挺胸说道：“朝代有兴有衰，这是历史必然规律。现在轮到你们强大，我无话可说，只想为大宋尽忠，死个痛快！”

敌人内心敬佩万分，面对无敌铁骑与功名利禄，多少文人投降了，甚至主动投怀送抱，而文天祥却面不改色，一心求死。宰相孛罗大声说道：“你想死，本相偏偏不让你死！”

亲情行动开始，面对亲人的眼泪，看你低不低头？

牢中的文天祥收到女儿的来信：“父亲大人，我跟母亲、姐姐、妹妹们都在敌人的宫中做奴隶，真的好累啊，每天都盼着跟您相聚。”

文天祥泪如雨下，心如刀绞。亲人在受苦，家人在呼唤，投降就能拯救他们于水火。

可我不能啊！投降以后，家人与自己将会一辈子被人瞧不起，也会给那些依然坚持抗敌的人留下恶劣的示范。如果一个民族都是奴性十足的人，那这个民族还有存在的必要吗？

不降，绝不投降！我要让天下人看看，大宋也有硬汉！南方的朋友们，请继续战斗！

软弱的宋朝竟然还有这样的文人？唉，要是他能为我所用，该多好！

忽必烈舍不得杀掉文天祥，又亲自前来劝说：“如果你能像效忠宋朝皇帝那样效忠我，我就让你当宰相，怎么样？”

面对这种情形，百分之九十九点九的人都会心软，继而感激涕零，俯首称臣。但是这样，更显得那百分之零点一的人是多么可贵。

文天祥闭上眼睛，长叹一声，高昂着头说道："什么都不要说了，国家灭亡了，我别无他求，但愿一死！"

大臣们佩服他的勇气，纷纷劝说，放了他吧！忽必烈心软了，留梦炎却阻止道："如果文天祥活着，必然会号召江南的义士们继续抗击元军，不如杀掉，断掉他们的幻想！"人与人之间的差距立刻显现，同样的状元（留梦炎也中过状元），不同的境界。

第二天，文天祥被押往刑场，监斩官问："你还有什么话要说，现在想通了还来得及！"

"死都死了，还说什么？"文天祥闭着眼睛，面向南方跪拜："我的事情了结了，心中无愧！"

他要用这种方式激励南方的百姓继续抗争，用这种方式铸就民族之魂！

阅人无数、戎马一生的忽必烈敬佩地感叹道："如此好的男儿，不能被我所用，杀了真的好可惜！"

◆参考资料：

1. 俞兆鹏：《文天祥研究》，人民出版社，2008 年 10 月第 1 版。

2. 夏延章：《文天祥诗文赏析集》，巴蜀书社，1994 年 12 月第 1 版。

3. 沈约：《宋书》（点校本二十四史修订本 · 全 8 册），中华书局，2018 年 5 月第 1 版。

4. 上海师范大学古籍整理研究所：《全宋笔记全十编》，大象出版社，2018 年 4 月第 1 版。

《送东阳马生序》——千金文章免费大派送

退休前的宋濂集万千宠爱于一身，告老还乡之时，朱元璋、太子朱标等人亲自饯行，马皇后特别关爱，大臣们羡慕不已。人生如此，夫复何求？宋濂激动得老泪纵横，磕头致谢，对着朱元璋说道：“只要臣还有一口气，请允许臣每年来宫中觐见您一次！”

这么好的皇帝，我想常回来看看！

朱元璋赞许地点点头，知道感恩，宋濂是个好同志！

告老还乡的第二年，宋濂就迫不及待地从家乡浦江（今浙江省金华市浦江县）到应天府（今江苏省南京市，当时的首都）朝见朱元璋。在太学读书的同乡（浦江与东阳同属金华府）晚辈马君则仰慕宋濂的品德与才华，写了一封很长的信给老前辈，一来出于敬佩，二来展现才华，三来希望被引荐。

宋濂认真地读着晚辈小生的书信，文字顺畅通达，结构严谨有序，顿时心生好感，这个小同志可以培养培养！随即接见马君则，一老一少谈论天下大事、人生感悟。宋濂对谦虚低调、见识非凡的小马同志频频点赞，不错，不错，没有年少时候刻苦用功的学习，怎么能有成人之后的渊博学识呢？

看着小同乡虚心求教的样子，宋濂想起了从前的自己。

元朝武宗至大三年（1310 年）十月，宋濂在母亲肚子里才七个月就抢先行动，火急火燎地来到了人世间。也许因为是早产儿，他从小体弱多病，好在有祖母和母亲的精心照顾，总算顺利地度过了童年危机。

上天虽然给了他瘦弱的身体，但也给了他一个聪明的大脑。

宋濂六岁的时候进入小学，开启了神童模式，一天之内就把唐代人李瀚编著的《蒙求》（介绍掌故和各科知识的儿童识字课本）读完了，每天背诵两千字的文章，九岁就能写诗词。一个名叫张继之的人听说小宋濂过目不忘，拥有超强大脑，不太相信，会不会又是炒作？从古至今，用炒作提高名气的事情还少吗？

他将宋濂邀请到家里，随机抽取书架上的书籍，来，背个五百字听听！

这有何难？请听好！

一字不落，一字不错！张继之不可思议地看着眼前的瘦小少年，马上对宋濂的父亲说道，有没有人告诉你，这孩子天赋异禀，骨骼惊奇，乃百年一遇的读书奇才？将来他必定成大器啊，应该早点让他跟随名师学习！

跟随名师学习？说得倒轻巧，一节课就能花掉全家人的伙食费，哪有钱啊？父亲看着一贫如洗的家，无奈地叹息。连买书都困难，还请老师？你小子自己努力吧！

小宋濂只能向藏书丰富的人家借书，亲手抄录。天气寒冷的时候，手指被冻得不能弯曲，搓一搓，揉一揉，继续抄。他一刻也不敢停止，因为要赶在约定的时间之前送还。

一次，他借到了一本好书，越读越喜欢，想要抄下来。可是还书的期限快到了，他只能熬夜抄书。母亲心疼地说：“早点休息吧，天亮再抄，到时跟别人说几句好话，解释一下就行了。”宋濂却摇摇头，到了期限就必须归还，否则失信于人，岂能得到别人的信任？

有借有还，再借不难！因为讲信用、爱惜书，别人都愿意把藏书借给他。

就这样，宋濂接触到了各种各样的书籍，学到了越来越多的知识。但想要更加深入地理解书本，光埋头苦读还不够，必须向更厉害的人请教。倾听名师一席话，往往胜读十年书。

请不起名师到家里来，我还不能前去拜访吗？一对一太贵，小班授课还能接受！

他甩开膀子、迈开步子，走到百里之外，寻找学校与名师。他背着沉重的书箱，行走在恐怖的深山中，夏天炎热，蚊虫叮咬，满腿都是红包；冬天寒冷，大雪封山，脚上都是裂痕。

此时的他，只有一个信念，决不放弃！

到达旅馆以后，他双脚僵硬，无法动弹。烧开热水，盖上被子，昏昏沉沉地睡去。白天上课，他穿着破旧的棉袄，冻得嘴唇发紫、浑身哆嗦。而同来求学的人都穿着华丽的衣服，戴着漂亮的帽子，腰挂白色的玉环，右配宝刀，左挂香囊，好像不是来读书求学的，而是来炫富的。

每天只能吃两顿饭的宋濂并没有觉得低人一等，因为他把心思都集中到读书求学上了，根本没有时间与精力在意别人的指指点点和异样目光。解开读书过程中的疑惑，就能让他浑身充满干劲，衣服破点有什么关系？

面对老师的训斥，宋濂从来不顶嘴，而是安静地等待对方发完火，继续虚心请教。只要能弄懂书中的意思，挨两句骂又不会少块肉。他求学的意志打动了很多人。一次，他事先和一位老师约定好了见面的日期，结果当天下起了罕见的大雪。为了不失约，宋濂愣

宋濂

是在大雪中深一脚浅一脚地走到了对方家里。老师感动地竖起了大拇指，年轻人，守信好学，将来必有出息！

长期的坚持与努力带来了丰厚的回报。宋濂成了精通“四书五经”、天文地理的大学者，“自少至老，未尝一日去书卷，于学无所不通”。元朝政府几次三番征召他出来做官，他都没有答应，因为他看透了元朝的未来，贪污横行，贿赂成风，“崩盘”就在一瞬之间，又何必去官场凑热闹？他对外宣称去华山做道士，其实玩的是高级障眼法，找个清净的地方读书写作，等待天下大乱之时，重仓抄底，逆市投资。

真金随时闪耀着光芒，真龙总有升天的时刻！

很快，天下大乱，农民起义一波接着一拨，一个叫朱元璋的特困户戏剧性地成了起义军中的实力派。为了早日统一天下，他求贤若渴，四处打听有才能的人。来吧，来吧，我们一起抄底反弹！

作为谋士兼助理的李善长向朱元璋推荐了宋濂、刘伯温、章溢、叶琛等一批顶级人才。有了他们，何愁革命不成功？

元朝“股市”已经跌破发行价，抄底的时候到了！

脱去道士袍，加入起义军。宋濂如鱼得水，跟着朱元璋一起打天下，成了开国功臣。明朝建立以后，学识渊博的宋濂担任《元史》总裁官和太子朱标的老师，后来又参与修撰起居注与国史，编写了《洪武圣政记》和《浦阳人物记》。因为史学功底深厚、著作颇多，文人们都称他为当朝“太史公”。

不仅史学成就非凡，他的散文也傲视群雄。他的文章朴实真诚，简洁典雅，被刘伯温称赞为“当今文章第一”，甚至漂洋过海，成了大明王朝文化输出的顶级奢侈品。朝鲜、日本、安南等国的使者来到京城，纷纷抢购宋濂的文集，大明书商乘机炒作，将价格抬高两倍，依然供不应求。

有人可能会想，如果宋濂绕过经销商，自己写作自己卖，岂不赚大了？

那只是你的想法，宋濂并非商人，从来不会为了钱给人写作。有一次，日本使者带着一百两黄金跪求他写篇文章，宋濂坚决不肯。难不成宋大人要搞饥饿营销，想乘机捞一笔？早说嘛，能用钱解决的事情就不是个事！

宋濂一口回绝，给他们写文章，有失我大国的威严！不想写就是不想写，给我万两黄金也不行！

虽然受到皇帝皇后、太子大臣、文人学者的尊重与一致赞美，他却始终没有忘记作为臣子的本分。身为高官的他一向洁身自好，在大门上写了一个座右铭："宁可忍饿而死，不可苟利而生。"平时，他行事谨慎低调，从来不将自己在宫中与皇帝、太子等人的对话，告诉任何人，在家里也绝不谈论朝廷上的事情。熟读史书的他最清楚，很多人不是死于才华，而是死于嘴巴。面对猜疑心极重的朱元璋，唯有做到"我的忠心赤裸裸"，才能不被"砍头血淋淋"。

有一天早上，朱元璋"随意"问起了宋濂昨天晚上吃饭的事情，喝酒了没有啊？喝了几杯啊？来的客人都有谁呢？准备了哪些好吃的呢？

宋濂也没多想，一五一十地回答，没有半句假话。

朱元璋笑着点点头，嗯，不错，你没有欺骗朕！

因为锦衣卫早就把宋濂与客人喝酒的事情如实上报了，老朱经常通过"随意"拉家常的方式，考察大臣们老不老实、安不安分。

朱元璋不甘心，这个老头的嘴巴真的那么紧吗？是不是太过聪明，看出了我的用心？待我再试探试探！于是他又跟宋濂讨论起大臣们的好坏。

宋濂列举了那些好的大臣，但并未说其他人的坏话。朱元璋不解，为什么啊？

“我列举的都是自己的朋友，所以了解他们的为人；至于其他的人，我很少跟他们交往，所以不了解，不好评价。”宋濂依旧实事求是，绝不乘机落井下石。

不搬弄是非，不造谣进谗，老宋是个好同志！

从此以后，多疑暴躁的朱元璋非常信任宋濂。有个叫茹太素的大臣针对时政写了一篇一万多字的批评奏章，好事者指着奏章极力挑唆，这是对皇帝的不敬，您看看，这里的批评不合法制，那里的批评不合规矩……

朱元璋雷霆震怒，难道朕没能力治理国家吗？茹太素想干吗，要教我做事？

眼看脾气暴躁的老朱又要举起屠刀放点血，宋濂苦劝道：“茹太素只是对陛下尽忠罢了，您一直广开言路、虚心纳谏，怎么能惩罚敢于说真话的人呢？”

朱元璋慢慢冷静下来，仔细看了看奏章，的确有很多可以采纳的地方。他严厉批评了那些煽风点火的大臣，并大肆表扬宋濂：“如果没有景濂（宋濂字景濂），朕差点犯下大错，怪罪了勇敢进谏的人。”

学识与人品都超越常人的宋濂成了天下文人的楷模！

宋濂快速地回忆完自己的一生，往事历历在目，人生已过大半，让下一代人好好继续努力吧！得知眼前的晚辈马君则要回老家看望父母，宋濂写下《送东阳马生序》相赠，以自己的亲身经历及见闻，说明求知的艰苦与应该坚持的态度，勉励马君则好好学习，潜心研究。只要百折不挠，总有成功的可能。

当年拒绝重金求文日本人的宋濂为了一个没有名气的穷学生，

专门写了一篇文章，免费相赠，实时送达。一时间，这篇文章被天下传诵，人们争相阅读，马君则一跃成为当时最热的“新闻人物”。

可惜，送完东阳马生，宋濂也送走了自己的人生。晚年的朱元璋为了江山的稳固大开杀戒、诛灭功臣，往往杀掉一个，牵连一片。宋濂的孙子宋慎被牵扯进胡惟庸的案子中，导致宋濂一家遭遇横祸，宋慎与宋濂的次子宋璲被处死。宋濂因为马皇后与太子朱标的力保，才免于一死，被判流放四川茂州（今四川省阿坝藏族羌族自治州茂县）。

在这个恐怖血腥、屠戮功臣的时代，宋家没有被诛灭九族，已是不幸中的万幸。老态龙钟的宋濂白发人送走黑发人，拖着衰弱的身体前往陌生而遥远的异乡，凄楚、悲伤犹如长江之水奔涌而来。再见了，凡尘！我也曾经努力地活过，也曾留下过生命的痕迹，该到谢幕的时候了。

七十二岁的宋濂病死在被流放的途中，留给世人无尽的怀念与仰慕。

◆参考文献：

1. 张廷玉等：《明史》，中华书局，1974 年 4 月第 1 版。

2. 徐永明：《宋濂年谱》，浙江大学出版社，2011 年 11 月第 1 版。

3. 楼东升：《〈送东阳马生序〉之“乡之先达”考》，《语文月刊》，2021 年第 7 期，第 74—75 页。

4. 周馨：《教育小故事丨宋濂勤苦求学》，《新课程导学》，2020 年第 28 期，第 15 页。

5. 中华书局编辑部：《名家精译古文观止》，中华书局，1993 年 2 月第 1 版。

《项脊轩志》《先妣事略》——为何妙笔生花的他多次考不上

明武宗正德元年（1506 年）十二月二十四日，在苏州昆山县（今江苏省昆山市）一个已经破落的大家族里，一个看似平凡的小孩出生了，他的名字叫归有光。在母亲的悉心教育下，他渐渐展露出文字方面的才能。只可惜，在他八岁那年，年仅二十五岁的母亲留下了几个孩子，就依依不舍地去了另外一个世界。

父亲是一个屡战屡败的科举落榜生，既没有收入也没有能力，人家是脱贫致富奔小康，他家是脱离富裕吃米糠。小孩决心重振家门，考中科举，光宗耀祖。于是他埋头书海，钻研学问。他九岁便能写文章，十岁就有“满分”作文，从十五岁起就一直在一个由小阁楼改造的书房里读书，里面小得只能容得下他一个人，白天基本没光，雨天如同漏网。

书房条件很差，坐南朝北没阳光，读书读得脑袋涨。

买房，没有钱！改造，有可能！于是他请人砌了一堵墙，将阳光反射到屋子里，才总算有了点光亮。他又利用闲暇时间，在院子里种了兰花、桂花和竹子，埋头苦读的同时，欣赏下小天地里的风光。

他将书房起名为项脊轩，含有两层意思。一是纪念先祖。归家祖先曾经居住在江苏太仓的项脊泾旁，项脊泾是一条形状如同脊柱的小河。归有光想以书房为起点，重振家族的辉煌。二是借以明志。“项”是头的后部，泛称颈项；“脊”为背中间的骨头，叫脊柱。颈项支撑人的头颅，脊柱支撑人的躯体。项脊是人体全身骨骼的主干，也是支撑人体最重要的部件。有型没型全靠它，家族前途在书房！

从此，书房成了他的精神寄托，有考试失败的沮丧，也有读书顿悟的兴奋。书房处处还有亲人的身影，祖母的侍女是个和蔼的老婆婆，经常对归有光说他母亲的故事。说着说着，老婆婆哭了，归有光也哭了，多想见见母亲啊！可是，她已经飞去了天国。

曾经有一天，祖母看不到小孙子出来玩耍，有点担心，这孩子不会读书读傻了吧？看到孩子刻苦攻读的身影，她又感叹道，我们家族振兴有望啊！

往事不要再提，人生已多风雨，纵然记忆抹不去，亲人依旧住在心里。忍不住放声大哭的归有光创作了一篇著名散文——《项脊轩志》，回忆了书房里发生过的点点滴滴。

文章分两次写成，前四段写项脊轩的变化和母亲、祖母等人的故事，后两段是时隔多年后补写的，此时，和他感情深厚的妻子已经去世，可是往事依旧清晰。妻子经常跑到项脊轩里，一会儿叽叽喳喳地问他书中的知识，一会儿安安静静地坐着写字，有时还和归有光开个玩笑：“嘿，我回娘家的时候，几个妹妹老是问我项脊轩是什么样子，为什么叫阁子……”

提到丈夫的书房，妻子总是一脸自豪，小阁子里有我老公的大学问呢！

想起这些，归有光又哭了！窗外的庭院里，一棵枇杷树下，仿佛出现了妻子亲手栽种它时的身影……

項脊軒
归有光

文章没有华丽的词语，没有铺张的气势，只有栩栩如生的细节与毫不起眼的小事，却让人感动得泪如雨下！

小书房里的归有光打出了大名气，他知识渊博，文章感人，二十岁就考了童试第一名。他趁热打铁参加乡试，结果仿佛衰神附体，连战连败，五次考试，五次落榜。

明清时期的科举考试每三年举行一次。读书人要先参加童试，包括县试、府试、院试三级考试，应试者不管年龄大小都称童生，所以有的人到了七十多岁还是童生，并非说他是儿童。

童试合格的人为生员，俗称秀才，取得了进入公立学校学习的资格。在学校毕业考试（岁试、科试）中成绩优异的人才能参加正式的科举考试——乡试。

乡试类似于现在的公务员省考，时间为八月初九、十二、十五三天。大部分考生会在萧瑟的秋天，静静守候在发榜的地点，最后让秋风带走他的痛苦与眼泪。合格的人被称为举人。

考上举人，理论上已经有了做官的资格，但也不是马上就有职位，你得等，得熬，熬到有人退下来或者因为贪污、得罪领导等被杀后，有了空位才能补上去。盼着别人退休估计要等到自己白头，盼着别人死掉还是有点可能。

所以大多数人会继续参加更高一级的考试——会试。因在乡试后的第二年春天在京城礼部举行，又称春闱。合格的人被称为贡士，有资格参加一个月以后举行的殿试。

殿试由皇帝亲自主持，只考一天，内容为策问，了解你对时政问题的看法与解决方案。然后按照成绩对贡士们进行排名，分为三个等级：状元、榜眼、探花作为前三名被列为第一等（一甲），称为进士及第（优秀）；第二等（二甲）若干人，称为进士出身（良好)；第三等（三甲）若干人，称为同进士出身（及格）。

明清的考生到底要经过多少次考试的折磨呢？我们来看个流程图：童试—乡试—会试—殿试，通过的人依次被称为生员（秀才）—举人—贡士—进士。即便顺利通过每一级，也已经老大不小了，何况在一级原地踏步多年的人呢？

考试规定还非常奇葩：只能写一种文体——八股文，写作内容不准超出“四书”“五经”的范围，不准随意发挥，不准表达独立见解。不要你以为，而要孔孟以为；不要你的解释，而要官方参考书的解释。那圣贤们到底是怎么想的呢？能不能随意发挥，肆意调侃呢？绝对不能！

乱写不仅没有分数，脑袋还有可能搬家！

这样的八股文好比用名牌包装一堆生锈的硬币，批卷人只通过包的款式来打分，反正里面都是不太值钱的硬币，谁的包好，谁的分数就会高。

于是，那些用真性情写文章的人，很难融入八股文化圈，人家不带你玩。

归有光考了多年都没考上，除了运气不好之外，主要还是因为他的文章真实感人，丝毫不做作，不太符合八股文的要求。你让一个感情充沛、真实有趣的人装一个神神道道的道学家，他也不会啊！

无奈的归有光只能继续躲在项脊轩读书，其间也结了婚。他想起多年前的母亲，治家有方、疼爱子女，内心感慨，如果妈妈还在该多好啊！他写下了散文《先妣事略》，换个通俗的题目就是《我的母亲》，文字简约却不简单，字词饱含深情，文章打动人心。

当时，归有光在文人中间已经名声震天响了，他学富五车，知识渊博，一手好古文更是被评为“昆山三绝”之一。大家在读闲书的时候，肯定不会抱着“高考优秀作文选”看，而是喜欢阅读令人感动或震撼的“爽文”！所以归有光的文章很畅销，拥有庞大的“粉丝群”。

可是，读书人考不中科举，就端不上铁饭碗，得不到官方的认可。

我不服气，我不甘心！

三十五岁的归有光拍拍身上的灰尘，继续参加乡试，竟然获得了第二名。兴奋的他立即赶往京城，准备参加第二年的会试，必须拿个进士回来啊！

结果，上天送他八个字：勇气可嘉，来年再战！

回家，还有脸面回去吗？留下，还有金钱支援吗？没脸回到老家，又无法定居京城，长期读书考试已经花光了家中的积蓄，无论如何，先填饱肚子再说。他把家搬到了昆山附近的嘉定（今上海市）安亭江边，一边开设私立辅导班，一边继续读书应试。

他的名气就是他的招牌，招生不用做广告，四方学子慕名来。归有光在“归家讲坛”中谈笑古今、畅谈理想，瞬间拥有了一帮大“小迷弟”，众人尊称他为震川先生，威震山川，名动四海。

连一向清高的大才子徐文长都成了“归粉”。一天，他因为阅读归有光的“爽文”入了迷，延误了好朋友诸大绶的宴会。诸大绶乃状元出身的吏部侍郎，才华地位一等一，顿时对归有光十分好奇，天下还有人的文章能让不可一世的老徐入迷？我得见识见识！

他赶紧让人找来归有光的文章，不读不要紧，一读真要命，“爽文”，绝对的“爽文”！他一口气读了个通宵。

一个成功男人的背后必定有一个坚忍的女人。归有光的妻子王氏买了四十多亩地，带着家仆开荒种地，供应全家及听课学生的口粮。老公，你负责嘴巴开挂，宣扬主张；我负责赚钱养家，做你臂膀。

嘴巴开挂，人却依然心慌。名气震天下，考试还落榜。归有光连续参加了八次会试，三年一次，每次都是落第而归。一边是炽热的火焰，一边是冰冷的海水！其间，他又接连失去了大儿子和贤惠的妻子。上天好像跟他杠上了，不把他蹂躏个稀巴烂，不会放他去西天。

其实，如果他想走点旁门左道，早就可以考上并进入官场了。明朝中后期的考场纪律已经非常松，徇私舞弊早就成了家常便饭。皇帝身边一位受宠的太监仰慕归有光，几次暗示，老归，有空来家里坐坐啊！

这是别人求之不得的机会，一旦攀上公公，必定能够高中，再不济也能混个官做。但归有光直接拒绝了，我一定要凭本事考上，一定要凭成绩说话。

明朝永乐到成化年间的几十年，文坛又出现了形式主义，流行台阁体，文章写得雍容华贵，读来却平庸乏味。后来以李梦阳、何景明为首的“前七子”联合起来反对台阁体，主张模拟秦汉文章，效仿盛唐文学。可是他们又走上了另一个极端，一味模仿，全盘接受，没有创新。到了嘉靖年间，李攀龙、王世贞等“后七子”又变本加厉，认为写文章就要模仿古人，不要随意搞创新，紧跟八股文的时尚潮流。名人效应引起天下人追捧，老大说好，那就是真的好。一时间，模仿古人成了主流，而归有光成了异类。

他拿起笔，猛烈抨击当时“后七子”领袖、南京刑部尚书王世贞，你们就不能好好写自己的文章？动不动就模仿古人的字词、语气、思想，自己的风格呢？你们这些庸人，也配叫文坛巨子？可悲，可叹！“可悲也！无乃一二妄庸人为之巨子以倡导之欤？”

王世贞大怒，小小书生，竟然口出狂言！

归有光就是这么有个性！

嘉靖四十四年（1565年），他第九次参加会试，终于得到了主考官的认可，拿到了殿试准考证，最后获得三甲进士。

快六十岁的归有光激动地摸着还没“下岗”的几根白头发，兴奋、悲伤、郁闷，继而痛哭……

考上了，终于考上了，完全凭自己的本事！我要向天下证明，什么叫老当益壮，不坠青云之志！

朝廷分配他到长兴（今浙江省长兴县）担任知县。这里地处山区，长期没有知县，为非作歹者众多。朋友纷纷劝说：“你还是别去了，找找关系，弄个发达地区的‘县长’干干嘛！别再搭上老命啊！”

穷山恶水，不更要治理吗？即便是龙潭虎穴，我也得闯一闯。

归有光上路了。

归有光一上任，就在长兴开办学校，教化百姓什么该做，什么不该做；接着惩治恶霸，平反冤狱，弄清什么人该死，什么人不该死。他一手捧着课本，一手拿着大棒，把穷山恶水变成了好山好水。“倔老头”归有光受到老百姓的爱戴，却招来当地豪强地主们的不满。赶紧把这个瘟神送走，不然我们哪里有好日子过啊？

正好归有光不懂得迎合上司，一切按法律与规矩办事，让下来“视察”的领导们捞不到油水，上面的人也想把这个只知低头干事不知抬头看路的呆子弄走。

但人家工作出色、受人尊敬，找什么借口才能服众呢？

明升暗降！

归有光被调到顺德府（今河北省邢台市）担任通判，管理马匹。

唉，果真是干得好不如拍得好！

于是他上疏“裸辞”，我不干了！一辈子都熬过来了，也不在乎这个破官，我就当没考上吧！上级怕事情闹大，扣压了归有光的辞职报告，没有送达中央。

好，不让我辞职，那我就消极怠工。归有光在顺德府旁边建了一间土房子，躲在里面，读书自乐，来一场“非暴力不合作运动”。你们不是让我管马政吗？反正闲着也是闲着，不如自己找点乐子。他收集资料，四处采访，编修了一部《马政志》。

消极怠工，都不忘研究学习！

归有光的学识与品质受到了当朝大学士高拱、赵贞吉的赏识，他们联名推荐归有光担任南京太仆寺寺丞。人才不用，放着可惜！以前他有名，因为没文凭，所以难重用，现在考上了，就该大力提拔嘛！没过多久，首辅李春芳又看中了归有光的写作才能，任命他掌管内阁制敕房（管理政府公文与机密文件的地方），还推荐他完成一项光荣的任务——编修《世宗实录》，整理记录前任皇帝的生平事迹。

埋没了一辈子的归有光终于雄起了，既有权力，又有面子，要风得风，要雨得雨。所有的努力与坚持终于换来了成果，只可惜，母亲、妻子看不到了！

那就去天堂与你们团聚，分享我的成功与快乐！

再亢奋的精神也挡不住身体零部件的折损，仅仅过了一年，六十六岁的归有光因为劳累过度而染上重病，和他最爱的亲人们团聚了。

他的古文自成一家，感人肺腑。晚年的王世贞一遍又一遍地读着归有光的文章，敬佩万分，大力点赞：“不事雕饰而自有风味，超然当代名家矣。”归有光用平凡的文字写出了多彩的世界；“千载有公，继韩、欧阳”，转世的韩愈、欧阳修，谁又能超越他呢？

为了不重演归有光等人多年考试失败的悲剧，文人们纷纷组成考场作文研究小组，相互切磋应试技巧。有的人不仅自己考上了，还成了应试指导专家，受到天下文人的敬仰。

◆参考资料：

1. 贝京：《归有光研究》，商务印书馆，2008 年 8 月第 1 版。

2. 刘蕾：《归有光与嘉定文坛关系研究》，上海大学出版社，2013 年 4 月第 1 版。

3. 胡怀琛、刘青松：《归有光文》，商务印书馆，2018 年 10 月第 1 版。

4. 郑超群：《论八股文的句式修辞艺术》，《牡丹江师范学院学报（哲学社会科学版)》，2018 年第 1 期，第 97—102 页。

5. 王道成：《八股文和试帖诗》，《文史知识》，1984 年第 5 期，第 82—87 页。

6. 房列曙：《中国历史上的人才选拔制度》，人民出版社，2005 年 7 月第 1 版。

7. 刘海峰等：《中国考试发展史》，华中师范大学出版社，2002 年 6 月第 1 版。

8. 中华书局编辑部：《名家精译古文观止》，中华书局，1993 年 2 月 第 1 版。

《五人墓碑记》——我才是“非暴力不合作运动”的领袖

“听说周大人要被押送京城了。”

“什么？周大人？”

“走，我们一起去为他请愿！”

苏州城的百姓们愤怒了，如果周大人都被逮捕，天下还有公理吗？

他们口中的周大人名叫周顺昌，字景文，历任福州（今福建省福州市）推官、吏部稽勋主事、文选司员外郎。在魏忠贤专政时期，他不依附阉党，一身正气，辞官回家。在家乡苏州，他热心为百姓办实事、做好事，成为当地人心目中的男神。

好友周起元担任巡抚，因为得罪了魏忠贤被削籍为平民，大家唯恐避之不及，周顺昌却写文章称赞他。因得罪阉党而被贬的官员魏大中（儿子魏学洢是《核舟记》的作者）经过苏州的时候，周顺昌公开设宴款待，与他形影不离，还把女儿许配给魏大中的孙子。当时押送魏大中的小吏催促他上路，气不打一处来的周顺昌大声责骂：“你们不知道世上还有不怕死的硬汉吗？回去告诉魏忠贤，我乃原吏部郎中周顺昌！”

在那个恐怖的时代，敢指着鼻子骂魏忠贤的人，没几个！

阉党的最高领袖发怒了，东厂（明代的特权监察机构、特务机关和秘密警察机关）握在我的手中，随时让你脑袋破个洞！魏忠贤的义子倪文焕点点头，我办事，您放心！他立刻以御史的身份弹劾周顺昌跟罪犯结为亲家，诬陷他接受贿赂、窝藏财物。

不管三七二十一，拉到京城以后，谁敢替你说情？

逮捕令一下，苏州百姓愤怒了。阉党肆意横行、目无王法，皇帝管不了，我们管！大家群起而动，堵塞道路，一下子聚集了几万人，他们手中拿着香，为周顺昌求情。

东厂特务平时嚣张跋扈惯了，小小老百姓，能干啥？于是对着挡路的众人大声训斥："东厂抓人，你们这帮鼠辈想干吗？要造反吗？"

"东厂？"我们还以为是皇帝的命令，原来又是你们在作孽！百姓们彻底发怒了，大家一拥而上，排山倒海，见到官吏就暴打，看到阉党就痛扁。负责抓捕的人被打得眼睛像熊猫，脸蛋像肉包！

巡抚毛一鹭（魏忠贤的干儿子）和巡按御史徐吉透心凉，眼睛却晶晶亮。这个时候，谁出头谁就会被打死，留得青山在不怕没柴烧，开溜！毛一鹭躲到厕所里，才逃过一劫。

总要有人对这起严重的群体性事件负责，否则，被定性为造反就要尸横遍野了！

周顺昌为了不连累全城百姓，主动自首，杀我一个，放过大家。劫后余生的毛一鹭表面点头同意，心里却暗使阴招，待我安全走出苏州城，再跟刁民算总账！

他一边押着周顺昌前往京城，一边上奏事变情况。他们添油加醋，煽风点火，说苏州人民已经造反，正计划截断水道，劫持运送朝廷粮食的木船。

魏忠贤慌了，赶紧命令毛一鹭带兵前往苏州镇压。

只要诬陷百姓造反，血洗苏州城也不犯法。

眼看一场腥风血雨即将来临，百姓危在旦夕，颜佩韦、杨念如、马杰、沈扬、周文元等五个人为了保护大家，挺身而出，投案自首，把责任揽在自己身上。打人是我们干的，与他人无关！

这几个人除了周文元是周顺昌的轿夫以外，其余四个人根本没见过周顺昌，只是仰慕他的为人而已。

毛一鹭以发动暴乱的罪名杀了五个人。

行刑的时候，五人神态自若，慷慨赴义。没有读过圣贤之书的人却比学富五车的人勇敢，没有学过仁义之道的人却用行动证明了杀身成仁的内涵。鲜血喷了一地，染红了百姓的心。有人出钱将挂在城墙上的五颗人头买下来，与五具尸体连在一起，安葬了他们。

他们的英勇事迹并非偶然，之前也发生过类似的事件。

明朝中后期，皇帝们大多懒得管理国家，反而给商品经济的发展提供了机会。在江南地区，商人、作坊主、手工匠等新的城市人腰包渐鼓。皇帝和政府官员们眼红了，怎么把这些人的钱弄进我们的口袋呢？

从万历年间起，皇帝就派宦官到各地征税，征税的太监叫作“税监”。这些人唯利是图，在为皇帝征税的同时，也替自己捞油水。他们遵循的原则是：此路是我开，此树是我栽，要想从此过，留下买路财。他们使用的手段是：征光、抢光、掠光。

不交税，一个字：杀！

税监残害百姓的事情时有发生，但是他们上面有皇帝罩着，没人能把他们怎么样。我是流氓我怕谁？不交税就是抗旨！

百姓们、工商从业者们受不了，接二连三地反抗：万历二十七年（1599 年），山东临清商人罢市，上万人烧毁税监的办公场所；

万历三十四年（1606 年），云南人杀掉税监杨荣，烧掉他的宅院；万历三十六年（1608 年），锦州发生兵变；万历四十二（1614 年），福州人吵着要杀税监……

在当时全国丝织业中心的苏州也发生过反抗税监的运动。一个叫孙隆的税监在苏州城私设税官，擅立关卡，与协助收税的地方官僚汤莘、地痞流氓黄建节等人组成“逼税领导小组”，私自将织布的税额提高。每织出一匹丝织品，就有双手来要钱。

织布机房的老板们叫天天不应，叫地地不灵，成本太高了，开机织布，走上死路！

大家纷纷关门歇业，我们不做买卖还不成吗？作坊关门，工人下岗。家乡回不去，城里没活路，织工、染工们心里憋着一口气。

一天，地痞黄建节向一个卖瓜的商贩重复征税，人家不愿交，被黄建节等人围攻殴打。

“住手！”路过的织工葛成平时就好打抱不平，此时看到税监又在欺负人，便挺身而出。

“想造反啊？”黄建节目露凶光，露出轻蔑的笑容。

“对，就反你！”葛成握紧拳头就干，一旁憋着气的群众早就在等这么一个机会，大家一拥而上，你一拳，我一脚，打死了黄建节和另一名税官徐怡春。

星星之火，一旦被点燃，瞬间即可燎原。

苏州城的百姓们、工人们、商人们纷纷走上街头，有人高喊着“赶走孙隆，杀死税棍”的口号，有人唱着“斩尔木，揭尔竿。千人奋梃起，万人夹道看。随我来，杀税官”的民谣。他们如滔天巨浪冲向税监衙门，放火烧掉了汤莘等人的宅子。

老实人被逼急了，孙隆颤抖了！三十六计，走为上计，快马加鞭，闪人！他狼狈地逃出苏州城。事后，苏州知府宣布取消加派的税银，机主重新开张，机工重新就业。

但朝廷在安抚人心的同时，也打出了一记杀威棒，严厉追究闹事者的责任。葛成为了保护大家，主动投案自首。被关进监狱的那天，全城百姓、工人们哭着送酒、送饭。

所以，颜佩韦等人挺身而出也有榜样在前。后来坐了十几年牢的葛成遇到天下大赦，被放了出来。他听说了五个人的事迹，自愿为这些凛然正气的晚辈们守墓。

平凡的英雄铸就了苏州城的灵魂。

处理完颜佩韦等五个人，苏州城总算安定下来。魏忠贤腾出手来，专心对付周顺昌，命令手下许显纯每隔五天对他严刑拷打一次。周顺昌软硬不吃，不停怒骂。许显纯敲掉他的牙齿，得意地问道：“看你还能不能骂魏上公（魏忠贤）?”

“呸!”周顺昌一口血水吐向对方，骂得更猛了。

硬汉，绝对的硬汉!

敌人们害怕了，软硬不吃，唯有处死，当天晚上就偷偷地杀掉了周顺昌。

等到崇祯皇帝继位，他以雷霆手段处理了以魏忠贤为首的阉党，处死倪文焕，惩罚毛一鹭、徐吉等人，追赠周顺昌为太常卿，封他的儿子做了官。

可是五个平民百姓的事迹却被人遗忘了。

一个叫张溥的文人看着五人墓前的一块空石碑，感觉应该写点什么，让大家记住那些为国家稳定做出贡献的平凡小人物。“亦以明死生之大，匹夫之有重于社稷也”，于是他挥笔写下著名的《五人墓碑记》。碑记，又称碑志，刻在墓碑上，用于记述死者生前的事迹、评价，歌颂其功德。他用饱含的热情与赞赏的文字记述了苏州市民的英勇事迹。

他感叹道："嗟夫！大阉之乱，缙绅而能不易其志者，四海之大，有几人欤？而五人生于编伍之间，素不闻诗书之训，激昂大义，蹈死不顾，亦曷故哉？"面对强权与淫威，当官的人能够坚持正义、不改志向的，普天之下，又有几个人呢？很多人教别人舍生取义，自己却委曲求全。但是这五个平凡的人，从来没有读过圣贤书，从来没有写过好诗文，却为了全城百姓和仁义道德而视死如归，又是为什么呢？

《五人墓碑记》一出，被天下传唱，五个人成了全民精神偶像，激励着一代又一代人继续同恶势力作斗争。

为何张溥的文章具有如此强大的号召力呢？因为他是明朝末年"非暴力不合作运动"的大哥大！

张溥虽然出身官宦门第，但他的母亲地位卑微，类似于婢女。家族内部也有层层的鄙视链，张溥从一出生就处于最底端。大家没把他放在眼里，甚至当面称他为"塌蒲屦儿"，意思是由下贱的人所生，永远不会有出息。

天将降大任于是人也，必先苦其心志。辩解、争论有用吗？别人会听吗？与其把时间浪费在无聊的讨好与争吵中，不如发奋苦读，做出一番事业，让那些嘲笑者们哭晕在家中。

于是张溥开启了自虐式的读书模式。每读一篇文章，必定手抄一遍，抄完之后烧掉，然后再抄，再烧，反复七遍。"七录七焚"，铸就灵魂。夏天，蚊子叮咬，他把双腿泡在桌底下的大缸里坚持读书；冬天，手部冻裂，他把双手浸入装着热水的脸盆后继续抄写。常常在不知不觉之中，读书到天亮。为了纪念这样的学习经历，功成名就之后的张溥将书房起名为"七录斋"，将自己的著作也题名为《七录斋集》。

但是，苦读未必就能考中。在明清烦琐的科举考试制度下，不被考场蹂躏几次的读书人不是好的读书人。文人们为了应付考试，聚在一起，讨论八股文的写法、应试的技巧等，自然而然地形成了一个个的社团组织。

张溥和同乡（都是太仓人）兼好友的张采成为最佳合伙人，组建应社（科举应试辅导班），目标很明确：研究实用的考试技巧，摸透八股文的写作规律。一切为了分数，一切为了考试。他们广泛收集“范文”“时文”，编写科举考试“优秀作文选”“满分作文集”——《五经征文序》等。

年轻人聚在一起，不免点评时事。作恶多端的阉党成了被众人唾沫星子淹死的头号种子选手。张溥与张采曾经在太仓发起了驱逐阉党骨干顾秉谦的斗争，以笔为武器，以文为工具，成为“非暴力不合作运动”的老大。

他们编写的“范文”让很多文人在考场上大获成功，使得张溥声名鹊起。于是他乘机扩大应试辅导班规模，合并了江南地区十几个“应试”社团，组成“超级社团联盟”。因为主张“兴复古学”，强调经世致用，所以取名为“复社”。同年他们又推出编选的另一本“八股范文选集”神作——《国表》，收录了很多全国各地考生的优秀“应试作文”（八股文）。

第二年，崇祯三年（1630 年）的乡试，第三年，崇祯四年（1631 年）的会试，复社成员多人成功上岸，骨干成员张溥、吴伟业、杨廷枢、陈子龙、吴昌时等人都取得了亮眼的成绩。一时间，复社成为文人心目中的朝拜圣地，创始人张溥成为超级巨星。文人们如潮水般涌来，跟着张大哥绝对有肉吃，能笑傲考场，名利双收！

每当举行“应考学术讨论大会”的时候，复社骨干分子从街上路过，全城百姓夹道欢迎，男孩羡慕崇拜，女孩高声呐喊。此时的张溥翻云覆雨，所向披靡。虽然他考中后获得的职位并不显赫，但是他的影响力惊人。他不满一味排斥异己、迎合皇帝的首辅大臣温体仁，马上就给温大人来了一场“舆论战”。

温体仁抑郁了，我堂堂一个首辅，还得听你的？

在温体仁的授意下，针对张溥的弹劾接二连三地开始了。“下乱群情，上摇国是”“倡导复社以乱天下”“煽聚朋党、妨贤树权”等。三人成虎，流言杀人。皇帝急眼了，你们想干吗？造反吗？夺权吗？你成了全民偶像，那我呢？

面对温体仁等人的陷害，张溥并不慌张，他虽然没权没兵，但是有遍布各地的人脉，这是一张无形的巨网。只要他动下嘴皮，振臂一呼，就会挑起一场声势浩大的“非暴力不合作运动”。他的背后，站着无数新兴的城里人，有工商业的富豪为他筹集资金，有底层工人为他守护助威。大家也希望通过张溥的摇旗呐喊，制定有利于自己的政策。

如今的张溥俨然成了顶级的幕后大佬、潜力股大臣的风险投资人。在他的策划推动下，周延儒东山再起，挤走了温体仁。

张溥摇着扇子，点头微笑，我不在中枢，却胜似在中枢。他将作为复社集体智慧结晶的改革主张交给了周延儒，老周，好好干！

改善民生、提拔人才、增加科举名额、限制宦官、整顿军务……一系列的操作让大明王朝迎来了短暂的太平与繁荣，周延儒也赢得“中外翕然称贤”的美好名声。可是他又有些郁闷与不爽，自己好歹也是大明“二把手”，却始终受制于人，当年他强占人家妇女的把柄还落在张溥的手里。

不久，从京城回到家乡的张溥突然死亡，文人们哭声一片，史上最强精神领袖就这样走了。正史《张溥传》和梅村的《复社纪事》说他是病死家中，但具体是什么病，也没详细记录。刚过四十岁的张溥正值壮年，就这样莫名其妙地死了，给人留下了无尽的猜测。计六奇写的《明季北略》中说张溥回到家乡的当天晚上，腹部剧烈疼痛，是被复社成员吴昌时下了毒药。

吴昌时之后又受到了周延儒的重用，让人不得不多想。但是历史并未给出明确的答案。

“十年著作千秋秘，一代文章百世师。”张溥在历史、文学、经学等各个方面都取得了巨大的成就，完成了《诗经注疏大全合纂》《汉魏六朝百三家集》《宋史论》《元史论》《历代史论》《七录斋集》等一系列著作。

随着对应考技巧研究的不断深入，有的人掌握了考试的规律，成功晋级，有的人看清了考试的本质，嗤之以鼻。如果遇上家里不缺钱而又有个性的富二代，可能根本不屑于参加考试，反正对他们来说，考不上又不会没饭吃！

◆参考文献：

1. 唐文：《有关〈五人墓碑记〉的几则史料》，《教学与进修》，1979 年第 3 期，第 4 页。

2. 陈科：《史料补充对文本解读的意义——以〈五人墓碑记〉为例》，《语文天地》，2022 年第 4 期，第 6—7 页。

3. 吴奈夫：《关于葛成领导的苏州织工斗争》，《江苏师院学报》，1981 年第 4 期，第 18—22 页。

4. 周道容：《魏忠贤专权——〈五人墓碑记〉背景资料》，《语文知识》，2002 年第 5 期，第 42—43 页。

5. 张廷玉等：《明史》，中华书局，1974 年 4 月第 1 版。

6. 王炜：《从科举的视角考察张溥及其八股文选本》，《科举文献整理与研究：第八届科举制与科举学国际学术研讨会论文集》，第 204—212 页。

7. 霍松林：《反阉党斗争的赞歌——评〈五人墓碑记〉及其他》，《人文杂志》，1981 年第 1 期，第 91—98 页。

8. 中华书局编辑部：《名家精译古文观止》，中华书局，1993 年 2 月第 1 版。

《柳敬亭说书》《湖心亭看雪》《西湖七月半》——考不上又不会死

明朝灭亡以后，那些士大夫们各有各的选择：有的人投降清政府，有的人继续抗争，有的人自杀殉国，有的人隐居深山。面对国破家亡，张岱想过去死，但是他不甘心，他想要编写一部史学著作——《石匮书》，用笔证明自己真真切切地来过世上，明明白白地跨过时代。他要用书证明自己虽然未中科举却才华横溢，虽然屈辱求生却依旧铁血丹心。

张岱带领一大家子人和海量书籍躲进了嵊县（今浙江省嵊州市）的西白山，这里是当地最高的山，风景优美，人烟稀少，云雾缭绕，宛如仙境。半山腰有一个山谷，俗称“黄锦浪”，乱石成堆，水声轰鸣，瀑布飞流直下，惊心动魄。东晋著名炼丹家、医药学家葛洪就曾隐居在此。

但是在贫穷面前，一切都是那么苍白，美景当不了饭菜，过惯了土豪生活的张岱第一次体会到饿肚子的感觉。“风雨凄然，午炊不继”“弱年逢家乏，老至更长饥”，吃不饱穿不暖，还得时刻担心着清兵的搜捕，可是他已经发誓绝不向清朝政府妥协，要学不食周粟的伯夷、叔齐，就算饿死也绝不出来俯首称臣。

回忆曾经的土豪生活，张岱一声叹息。往事如梦，青春再也回不去了啊！

他的家族乃当地的名门望族，从宋朝的抗金名将宰相张浚开始，就已经非常显赫。家中的园林别墅遍布各地，绝对是“房产大亨”、顶级豪门。父亲张耀芳从小钻研八股文，一心扑在科举场，却一动不动，原地踏步，家族慢慢地开始走下坡路。作为独子的张岱被寄予了振兴家族的厚望：将来拯救张家，就靠你了！

小张岱琴棋书画，样样精通，更有对对子的特长。有一次，他的二舅陶崇道指着墙壁上的画说道：“画里仙桃摘不下。”张岱毫不犹豫地对道：“笔中花朵梦将来。”二舅惊叹不已，好家伙，张家出了个小才子啊！

从此，大家纷纷借机出对子考张岱，看看他是否如传说中的那么神。他到亲戚家去拜访，一位客人指着天井两旁的荷花缸出对：“荷叶如盘难贮水。”张岱对道：“榴花似火不生烟。”对得既工整又有内涵，众人竖起拇指点赞。

一天，他跟随祖父张汝霖去杭州，遇到了祖父的好朋友陈继儒正骑着大角鹿游览钱塘江。几个人坐下来之后，听说过张岱大名的陈继儒指着屏风上李白骑鲸图出了一个上联：“太白骑鲸，采石江边捞夜月。”张岱立刻对出下联：“眉公跨鹿，钱塘县里打秋风。”高雅的字句里带着几分调侃，惹得陈继儒哈哈大笑，连呼张岱为小友。

带着光环的张岱走进科举考场，信心满满，最后却因为文章格式不符合八股文的规定而落榜。张岱懵了，这是什么操作？

明清科举考试的八股文，具有一整套严格的固定格式（结构、句数、句型等），由破题（说明题目的意义，类似于现在中高考作文中的点题）、承题（承上启下的句子）、起讲（概括全文，准备议论）、入题（过渡句，引入文章主体部分）、起股、出题、中股、后股、束股、落下（也叫收结或大结）等十个部分组成（参看《中国历史大辞典》），在具体的考试中可以根据情况删减部分。其中，起股、中股、后股、束股四个段落，又各自分为出股和对股（一个段落里分成两个小段落，有点类似对联里的上联和下联），总共有八股（文章精华在这里，能否考中全靠它），所以称为“八股文”。两股（两个分段落）必须采用对偶排比句，所以又叫“八比文”。

我们来看看明朝一位优秀考生（会试第一名）——王鏊的八股文。

题目：百姓足，君孰与不足。（考场所给的论题是“民既富于下，君自富于上”。）

破题：民既富于下，君自富于上。（点出文章的中心与主旨：下面的百姓富裕，君王自然富裕。）

承题：盖君之富，藏于民者也；民既富矣，君岂有独贫之理哉？有若深言君民一体之意以告哀公。（承题，承上启下，不必用对偶句：百姓如果都富裕了，怎么会留下君王独自贫穷呢。）

起讲：盖谓，公之加赋，以用之不足也；欲足其用，盍先足其民乎？诚能百亩而彻，恒存节用爱人之心；什一而征，不为厉民自养之计，则民力所出，不困于征求；民财所有，不尽于聚敛。（我开始代孔孟先生讲话了啊！举例：鲁哀公当年加重赋税，后来怎么样了呢？）

第一股：闾阎之内，乃积乃仓，而所谓仰事俯有者，无忧矣。

第二股：里野之间，如茨如梁，而所谓养生送死者，无憾矣。

出题：百姓既足，君何为而独贫乎？

第三股：吾知藏诸闾阎者，君皆得而有之，不必归之府库，而后为吾财也。

第四股：蓄诸田野者，君皆得而用之，不必积之仓廪，而后为吾有也。

第五股：取之无穷，何忧乎有求而不得？

第六股：用之不竭，何患乎有事而无备？

第七股：牺牲粢盛，足以为祭祀之供；玉帛筐篚，足以资朝聘之费。借曰不足，百姓自有以给之也，其孰与不足乎？

第八股：饔飧牢醴，足以供宾客之需；车马器械，足以备征伐之用。借曰不足，百姓自有以应之也，又孰与不足乎？

收结：吁！彻法之立，本以为民，而国用之足，乃由于此，何必加赋以求富哉！

这篇文章从形式和逻辑上来看，极具美感，毫无破绽，只是内容有点老生常谈，沿用孔孟套路。

八股文在句式选择上的一个突出特点是：大量使用对偶句、排比句，两两相对，遥相呼应。但也不用像诗歌里那么平仄相对，字面上也可以有重复。

这就是明清时期的文人们动不动就对对子的原因：一来是为了应试，二来是为了显摆。哪个小孩会接高难度的对子，就会被称为神童。两个人吵架都可以采用这样的方式：出个对子，我说上联，看你能否接得住？

八股文的形式有美感，但是内容很无感。文章的题目与观点必须出自“四书五经”，注释含义绝对不能超出“四书五经”官方参考书的范围。儒家课本总共就那么几本，反反复复考了上千年，怎么可能有创新？怎么可能跟得上时代发展的步伐？关键还不能自己去解读“四书五经”的意思，而要背诵默写朱熹等“专家”的标准答案。虽然评卷打分的标准统一，维护了考试公平，但是，文人无法发挥自己的个性与创意！

这种文章其实就是骈文、散文、赋体文的大杂烩，好比把鸡架、鸭架、牛骨和羊骨一锅炖，按理来说，最后的汤汁或多或少都会有些营养，但是端上来的时候才发现，里面没加盐！一锅没有灵魂的杂烩汤，食之无味，弃之可惜！

一个喜好自由、善于创新的人怎能不反感如此奇葩的规定？普通人反感归反感，跌倒了，只能拍拍尘土继续考，谁让他们家里没有矿呢？张岱不一样，历代祖宗们积累了丰厚的家产，虽说到了父亲这一代，渐渐衰败，不过瘦死的骆驼比马大，父子二人依旧能够过着“有钱任性”的生活。

看到大多数文人将一生都浪费在考场上，最终一事无成，白了少年头，空悲切，张岱早早地看清了八股文的本质：“一习八股，则心不得不细，气不得不卑，眼界不得不小，意味不得不酸，形状不得不寒，肚肠不得不腐。”

科举考试制度本身是个非常公平的人才选拔制度，但是只考“四书五经”，只能写八股文，只能参照朱熹的标准答案，这样就会把人的眼界与思维束缚在一小块天地里。当年编写“四书五经”的孔子等人早就不在人世了，我们的思想怎么能停留在他们身上而不与时俱进呢？

这样的八股文好比古代女人的裹脚布。有的人小脚好看，有的人小脚未必好看，但为了嫁出去，必须得裹。脚变了形，心变了态，也得裹。裹完之后，谁还会保存那条又臭又长的布呢？

聪明的张岱也看出了朝廷热衷八股文的用心：“盖用以镂刻学究之肝肠，亦用以消磨豪杰之志气者也。”把你一辈子绑在八个豆腐块里，绑在统治者圈定的框框里，消磨你的斗志，消磨你的精神，消磨你的思考能力，让你终日埋头在“四书五经”里，奔走在科举考场中，从年轻到年老，直到老得哪儿也去不了，还依然把它当成手心里的宝。

那些读书人根本就不知道，世界上除了科举考试、“四书五经”，还有自然科学和技术科学。几代人，一辈子，来来回回只翻那几本书，还不允许有个性化的解读，实在是泯灭人性。

于是，张岱做出一个重要决定：和科举考试说再见！

从此，他一边写书，一边将生活玩出新花样。凡是纨绔富二代做的事情他都一一尝试：“极爱繁华，好精舍，好美婢，好娈童，好鲜衣，好美食，好骏马，好华灯，好烟火，好梨园，好鼓吹，好古董，好花鸟，兼以茶淫橘虐，书蠹诗魔。”吃穿用住行，样样比人新。

穷在闹市无人问，富在深山有远亲。土豪张岱到哪里都受欢迎，官吏、文士、工匠、和尚、道士，三教九流，各色人等，他来者不拒。他尤其喜欢跟那些身怀绝技的人交往，其中有个著名的说书人柳敬亭，因为满脸青春痘，人送外号柳麻子。他肤色黝黑，擅长说书，乃南京城的红人。他一天只说一次书，要价一两银子，还得提前十天预定，典型的饥饿式营销。

为什么相貌丑陋的刘麻子这么有市场呢？

人家手里有绝活！

每次出场表演，他衣服干净清爽，目光犀利如刀，舌头灵活运转。常常抛开剧本，自由发挥，丝丝入扣，细节生动。声音时而如汹涌的浪涛，冲破天际；时而如轻柔的和风，深入人心。

同行听他说书，咬舌自尽的心都有了。唉，同吃一行饭，同说一本书，差距怎么这么大呢？

比起柳敬亭，张岱的绝活更多，没有他玩不转的，也没有他不会玩的。看到外面戏班表演的戏剧太老套，他就亲自担任导演、编剧和场务，在家里的山水园林大别墅里，亲自教演员们排练新奇的杂剧。

如果只限于花钱享乐，注定成不了名人。张岱的厉害之处在于，普通富二代不会做的事情，他也会做。

从放弃科举考试的那一刻起，他就开始写书，用另外一种方式证明自己的才华。他的第一部书叫《古今义烈传》，里面收集了四百多个有气节的人物的故事，给历史上的底层人立传，不以成败论英雄。接着，他又开始凭一己之力编修明朝历史——《石匮书》，最终历经三十多年才完成，共有二百二十卷，有本纪、志、世家、列传。后人将他的《石匮书》与谈迁的《国榷》并称，张岱堪称明朝的“司马迁”。

历史、音乐、篆刻、书法、文章、诗词，每一样张岱都能震撼四方，他尤其以散文成就最高，人称“绝世散文家”。

可是，随着清兵南下、大明瓦解，张岱的好日子也到头了。

想要保持气节不投降，就无法维持富二代的生活。不过那又怎样？我出生在明朝，快活在明朝，成名在明朝，又怎能屈膝投降？

张岱毫不犹豫地选择归隐深山，在贫穷无聊的日子里，回忆以前奢华好玩的生活，用精神鸦片麻醉一下自己郁闷的灵魂。唉，一切仿佛都在梦中。

他想起了崇祯五年（1632 年）十二月的某一天，天气很冷，接连下了三天大雪，来自行人、飞鸟、船家等的各种声音都消失了。静，太安静了！天地之间，惟余莽莽。这个时候出去转转，有没有一点“千山鸟飞绝，万径人踪灭。孤舟蓑笠翁，独钓寒江雪”的感觉？

走起，让我燃起冬天里的一把火！

家住西湖畔的张岱穿上毛皮大衣，带上火炉与仆人，坐着精致的小船向湖心亭慢慢靠去。雪花漫天飞舞，寒风凛冽横吹，天、云、山、水，分不清谁是谁，看不清远和近，湖上只有“长堤一痕、湖心亭一点，与余舟一芥、舟中人两三粒而已”。一道西湖长堤、一座湖心小亭、一叶孤独小舟、几个兴奋人影，在白茫茫的天地之间显得那么微小而又灵动。

来到湖心亭，嘿，居然还有两个跟他一样疯的人。只见他们坐在毛垫子上，一个小童子正在煮酒，壶里咕嘟咕嘟地冒着热气。几个人相视而笑，在大雪纷飞的时刻，不顾严寒，出来“抽风”，只有我们了。

心有灵犀一点通，相视一笑成朋友。

来，坐下来，一起喝他个痛快！

张岱毫不客气地喝上三大碗，然后与他们握手告别。此时才知道对方几个人来自金陵，是到杭州游玩的。张岱的仆人不解地摇摇头，在这冷死人的鬼天气里，出来赏雪，是不是脑子有病？在家打开窗户看雪岂不更好，我们不就住在西湖边吗？于是他对主人感叹道：“我还以为您老人家痴，没想到还有跟您一样痴的人！”

张岱笑而不答，普通人哪能懂得景色中的诗意，哪能明白诗意中的美好？

西湖，是他曾经土豪般挥霍过的见证！

之前，他常年居住在“人间天堂”杭州，去了无数次西湖，冬天赏雪，夏天赏月，还创作了一篇散文——《西湖七月半》，把西湖赏月的人分成了几类。第一类是有身份、有地位的官员。坐着豪华大船，摆开丰盛晚宴，邀请戏班表演。他们并不是来赏月的，而是来炫耀的。

第二类是豪富公子、千金闺秀。带着家童，坐在船头，嗲声嗲气，左顾右盼，恨不得所有人都把目光聚焦到他们身上。他们也不是来赏月的，而是想成为月亮的。

第三类是有著名歌妓相伴的清闲文人。一起饮酒赋诗、欣赏音乐，一边看月，一边瞟着周围。他们是来卖弄风雅，准备拍照回去发朋友圈的。

第四类是市井俗人。没钱坐船乘车，衣衫褴褛不整，三五成群，大呼小叫，手舞足蹈，生怕别人不知道他们来了。很显然，他们是来凑热闹的。

第五类是高雅文士。别人走了，他们来了。坐上挂着帷幔的小船，停靠在隐蔽的树阴底下，避开人群，点燃炉火，煮上好茶。三两好友，摆上宴席，音乐响起，品茶喝酒，静静地欣赏天上的明月，不知不觉，已是黎明。他们任由小船漂荡在荷塘之中，在荷叶与荷花的清香中安然入睡。

好梦一日游，躺平乐悠悠！

梦醒了！此时此刻，身处深山老林，唯有辛酸眼泪流。唉，多想回到从前！

张岱把回忆写成了一本书——《陶庵梦忆》，用美妙的文字记录之前的美好生活。美景、美食、美人、美事，一切都是美美的！

想把生活过成诗歌，金钱需要跟上节奏。现实常常把他拉入冰窟，只能在梦中回忆，故而叫“梦忆”。

后来，大清王朝为了稳定统治，拉拢人心，终于放下屠刀，对那些不配合也不反抗的明朝遗老们采取了比较宽容的态度。张岱搬回了绍兴城，可是再也回不到从前，自己家的园林别墅早就被人霸占了。战乱年代，谁抢到就是谁的，明朝政府颁发的“房产证”，清朝政府也不承认啊！

唉，秀才遇到兵，有理说不清。

经过多方努力，找了各种关系，张岱最后租借了一处别人废弃的园子，里面有一间简陋的小书房，他将其取名为“渴旦庐”。渴旦是寒号鸟的别称，这种鸟在寒夜鸣叫，渴求黎明。小书房寄托了大理想，张岱期待着大明王朝能够光复的那一天。

蓦然回首，张岱发现，他已经从土豪富二代沦为底层贫雇农，常常吃了上顿没下顿，一天只能喝两次稀饭，甚至到了寒冬腊月，连棉袄都得向朋友们借。六十多岁的他还要亲自下地干活，挑着大粪，扛着锄头，气喘吁吁，“连下数十舂，气喘不能吸”“近日理园蔬，大为粪所困”。

换作是其他的富二代，可能早就寻死觅活了。张岱毕竟不是凡人，他调整心态，重新出发，乐观也是一生，消极也是一生，何不开开心心地活下去呢？经过多年的坚持与努力，他终于完成了《石匮书》。

唉，我该去我早应去的地方了。

他提前给自己写了去“阎王殿无限公司”应聘的“个人简历”——墓志铭。在《自为墓志铭》中，他向死而生，等待召唤。

不过，阎王爷好像不太满意张岱的自我简介和工作经历。对不起，非常遗憾地告诉您，我们暂时不能录用您，“人间有限公司”也许更适合您！

写完墓志铭，他又多活了几十年。

死都不怕了，还怕什么呢？那就继续认认真真干点事吧！

晚年的张岱以锲而不舍的精神与坚韧不拔的毅力，完成了一部又一部著作：《石匮书后集》《琅嬛文集》《史阙》（野史、杂史）、《西湖梦寻》（散文集）、《夜航船》（百科类图书）、《琯朗乞巧录》（智慧故事集）……

心态好的他跨过了明朝，来到了清朝，熬死了万历、天启、崇祯，送走了顺治，走近了康熙。早就在“阎王殿无限公司”占据“C位”的皇帝们，估计非常崇拜地看着他，老张，我们就服你！

别急，我来也！

在史学、文学、美食、音乐、杂剧等各个领域取得了巨大成就之后，张岱带着完美的“个人简历”，以九十多岁的高龄，终于应聘成功，被“阎王殿无限公司”吸纳为正式员工。

没有几个人能活出张岱的潇洒。

清军入关以后，朝廷在照搬照套明朝八股取士制度的基础上，又推出了更多奇葩的规定，让越来越多的人终生困在考场之中，一辈子走不出来。

◆参考资料：

1. 胡益民：《张岱研究》，安徽教育出版社，2002 年 5 月第 1 版。

2. 张海新：《水萍山鸟》，中西书局，2012 年 6 月第 1 版。

3. 中华书局编辑部：《名家精译古文观止》，中华书局，1993 年 2 月第 1 版。

4. 夏咸淳：《张岱生平考述》，《绍兴师专学报（社会科学版）》，1989 年第 3 期，第 21—28 页。

5. 李霞：《张岱研究述略》，《绍兴文理学院学报（哲学社会科学）》，2006 年第 3 期，第 89—92 页。

6. 郑超群：《论八股文的句式修辞艺术》，《牡丹江师范学院学报（哲学社会科学版）》，2018 年第 1 期，第 97—102 页。

7. 梁章钜：《楹联丛话》，中华书局，1987 年 6 月第 1 版。

8. 长孙永健：《用正眼瞧瞧八股文》，《新高考（语文备考）》，2014 年第 12 期，第 23—25 页。

9. 王炜、雍青：《论八股文的程式化》，《南昌航空大学学报（社会科学版）》，2008 年第 3 期，第 77—82 页。

10. 郑天挺等：《中国历史大辞典》，上海辞书出版社，2007 年 8 月第 1 版。

《促织》《冷生》——清朝玄幻仙侠派“爽文”的祖师爷

明末清初，在一个破落的中小地主兼商人家庭里，一个小男孩带着好奇来到了人世间，等他长大后，已是清朝顺治年间。为了拉拢和束缚天下读书人，清朝延续了明朝的科举考试制度。学识渊博的少年参加了童子试，接连考取县、府、道三试第一，成了优等秀才，光荣入选“小镇年度热门人物”。

大家知道了他的名字——蒲松龄。

原本爆火的蒲松龄却连爆冷门，拿着优等秀才的入场券，却始终登不上科举这艘破旧船。据我个人理解，喜欢写鬼神，有可能是蒲松龄考不上的一个重要原因。明清的科举考试除了八股文，还有试帖诗（按照题目作诗），文和诗的主题要求颂扬盛世、粉饰太平，语言要求庄重典雅，切忌轻佻艳丽，不允许出现红粉、风流、狐鬼、骷髅、斩杀、死亡等不吉利、不庄重的字样。比如试贴诗题目为《山衔好月来》，有个考生八股文已经通过了，在试帖诗中写了“平远山如画，温柔月恋乡”的句子。考官一看，你还搞个温柔乡出来了？容易诱导人想入非非，不合格！

那个考生一脸委屈，你老人家思想龌龊，跟我有什么关系？

不行，就是不行，落榜！

而蒲松龄最擅长写的就是狐鬼、骷髅和风流。

但他没有放弃。前方是温柔的诱惑，面前是冰冷的现实。没有生活来源，总不能喝着西北风继续考试吧？在朋友的介绍下，蒲松龄到大户人家做了一对一辅导老师（私塾先生）。虽然现在一对一教学挺赚钱，可在古代，仅仅只能糊口，是落榜文人们走的最常规路线。好在他服务的对象是当地的名门望族——毕家，典型的书香门第。

毕家有座大型私立图书馆——万卷楼，为蒲松龄读书提供了方便。修养较好的毕家人对蒲松龄一直很好，解决了蒲松龄的后顾之忧。

他一边做家教，一边考科举。在一对一辅导岗位上干了三十多年，直到七十岁的时候才退休回家，其间他从来没有放弃科举考试。工作完了，准备考试；聊斋讲了，准备考试……

他也有过快要“高光”的时刻。四十八岁那年，他参加乡试，看到了熟悉的题目，极度兴奋。太好了，这个题目我做过啊，正合我的胃口！难道我要转运了？

他激动地挥起毛笔，洋洋洒洒，却翻错了答卷的页面。考试规定第一页纸写完，才能写第二页，第二页写完再写第三页，结果他从第一页直接跳到了第三页，这叫“越幅”，要被张榜除名。

蒲松龄抑郁了，比赛犯规，游戏结束。

唉，冲动是魔鬼，激动是魔王啊！可我不甘心，我要继续战斗，我要等一个机会，要争一口气，不是为了证明我有多么了不起，而是要把我失去的青春补回来！

一直陪伴他的妻子都看不下去了，原来在老公眼里，宇宙的尽头是科举考试啊！于是她劝道：“君勿须复尔！倘命应通显，今已台阁矣。山林自有乐地，何必以肉鼓吹为快哉!”老公，你不要执着于考试了，山野自有山野的乐趣，我们两个好好地种种地、放放牧，过过田园生活不也挺好的吗？为何一定要考那个玩意呢？

唉，没有那个玩意，我始终不被主流社会承认啊！

直到蒲松龄七十二岁那年，朝廷都看不下去了，直接给了他“岁贡生”的资格。明清两朝，每年或每两三年，都会从成绩优异的秀才（又称生员）中选择一些人保送到全国最高学府国子监，这些人被称为岁贡生，即每年贡献给皇帝的人。选蒲松龄这样的老头，是朝廷对那些屡战屡败者的奖励。学满三年，在毕业考试（廷试）中取得优异成绩的人也有机会做官。

统治者看到大家活到老考到老，自然很开心，读书人都将青春耗费在考场上，给造反者出谋划策的人就少了。所以皇帝们总会给那些拼命读书又始终考不上的人留一点点门缝里的微光。

清朝有个叫谢启祚的广东人，九十八岁了还坚持参加考试。别人都劝他，你这么一大把年纪了，还考什么考啊，考上又能怎样？

谢启祚却说道：“我还没老，手还能写，我要为年老的儒生们争一口气。”没想到，在后来的乡试中，他居然考上了。多年来的期待、兴奋、忍耐、愁苦等情绪涌上心头，他叉着老腰仰天大笑，以《老女出嫁》为题，写下一首打油诗：“行年九十八，出嫁不胜羞。照镜花生靥，持梳雪满头。自知真处子，人号老风流。寄语青春女，休夸早好逑。”

不要觉得女人嫁得早就好，不要讽刺那些嫁不出去的女人，她们也许最后嫁得比你们都好，就像我现在考上了，高官厚禄等着我呢！

按照惯例，省政府要设宴款待考中的读书人。广东巡抚在晚宴上看到一个都快老掉牙的老头，大力点赞：“老人南极天边见，童子春风座上来。"

成功中举与巡抚的夸奖，给了谢启祚更大的信心，他要挑战不可能的任务——去京城参加会试。且不管考不考得上，广东到京城相隔两千多公里，没有飞机跟高铁，出行全靠马车或船只，这对于一个将近百岁的人来说，需要多大的意志力！

经过漫长的跋涉，谢启祚竟然顺利到达京城。当他出现在考场的时候，如同天王巨星驾临，整个京城都轰动了。可能是因为旅途劳累，或者实力不够，他落榜了。不过，老谢的轰动效应持续发酵，事情传到乾隆皇帝的耳朵里。

乾隆乐了，这个老头极具商业推广价值啊！为了吸引更多的人前赴后继地老死在考场上，乾隆特批谢启祚担任国子监司业。

科举考试不用做广告，谢启祚以百岁的年纪站在京城的官场上，就是活广告。

后来，乾隆皇帝准备过八十岁大寿，要在翰林院中挑选一个九十岁以上的老臣点寿烛，这可是莫大的荣誉。当大家都争着要去点蜡烛的时候，却发现没人符合条件。在翰林院任职的人一般要进士出身，九十岁还在翰林院的，实属稀缺。

怎么办呢？

对，谢启祚！大家想到当年那个极品考生，可他还活着吗？

人家不光活得好好的，还精神焕发，娶了小老婆，日子过得甜蜜蜜。

但他不是翰林院出身啊，没关系，只要皇帝认为行，他就行！于是乾隆特赐谢启祚为翰林院检讨。在皇帝大寿之时，这个百岁老头在众人羡慕的眼神中笑眯眯、颤巍巍地点燃了寿烛。

有了皇帝的垂青与点寿烛的经历，谢启祚不想升官都难，很快做了鸿胪寺少卿。

可这样的人间极品毕竟是少数，蒲松龄似的考生占据了大多数。读书人全部被圈进了“四书五经”里，当国外炮火打进来的时候，他们还沉醉其中，沾沾自喜于老祖宗的那点文章。

执着是对的，但是方向错了，就会迷失自我。

对后世的读者来说，蒲松龄没考上，反而是件好事，因为他给我们留下了一部“爽文”经典——《聊斋志异》。

蒲松龄从小就对民间鬼神故事特别感兴趣，为了搜集创作素材，他在家门口摆了一个茶摊，贴出告示：走过路过，千万不要错过，留下故事，说出故事，可以免费喝茶了！

他白天听完各式各样的故事，晚上再对其进行整理加工。在故事里他可以肆意想象、点评，任意安排人物命运，时不时制造些“草根”翻盘的“爽点”，代替现实残酷的“痛点”。

《冷生》就是这个套路。山西平城（今山西省大同市）有个姓冷的书生，智商也有点冷，从小就比较迟钝，到了二十多岁，还没能读通读透一本儒家经典书籍。

有一天，忽然来了个狐狸变的美女，整日对他嘘寒问暖。有了爱情滋润的冷生仿佛被打通了任督二脉，每次写文章，特有仪式感：先闭门静坐片刻，接着放声大笑，最后手起笔落，一篇优秀的八股文轻松诞生。

跟狐狸姐姐恋爱的当年，他就考中了秀才。

冷生写文章的仪式感太过震撼，笑声响彻考场，因此得了个“笑生”的诨名。当他冲击更高层次的考试之时，一个严肃的主考官听到诡异的笑声，大皱眉头。没有规矩，成何体统？

一位下属解释道，冷生一向这样，一笑便能写出好文章！

主考官摇摇头，这样的人怎能参加考试，做官以后也要天天傻笑吗？除去他的考试资格，把他打出科举考场！

冷生对“冷面”，瞬间被完爆！

唉，幸好还有狐狸姐姐。

从此，冷生右手端着酒杯，左手抱着“狐狸”，写成了一部“超级畅销书”——《颠草集》。文章的最后，蒲松龄点评道：“关上门大笑，和佛家的顿悟相似，大笑便能写成文章，难道有什么错吗？怎么能取消考试资格呢？这样的上司不要也罢！”

《颠草集》跟《聊斋志异》的诞生何其相似，蒲松龄是在虚构的故事里发泄自己当年被取消考试资格的不满！

科举场上大多数文人都被困在考试、落榜，再考试、再落榜的无限循环中，所以人很容易抑郁或疯掉。想要排解内心的苦闷，又没有钱花天酒地，怎么办呢？

好梦一日游！在虚拟的世界中升级打怪，谈场恋爱，安慰一下现实中千疮百孔的心灵。于是，“爽文”应市场而生。

《促织》讲的也是一个老实人踩在“爽点”上的梦幻故事。

成名原本是个本分的底层读书人，硬是被政府拉去做了催缴税款的“临时工”（里正）。老实巴交的人怎么做得了油滑冷酷的催债工作？看着可怜的老百姓，又怎么好意思张开口？

唉，缴不齐税款只能自己填补。不到一年，工资没挣到，反而把微薄的家底赔光了。

老实木讷的人总是被人欺负，上面又给他下了新命令——进贡善斗的蟋蟀（促织）。理由很简单，皇帝喜欢玩。唉，向邻里乡间的百姓摊派，怎么忍心？人家不交，我怎么说？自己交，到哪里搞蟋蟀？

成名想死的心都有了。

妻子提议，你自己出去找找，山林之中，总能遇到一两只好蟋蟀吧！

只能如此了！

最后，成名上交了几只普通的小蟋蟀。县太爷发怒了，你这是在嘲笑本官的智商吗？这样的蟋蟀交上去，我还有前途吗？

打，不打不上道！

成名被打得屁股开了花，连路都走不了。正在此时，村里来了个算卦很准的巫婆，妻子赶紧带上礼品前去请教。仙姑大人，请指条活路吧！

巫婆捏着鼓鼓的钱袋，笑眯眯地递来一张图，上面画着楼阁、巨石、癞蛤蟆和蟋蟀。莫非这是找蟋蟀的地图？巫婆没说话，走了，天机不可泄露！

唉，死马就当活马医吧！

成名拄着拐杖，按图寻找，果然在一只癞蛤蟆的旁边找到了神奇大蟋蟀。他赶紧把蟋蟀捉回去，当作全家一级保护动物供起来，好菜好饭地伺候，坐等上交的日子！

不料，九岁的儿子出于好奇，掀开了笼子，想看看爸妈的“小祖宗”有多帅。结果没多帅，就是一只蟋蟀，憋屈的蟋蟀乘机逃跑了。

不好！儿子赶紧追去，双手一扑，用力过猛，一巴掌拍死了蟋蟀。

母亲闻声跑过来，大惊失色。哎哟喂，这可如何是好？小子，你把一家人的活路断送了，看你爸回来不打死你！

儿子吓得全身发抖，哧溜一下消失了。

成名回来听说后，感觉天旋地转。造孽啊！他顿时暴跳如雷，怒火中烧，找来棍棒，准备狠狠修理儿子。咦，小兔崽子呢？找了半天，他发现惊吓过度的儿子掉到井里去了。

夫妻二人搂着儿子幼小的尸体伤心欲绝，本打算埋掉孩子，突然发现他的鼻子里还有一丝气息。

也许还有救！他们赶紧把孩子抱到床上，悉心照料。半夜时分，儿子总算活了过来，却精神恍惚，痴痴呆呆，没了往日的灵气。

夫妻二人惊喜之余，又陷入了无限的惶恐之中。交差的日子就要到了，怎么办呢？两人唉声叹气地熬到天亮。

“啾啾，啾啾！”

门外突然传来蟋蟀雄健有力的叫声。

不是吧，难道先前的蟋蟀也活过来了？成名兴奋地跑出去，一只小蟋蟀竟然主动跳到他的手上。可是，它看起来好瘦小啊！不是先前那只。交上去会不会又被打？

唉，总比不交好吧！

没想到，进贡上去以后，小蟋蟀仿佛神功护体，特别能战斗，特别能进攻，不仅斗败了各路大蟋蟀，还躲过了天敌大公鸡。

皇帝龙心大悦，赏！

巡抚升官，提拔县令，县令升官，提拔成名。不到几年，成名有了田地，建了豪宅，养了牛羊，从此，一家人过上了枯燥单调的有钱人生活。

过了一年多，精神恍惚的儿子也恢复了健康，向夫妻两人说起了长久以来的一个梦：自己变成了一只小蟋蟀，打败了所有对手之后才醒过来。

原来是儿子救了他们！

穷秀才一夜翻身，是多少文人经常做的白日梦，可现实却冷得像终年不化的冰山，大家只能在刺激的“爽文”和短暂的幻想中寻求“草根”逆袭的快感，《聊斋志异》也因此而流传后世，成为经典。

也许这部作品就是蒲松龄的“促织”吧！可惜，他没有成名那么走运，只能在天堂里静静地看着自己的作品畅销海内外。

如果蒲松龄能遇到下面这两个应试教育的高手，也许就不会在科举考场“凄凄惨惨戚戚”了。

◆参考资料：

1. 袁世硕：《蒲松龄志》，山东人民出版社，2009 年 4 月第 1 版。

2. 蒲松龄著，于天池等译：《聊斋志异》，中华书局，2015 年 5 月第 1 版。

3. 房列曙：《中国历史上的人才选拔制度》，人民出版社，2005 年 7 月第 1 版。

4. ［日］宫崎市定：《科举》，浙江大学出版社，2018 年 12 月第 1 版。

5. 李永祥：《蒲松龄传》，山东文艺出版社，1993 年 1 月第 1 版。

6. 王道成：《八股文和试帖诗》，《文史知识》，1984 年第 5 期，第 82—87 页。

《狱中杂记》——清朝监狱里的恐怖故事

清朝康熙五十年（1711 年），朝廷发生了一起震惊天下的事件。向来标榜仁慈的康熙大开杀戒，只因为文人戴名世编了一部反映明朝末年历史的《南山集》，里面记录了很多抗清英雄、不与清政府合作者的故事，并提出要给南明的几个皇帝立传，引用了南明永历年号。戴名世在当时的影响力很大，《南山集》成了超级畅销书，广泛流传。

嫉妒他的人眼红了，仇恨他的人兴奋了！

朝廷御史赵申乔以“狂妄不谨”的罪名弹劾戴名世，指责他大逆不道、唯恐天下不乱等，惹得康熙皇帝雷霆大怒。为了杀鸡儆猴，让天下人断了对前朝的念想，康熙下令严惩戴名世，看过、读过、摸过《南山集》的三百多个人统统被抓。

大文豪方苞因为与戴名世是老乡，受邀给《南山集》作过序，结果也被判了死刑。他先被关进江宁县（今江苏省南京市江宁区）监狱，后来又被押到京城，关入刑部大狱。进了监狱，才知道里面竟如此恐怖，每天的所见所闻都不断刷新着他的三观。

刑部监狱有四个牢房，每个牢房有五个房间，狱卒们住在其中的一间里。狱卒们的房间不仅墙上有可以射进阳光的大窗户，屋顶还有能通风透气的小窗户。狱卒们喝着小酒，看着夜色，生活惬意。而其余四间牢房没有任何窗户，不见阳光不透风，每个房间关押着两百多个犯人，人挨着人，肩并着肩。

每天傍晚之后，牢房大门就被紧锁，犯人的大小便只能在牢房解决，吃饭也在里面，臭味、汗味、饭菜味神奇地融合在一起，令人胃里翻江倒海。牢房空间狭小，多数犯人只能睡在地上，在这样的环境里，健康的人也会生病，所以每天都有两三个人死去。尸体和活人在一起，到了第二天早上，牢门打开后，尸体才会被拖出去。

半夜醒来，摸着伙伴们冰冷的尸体，触觉体验十分强烈。

如果监狱里发生传染病，一天死个十几人也是常有的事。令方苞惊奇的是，死的都是些罪行较轻的人，而那些身体素质本来就很好的杀人犯、重刑犯却很少死掉。

为什么会关押这么多犯人呢？京城里不止有一座监狱啊，顺天府直辖监狱、五城御史的司坊难道不能关押一些，缓解刑部的压力吗？一开始，方苞并不理解，直到高人指点，才恍然大悟。原来，每个犯人都是官吏们“年终奖”的来源，关的人越多，大家得到的好处越多。不管犯了什么事，先抓进来戴上手铐脚镣，放进监房，等你叫苦连天的时候，典狱官、狱卒等管理人员一个个都来了，笑眯眯地给你指条“光明大道”：想出去吗？拿钱来！

在关押之前，各级官吏们早就以超级神探的速度把犯人的家庭、财产状况摸得一清二楚。哪个家里条件好，哪个条件差，能榨出多少油水，分门别类，登记造册，自觉地实现了犯人的精准分类。

为了提升犯人的资源价值与经济价值，官吏们不把犯人榨干净绝不会放他们出来。只要银子给到位，就可以“保外就医”，等在家里随传随到。如果想解开沉重的手铐脚镣，搬到“一等牢房（条件好一点的牢房)”居住，至少要几十两银子。

那些又穷又没背景的人怎么办呢？也有利用价值，让他们充当杀鸡儆猴里的那只鸡，天天受折磨，时时受毒打，让惨叫声在牢房里余音绕梁，连绵不断，时刻提醒所有的罪犯：看看，不拿钱就会换来杀猪般的惨叫！

于是，那些情节严重的案犯只要有钱，就能逍遥自在；情节较轻的人如果没钱，只能吃尽苦头。为了保证对每个在押犯人进行循环利用，从官员到小吏，形成了一条完整高效、层层盘剥的产业链。

负责捆绑的人，也根据犯人贿赂的多少来决定捆绑的松紧：一分钱没有的，捆也能把你捆得手脚骨断筋折；交了钱的，就做做样子。负责杖刑的，也根据犯人贿赂的多少来决定杖刑的轻重：没交钱的，一棍下去骨头断裂；交了钱的，一棍下去挠个痒痒。方苞就亲眼看到过这样的情形：三个同时受审的人挨夹棍（用刑具夹犯人的腿），其中一个人贿赂了二十两银子，骨头受了点轻伤，结果一瘸一拐走了个把月；另一个人给了四十两银子，只伤到了皮肤，二十天就好了；还有一个人给了一百多两银子，当天晚上就能活蹦乱跳了。

即便是死刑犯，也能废品回收，变废为宝。

不乖乖交钱，就让你死得不痛快，很难看。如果被判凌迟（千刀万剐而死），他们就对犯人或者亲属说：“答应了我的条件，便先刺心脏，一刀下去，立刻断气。不然的话，先一根根地肢解手脚，再一片片地刮肉，让你痛不欲生，高声尖叫。”

既然必须得死，谁不想死个痛快？

如果被判绞刑（用绳子吊死或勒死），他们就对犯人或亲属说：“答应了我的条件，第一绞便让你断气，不然的话，绞三次以上也不会死掉。”把你活活吊在上面，让你一时半会死不了，看看人世间最后的风景！

如果被判杀头，他们就说：“答应了我的条件，一刀下去，人头落地，不然的话，我换成不锋利的刀，三刀下去，脑袋还坚挺地挂在脖子上。”

每年秋决的时候，小吏们又深入研究废旧物品循环利用的可能性，没有需求就制造需求，无限拓宽市场。每当有人行刑，全体囚犯都要被捆绑到现场观看，去的路上又被小吏们画重点、圈要点。不交钱的，就使劲绑住他们的手脚，结果，没有贿赂而被捆绑受伤导致终身残疾的人不计其数。

看热闹也成了捞油水的绝佳时机，不得不佩服这些人的“创新思维”。

因此，有钱的人争先恐后，没钱的人砸锅卖铁。官吏们坐地起价，只有那些穷得叮当响的人在忍受极端酷刑之后，悄无声息地死去，被当作不可循环利用的垃圾丢出牢房。

方苞发出了系列疑问：“既然已经拿到有钱人的贿赂，为什么不放那些穷人一马呢？干吗非得要动用酷刑折磨人家呢？”

监狱里的一个老差役道出了原因：“如果没有分别，谁还愿意多出钱啊？到时每个人都声称没钱，心存侥幸，我们还怎么捞油水呢？”

为了防止油水流失，监狱里的官吏们也是拼了。

只要给够钱，有时死罪也能帮你免！

涉嫌杀人的案件，如果判词上没有“谋杀”“故意杀人”等字眼，一般经过秋审后会被列入“矜疑”之列。于情，值得原谅；于法，有点可疑。在这种情况下，犯人往往可以免死。因此，贪官污吏们又有了发挥才能的大好机会。

刑部监狱里有一个叫郭老四的犯人，曾四次犯杀人罪，最后一次还是被列入“矜疑”的名单。不久之后，遇到朝廷大赦天下，他大摇大摆地走出监狱，整天跟狐朋狗友喝酒聊天，吹嘘自己以往杀人的光辉战绩和如何摆脱死刑的伟大事迹。

刑部里有个老员工，是办假证的高手。他收藏着各种假印章和信件，对那些下发到各个省里的文件总是偷偷动手脚，根据别人的贿赂而增减紧要的文字。下面的人根本看不出来，即便看出来，谁敢当面责问上级部门？但他特别小心，对上奏皇帝和其他中央部门的公文，不敢删改。经过长期的摸爬滚打，他练就了一身“对下不对上”的本领，靠着这样的方式发家致富，引得同行纷纷前来学习经验。

有个刑部小吏更是胆大包天，对着两个判词都已经下达过的死刑犯说道：“只要你拿一千两银子，我就有办法让你死而复生！”

拿到钱以后，他找来两个单身又没有亲戚的犯人，用他们的名字替换掉死刑犯的名字，判词没改，后面附件的名单改掉了。单身汉们即便死了，也没人为他们喊冤。

同伙提醒他：“你这样办不行吧！万一长官发现了，重新上奏审判，我们岂不是死路一条？”

小吏却不慌不忙，笑着说：“重新申请？哈哈，我们的确死路一条，但是长官也会因为失察而被免官，你觉得他会为了两个毫不相关的单身汉而丢掉职位吗？”结果正如他所说，主审官最后发现杀错了人，却不敢声张，反正也没人喊冤，管他呢！人都死了，总不能让他们弄得我下岗吧？

长官的心理被小吏们拿捏得死死的。

监狱里的黄金产业链吸引了各行各业的人加入。有些奸诈的犯人也参与其中，和典狱官、狱卒狼狈为奸，变成了狱霸，乘机捞到了很多好处。一个犯人因杀人而坐牢，在监狱里横行霸道，每年还能赚到几百两银子，坐牢坐得爽歪歪，生活过得美滋滋，后来遇到天下大赦被放出狱，顿时失去了生活来源和赚钱渠道，这让他很迷茫，我靠什么活下去啊？

他时刻寻找再就业的机会。正好同乡有人犯了杀人罪，根据当时的法律，如果不是故意杀人，就只判长期监禁。发财的机会来了，他立刻冒名顶替，王者归来！

没过几年，长期监禁又改为边境充军。临走的时候，他竟然依依不舍，仰天长叹："唉，看来这次我回不来了！"坐牢坐得发家致富，令方苞同志大吸一口冷气。

经历两年牢狱之灾的方苞，在当朝名臣李光地的营救下，被康熙免除了死刑，幸运出狱。回忆起狱中的点点滴滴、奇闻轶事，他写下了《狱中杂记》，让人看到了封建王朝监狱里的恐怖画面。

在那个时代，只要肯出钱，杀人犯的确可以被免罪。《春冰野事乘》中记载，一位朝廷大臣到福建审理一件凶杀案，死者是一位典型的肌肉男，而犯罪嫌疑人却是一个弱不禁风的少年，他觉得里面肯定有蹊跷。经过仔细审理，少年说出真相，原来他是顶替凶手的"白鸭"。为了钱财主动替人去死的行为被称为"宰白鸭"，这些人就是随意被人宰杀的"白鸭"。

大臣将案件打回县里重审，结果县里做出了跟之前同样的判决，少年也并未翻供。大臣询问原因，原来少年的父母对儿子大骂道，我们卖掉你的钱已经用完了，如果你翻供，岂不是要把我们全家逼上绝路？

进退两难，少年最终还是决定去死。

有人可能会问，方苞是不是也找人顶替了，为什么被判死刑还能出狱？难道他也贿赂官吏了吗？

这得从他的经历说起。

他的祖辈是桐城（今安徽省桐城市）人。从清朝初年开始，江南安庆府桐城地区就诞生了很多大文豪，以戴名世、方苞、刘大櫆、姚鼐等人为代表人物。他们有一套自己的文学创作和应试技巧理论，特色鲜明，作品丰富，被后世称为“桐城派”，有“天下文章出桐城”的说法。

所以，方苞虽然出生在江宁地区，但仍然保留了引以为傲的桐城户口。桐城人非常重视教育，方苞从小就刻苦学习，四五岁就能对对联、诵诗文，七岁读《史记》，十岁研究经典古文。

一天，他在郊外玩耍，田间有一个插秧的老农民一边劳动，一边唱歌。看到方苞，心想，这小屁孩天天抱着书啃，到底学成什么样呢？待我考考他！于是他喊道：“喂，小孩，过来，我出个上联，你对个下联如何啊？”

方苞点点头：“这有何难？”

“稻草扎秧父抱子。”老农得意地看着小孩。

“稻草，父也；秧，子也。稻草和秧苗乃老子和孩子的关系。”方苞一边自言自语，一边看着远处的竹林，嘿，有了！

“竹篮装笋母搂儿。”竹子和笋是母亲和孩子的关系。

牛！老农惊叹不已，小小孩童竟然能对得如此工整。

长大后的方苞进入最高学府国子监，他学识渊博，才华出众，得到了大学士李光地的称赞：“韩欧复出，北宋后无此作也。”韩愈、欧阳修以后，再也没有像方苞这样能写出好文章的人了。

带着光环的方苞参加了科举考试，经过两次落榜之后，终于成功入围。但是母亲突然生病，他并未参加接下来的殿试，失去了一次绝好的机会。

方苞在老家以文会友，埋头写作，推崇《左传》《史记》和“唐宋八大家”的文章，提出了一套自己特有的文章写作理论——

“义法”说。所谓义，就是“言之有物”，写出来的文章要符合儒家道德内涵，这就好比炖一锅鸡汤，必须用正宗土鸡文火慢炖，不能用浓汤宝直接勾兑，否则怎会有营养？

所谓法，就是“言之有序”，写文章要有一定的章法和技巧。炖鸡汤的时候，对于锅的选择也很重要，砂锅要比铁锅好，铁锅要比烂锅好。

他的主张得到了很多人的响应。八股文天天写、年年写，总要有所改变吧？大文豪刘大櫆、姚鼐等人积极宣扬“义法”理论，文火慢炖的鸡汤，味道好极了！

当时，文章写得好不好，直接影响科考的成绩。越来越多的人学习方苞的文章写法，一不小心，他就成了桐城派的创始人之一。

当意气相投的戴名世邀请他为《南山集》作序的时候，方苞爽快地答应了。没承想，“南山集案”爆发，他瞬间坠入地狱。

方苞用事实证明，只要考试功夫硬，到哪里都受欢迎。很多人通过学习他的文章与应试技巧考中了进士，这些人走上各级行政岗位之后，自然对偶像非常感激与尊敬。方苞到了刑部大牢之后，刑部郎中张丙厚亲自为他端茶递水、跑前跑后，那些等着循环利用犯人的小吏们战战兢兢，抹着冷汗感叹，嘿，来了个不能榨油的主！弄他不就等于弄自己吗？

因此，方苞在狱中没有受到任何虐待，生活悠闲自在，还顺便抽空写了《礼记析疑》和《丧礼或问》两部著作。

康熙皇帝通过身边的大臣了解到方苞的才华，做出重要批示：“方苞学问天下莫不闻。”放了他吧！

从康熙的角度来说，他并不一定真的欣赏方苞的才华，而是要通过他拉拢更多的文人服务于大清王朝。清朝初期，很多文人并不愿意同清政府合作，反抗的反抗，隐居的隐居。这些人往往又掌控了天下舆论的导向，动一动嘴巴，就能搞得鸡飞狗跳。怎样让他们心甘情愿地为朝廷服务，成了几代皇帝们急需解决的问题。如果名扬天下的方苞能够服从大清王朝，在中央老老实实地做官，岂不给天下文人做了榜样？看看，你们的领头大哥都为我服务了，你们还不老实吗？还要装清高吗？

就这样，死囚犯方苞先以平民的身份进入南书房，成为康熙的文学侍从，参与谋划国家大事，后来又出任“皇家出版社总编”（武英殿修书总裁）。

死而复生，又瞬间登上人生巅峰，方苞彻底臣服了，大清很清啊！我要为清王朝鞠躬尽瘁，死而后已。所以他在《狱中杂记》中写过这样一段话：我认为我们当今的皇帝，和过去的圣人一样，仁慈爱民，每当批阅公文的时候，总是希望能免除犯人的罪行，但是现在竟然有无辜的人受罪！

由此可以看出，方苞写《狱中杂记》并非为了揭露清王朝的腐败，举起反抗大旗什么的，而是希望各级官员能够明白皇帝的良苦用心，及时刹住腐败残暴的风气。

雍正皇帝继位之后，对出身桐城的大臣张廷玉极为赏识，桐城人成了学识和才华的代名词，方苞也因而继续受到重用，升任翰林院侍讲学士，依旧担任总编的职位。乾隆皇帝继位后，提拔方苞担任礼部侍郎，并命他编写官方认可的“科举考试优秀作文选”——《钦定四书文》。方苞挑选了明清两朝优秀的八股文加以点评注释，作为文人们的写作标准。

晚年的方苞以翰林院侍讲的身份告老还乡，八十二岁寿终正寝。

他的文学主张与写作技巧又被另外一个桐城人发扬光大。

◆参考资料：

1. 李孟符：《春冰室野乘》，山西古籍出版社，1995 年 1 月第 1 版。

2. 杨荣祥：《古代文史名著选译丛书：方苞姚鼐文选译》，凤凰出版社，2011 年 1 月第 1 版。

3. 赵尔巽等：《清史稿》（简体横排本平装 · 全 12 册），中华书局，2020 年 8 月第 1 版。

4. 刘守安：《一个矛盾而痛苦的灵魂——方苞生平与思想探微》，《首都师范大学学报（社会科学版）》，2005 年第 5 期，第 81—88 页。

5. 李文达：《从〈狱中杂记〉看清代狱治》，《人民法院报》，2018 年第 5 期，第 25 页。

6. 李大学：《从〈狱中杂记〉看封建“潜规则”》，《中学语文教学参考》，2015 年第 27 期，第 2，66—67 页。

7. 王显春：《方苞〈狱中杂记〉写作目的辩》，《西南民族学院学报（哲学社会科学版）》，1982 年第 4 期，第 85—87 页。

8. 陈昌志：《〈南山集〉案前后的方苞》，《安庆师范大学学报（社会科学版）》，2019 年第 1 期，第 26—31 页。

《登泰山记》——看我如何玩转应试教育

清朝的桐城是著名的“高考工厂”，而姚氏家族更是“工厂”里的精品。在整个清朝，姚家很多人考中了进士、举人，走上从政之路，三品以上高级官员就有六人。

雍正九年（1732 年）十二月，桐城派的创始人之一姚鼐出生了。他的曾祖父是刑部尚书，伯父是翰林院编修，母亲则是宰相张英的孙女。在充满书香的家庭里，他从小就接触各类书籍，又有伯父姚范、古文家刘大櫆等名师的手把手指导，学问、文章水平突飞猛进，被老师刘大櫆频频点赞，称其“时甫冠带，已具垂天翼”，小小年纪，已经拥有了飞往天空的翅膀。

二十岁的姚鼐考中了举人，接着参加会试，却意外落榜。从此，他仿佛着了落榜的魔，第二次、第三次、第四次依然没考中，直到第五次会试才成功突围，并在殿试中名列二甲。此时的他刚刚三十三岁，虽然被科举考试蹂躏了十几年，但在大多数一辈子也考不上的明清文人中，他算是幸运的了，不愧为“高考工厂”走出来的考试健将。

姚鼐被朝廷授予庶吉士，前途无量。

科举最高一级的考试——殿试按照考生的成绩进行排名，一甲（一等）三个人，分别是状元、榜眼、探花，状元直接担任翰林院修撰，榜眼、探花担任翰林院编修，主要职责是修修历史、讲讲经史、记记皇帝言行，以及起草公文等。明清的翰林院是皇帝的秘书机构，哪天一旦被皇帝赏识，直接进入中央机构，成为宰相不是梦。

二甲（二等）、三甲（三等）的考生想要留在皇帝身边，还得参加竞争激烈的朝考（选拔庶吉士的考试）。通过考试并擅长文学书法的人可以担任庶吉士，相当于翰林院的临时合同工。但这个临时工可不同于一般的临时工，他们直接服务于“老大”，负责起草诏书、为皇帝讲解经典名著等，只要有才能，很容易获得皇帝的赏识。庶吉士中有很多风云人物，比如张居正、曾国藩、蔡元培（后来的北大校长）等。

通过不了朝考的进士，也可以担任中央各部门里的基层小官员（主事）、地方上的知县等。

明清两朝有个不成文的规定：“非进士不入翰林，非翰林不入内阁。”没有担任过翰林院实习生的人，无法进入核心权力部门，宰相等高级官员必须从翰林院选拔。

所以说，姚鼐的起点很高。

实习期过后，他被分配到兵部，担任兵部主事，不久之后，又改任礼部仪制司主事。也许朝廷看中了桐城人的应试能力，从乾隆三十三年（1767 年）开始，姚鼐陆续担任山东、湖南等地的乡试副考官。

在长期的批卷过程中，他发现很多考生写文章自以为是、脱离实际，根本不关心百姓的死活与疾苦。他的心里产生了疑问，八股文难道只是应试工具吗？这些思想贫乏的考生如果被安排到各个岗位，怎么能治理好国家呢？于是他写了《乾隆庚寅科湖南乡试策问五首》，对科举取士的选材标准表达了自己的看法：国家需要选拔经世致用、体察民情的人才。

可是观念与风气一旦形成，单靠一个人的力量很难改变。在大家眼里，八股文不过就是一块敲门砖而已。

后来，姚鼐升任刑部郎中。在刑部的两年时间内，他每天目睹方苞《狱中杂记》中那样不平之事的发生，却又无能为力。人家早就形成了一条牢不可破的灰色产业链。

考试形式改变不了，仁政又推行不了，纠结的姚鼐产生了隐退的想法，什么也做不了，不如不做。

乾隆三十八年（1773年），朝廷建设四库全书馆，负责校勘《永乐大典》和各类官方或民间的书籍，需要大批学识渊博的文人承担编辑、校对、印刷等工作，姚鼐被顺利选中。

这一次，他彻底看清了官场。

当时，社会上刮起了考据风，注重对古籍进行整理、校对、解释。大多数文人埋头整理古籍，对古人说的每句话、每个字都研究出处。这个字在古代的意思和解释是怎样的，那个字在古代的发音和笔画是怎样的，找证据，查资料，实事求是，不厌其烦。

这种研究方式是汉代人研究儒家经典的重要方法，所以考据学又称“汉学”。这种方法的好处是能对流传下来的各种资料去伪存真，恢复它们的本来面目，坏处就是只顾埋头研究，忽略创作与创新。

考据学的兴起主要有两个原因。一是清朝恐怖的文字狱。大家不敢写自己的文章，不敢表达独特的见解，无处安放的精力该如何发泄呢？只能对古人留下来的大量著作反复进行修订、解释和考证。二是八股文考试。八股文要求模仿古文的语气，照搬古人对儒家经典的解释，不允许考生自由发挥。既然要代圣贤说话，那圣贤当时是怎么想的呢？这就需要对古籍的字词句的意思以及历代的注释进行重新审视与整理，搞点考试配套辅导书、参考书。

各路人马齐上阵，扎堆古籍重考证。

当然，天下不可能只有一种声音，与汉学相对的是宋学，讲究对古人著作进行合理的推测与理解，注重文章的思想与精神内涵，不纠结于烦琐的考证和校对。这是宋代理学家们经常使用的方法，所以叫“宋学”，优点是能够推陈出新，跟上时代的发展，缺点是容易脱离文本，随意发挥。

宋学在清朝受到了主流文人的攻击与嘲笑。

而姚鼐则是宋学的维护者与创新者。他主张吸收各家所长，综合各派意见，提出写文章要“义理”“考据”“辞章”三者统一。义理是指当时的理学思想，主要来自宋学，文章要有内涵，这是最重要的；考据是指实际证据，写文章要避免泛泛而谈、随意发挥，主要来自汉学；辞章是指结构、文字、音韵上的形式之美，写作要有技巧。

他的主张好比造星工厂打造一个明星：首选要包装出身，这是“考据”；然后还要塑造形体、外貌等，使其符合审美标准，这是“辞章”；最后，还要提升学识与内涵，学琴棋书画，能出口成章，这是“义理”。

出身、外形、内涵三者兼具，完美！

姚鼐是这么说的，也是这么做的，只是文学派别争斗的激烈程度超乎了他的想象。

在四库全书馆内，担任总编辑的纪晓岚是汉学家，四库馆成了汉学大本营，大家对宋学嘲笑、挖苦、排斥，在编辑四库全书的过程中总是有意无意地贬低或删减宋学的内容与著作。非我族类，其心必异！

姚鼐心灰意冷，为何不能求同存异呢，非得弄个你死我活？

八年的从政生涯让他感到心力交瘁，如今汉宋之争又让他疲惫不堪：我难道要这么度过一生吗？单凭我个人的力量无法改变那些偏激的看法，也无法改变腐朽的制度。

也许教育可以改变，站在三尺讲台，推销自家主张，我想怎么说就怎么说。

对，辞职教书，开设辅导班，男人应有自己的声音！

四十四岁的姚鼐潇洒裸辞，先玩一玩，再接着干！

姚鼐和好友朱孝纯曾在乾隆三十九年（1774 年）十二月二十八日傍晚，冒着风雪，登上泰山。第二天观赏日出后，他写下了著名的《登泰山记》，用优秀的文章实践他的主张。

第一段、第二段写泰山的地理环境与攀登路线，考证了齐国古长城的遗址，考察了郦道元书中所说的环水。这是“考据”，好比现在导游带你玩时，一边走，一边介绍景物名胜的历史与背后的故事。

如果只有考证，那只是产品说明书，而不是散文。于是，姚鼐开始写山顶风光与日出美景。

登上山顶，只见青山上覆盖着白雪，雪光照亮了南边的天空。远处，夕阳映照着泰安城，汶水、徂徕山就像一幅美丽的山水画。停留在半山腰处的云雾，像是一条舞动的飘带。

清晨，我们等待日出，突然，大风扬起的积雪扑面而来。日观亭东面一片云雾弥漫，依稀可见其中有几十个白色的像骰子似的东西，那是山峰！天边的云彩呈现出奇异的颜色，出来了，出来了！朱砂色的太阳缓缓升起，下面的红光托着太阳，仿佛晃动的双手，有人说这是广阔无际的东海。

回头看日观峰以西的山峰，有的被日光照到，有的没被照到，或红或白，颜色错杂，形态各异。

姚鼐从大风、云雾、山峰、太阳、众山等多个角度写日出，形象而生动，以“辞章”表现“义理”，用实际行动回应汉宋之争，用优美文章实践理论主张。你们都来看看，“考据”“辞章”“义理”为什么不能在一起呢？

从此以后，姚鼐专注于教育事业，宣扬自己的理论，我的地盘我做主！

乾隆四十一年（1776 年），好朋友朱孝纯担任两淮盐运使，在扬州梅花岭侧重修梅花书院。他向姚鼐发出邀请函，老姚，校长（掌院）非你莫属！

那就当吧！但是教材我要自己编，市面上的，我看不上！

姚鼐亲自担任总编，从《楚辞》《战国策》《史记》等先秦两汉散文、“唐宋八大家”之作以及归有光、方苞、刘大櫆等人的文集里选择七百多篇优秀文章，给以独到精准的点评，这就是日后名扬天下的《古文辞类纂》。这本书将科举考试常考和官场常写的各种议论文、应用文等分为十三个类别：论辨、序跋、奏议、书说、赠序、诏令、传状、碑志、杂记、箴铭、颂赞、辞赋、哀祭。

此乃民间认可的科举顶级应试参考书、“满分作文选”。里面既有姚鼐的个人见解与理论主张，也有应试作文技巧分析与指导。如何在规定的时间内用固定的形式写出新玩意，是每个科举考生急需解决的问题。

那时，无论是智商高还是智商低的人，都从小就能把“四书五经”背得滚瓜烂熟。八股文你写我写，大家都会写，但想要在科举考试中取得好名次，必须要学习推陈出新的写作技巧。八股文看似简单，但很难写好，需要经过长时间的写作练习才能写出彩。如果有考中过科举的名师或名人指点，将会事半功倍。

各个书院的老师为了提高教学效率，也会亲自参与编写教科书，点评文章的内容、形式、词句等。

姚鼐四十五岁赴扬州的梅花书院，五十岁到安庆的敬敷书院，五十八岁到徽州（位于今安徽省黄山市）的紫阳书院，六十岁到南京的钟山书院，七十一岁回安庆的敬敷书院，七十五岁到八十五岁又来到南京的钟山书院。他到处打造特色一流的国际名校，培育创新一流的考试精英，成了领衔时代教育的特级教师。

姚鼐在长时间的教书育人过程中，结合自身考试与平时创作经验，不断完善《古文辞类纂》的内容，总结出了很多八股文和散文写作的实用套路与技巧，方便考生学习与模仿。

《古文辞类纂》一出，立刻引爆图书市场，受到天下读书人的追捧。

跟着姚老师，实惠看得见！山珍海味不是梦，光宗耀祖不是梦！

姚鼐到哪里讲学，学生们就蜂拥到哪里，只要心相通，相隔千里也来握手！握住姚老师的手，幸福定会来相守！

遍布天下的学生们又将姚老师的理论带到全国各地，那些经过姚鼐指点而考上科举的文人们、官员们又极力推广老师的主张，间接地影响了科举考试出题人的思路、批卷人的标准和官场公文的格式。

姚鼐成功了，没能成了手握实权的政客，却成了万人敬仰的老师。他不仅实现了“义理”“考据”“辞章”三合一的理想，还影响了一个甚至几个时代文人的写作套路与精神品质。大家忽然发现，应试作文也可以写得内涵丰富、材料翔实、文采飞扬。

做官改变不了的事情，他用应试教育改变了，也让桐城派成了清朝文学界的龙头老大。嘉庆二十年（1815 年）九月，八十五岁的姚鼐了无遗憾地去世了。

◆参考资料：

1. 陈平原：《文派、文选与讲学——姚鼐的为人与为文》，《学术界》，2003 年第 5 期，第 230—242 页。

2. 周中明：《从中年辞官看姚鼐其人其文》，《文史知识》，1999年第10期，第87—92页。

3. 刘相雨：《论姚鼐思想的两面性》，《安徽大学学报》，1996年第1期，第5页。

4. 房列曙：《中国历史上的人才选拔制度》，人民出版社，2005年7月第1版。

5. ［日］宫崎市定：《科举》，浙江大学出版社，2018年12月第1版。

《庖丁解牛》《种树郭橐驼传》等——古代的那些俗世奇人

《庖丁解牛》《种树郭橐驼传》——我的眼里只有你

有一个庖丁（即厨师）为梁惠王表演宰牛，只见他闭着眼睛，深吸一口气，拿起一把寒光闪闪的宰牛刀，淡定地开始了他的表演，哦，不，是奏乐！

撕开牛皮，骨肉分离，牛刀进出，双手运力，脚步移动，膝盖顶牛……这些连环动作发出的声音，居然变成了混搭风音乐，让周围的人想要跟着节奏跳舞。

真的好神奇啊！别人宰牛都使出了吃奶的劲，龇牙咧嘴，满身臭汗。庖丁解牛如同弹奏乐曲，有意思，真有意思！

谁又知道，他年轻的时候也曾失败过。

刚开始宰牛的时候，因为对牛的整体结构与身体构造并不了解，从哪里下刀方便，从哪里剖开省力，他都不清楚。管他呢，咱有的是蛮力，直接砍！但这样常常累个半死，还没效率。

当了三年学徒以后，他用心记住了牛的内部结构，哪里有骨头缝，哪里有牛筋，哪里好下刀，哪里难切割，他都一清二楚，眼前仿佛出现了一个清晰完整的结构图。他按照脑子里的图，沿着骨头关节的空隙用刀，不需要在经络交错、筋骨相连、肌肉聚结的地方反复切割，更不用傻乎乎地对着牛骨头直接猛砍，骨肉分离，一刀搞定。

遇到筋、肉、骨交错的地方怎么办呢？

耍帅的时刻到了！

集中精神，深吸一口气，摆个好造型，顺着筋肉交错的细线轻轻插刀、运刀，只听哗啦一声，筋、肉、骨顺势分离，牛肉像泥巴一样落到地上。

十九年过去了，刀还是那把刀，宰牛无数，刀口如新，依旧锋利。低水平的厨师一月换一次刀，因为直接乱砍，损耗严重；普通的厨师一年换一次刀，因为结构不清，用力较猛；庖丁从不换刀，一刀封神！

宰完牛的庖丁在众人不可思议的眼神中安静擦刀、潇洒收刀。他环顾四周，成就感满满，我是厨师我骄傲！

梁惠王惊呆了，宰牛大神，真的牛！

庖丁在长期的实践中，掌握了牛内部的构造，眼中有解剖图，宰牛不糊涂。哪里好插刀，哪里不能硬碰，他都牢牢记在了心里。

庖丁不仅掌握了工作技巧，还在工作中获得了乐趣，物质精神双丰收，厨师做得很轻松。

这位庖丁与郭橐驼何其相似！

唐朝有个叫郭橐驼的人，因为得了骨头病，脊背突起，只能弯腰走路，像只骆驼，所以乡里人给他起了外号“橐驼”。他听了这带有侮辱性的外号并不生气，也不争辩，而是笑着说道：“这个名字很好嘛，符合我的特色！”

从此，他改称自己为郭橐驼。

橐驼兄有一个独门绝技——种树。他住在长安城西边，以种植园艺树和果树为生。长安城里的园林商、水果买卖商、豪强巨富们都争着买他种的树苗，恨不得把他请到家里供起来。

为什么呢？

因为只要是他栽种移植的树木，没有不成活的，不仅长得高大茂盛，而且果实累累。其他种树的人偷偷观察学习他的技术，却始终找不到窍门。

大家都纷纷向他请教成功秘诀，老郭，讲两句？

郭橐驼总是那么淡定，他轻描淡写地回答道：“我没什么绝招，只不过顺应树木的天性罢了。种树之前，要让树根舒展，要培土平均，根下的土壤要使用原来培育树苗的土，然后再把土壤捣结实。这些准备工作做好以后，就放开手脚，悠闲潇洒，坐享其成吧！有的时候，‘躺平’好过‘折腾’，不要总是担心这个，担心那个。就像养孩子，在婴儿期的时候，我们细心呵护，长大以后，我们顺其自然，不要总把自己的意志强加在他们身上，适当地做做减法嘛！

“有些人种树，一会儿换土，一会儿加土。早晨去看看，晚上又去摸摸。还没走两步，又不放心，返回去，这里挖一挖，那里铲一铲，甚至还用指甲划破树皮来观察它是活着还是枯死了，用手摇晃树干树根来验证它是松动还是变结实了。这就好比一个人天天来跟你唠叨这，唠叨那，你觉得烦不烦？嘴上说为他们好，实际上是为了自己心安而已。

“妨碍了树木生长的天性，破坏了他们成长的环境，怎么能种出好树木呢？”

听了郭橐驼的话，大家若有所思地点点头，有人又问道：“嘿，把你种树的方法用到治国理政上，可行吗？”

郭橐驼说道：“我一个平民百姓，只知道种树，治国理政不是我的长项啊！但我住在乡里，总是看到那些官员一天到晚发号施令，好像很勤政爱民，实际上却让百姓疲于奔命。从早到晚，一波接一波的人过来大喊大叫：‘你们要及时耕地，你们要注意收割，早点养蚕茧，快些织布匹，猪要好好喂，鸡要好好养……’啰啰唆唆，叽叽歪歪，不懂行的人指挥懂行的人干事。

“一会儿敲锣召集百姓，一会儿打鼓喊话群众，弄得我们这些小老百姓不得不放下手中的活、碗里的饭去迎接官员，聆听废话。时间都浪费掉了，哪还有空去好好生产劳动？造福百姓变成了骚扰百姓，从上到下都感到疲惫不堪，每日督促却毫无效果，为什么呢？想必跟我种树有相似的地方的吧！”

大家听了郭橐驼的话，佩服不已。一个种树的老头，比知识丰富的官员更懂得如何管理百姓。

做任何事情、任何工作，只要肯用心，爱钻研，在实践中总结经验教训，一辈子专注下去，定能成为各自领域的专家。庖丁一辈子宰牛，将牛的内部结构摸得一清二楚，不费吹灰之力，就能轻松完成别人费尽气力才能完成的任务；郭橐驼一辈子种树，顺应万物生长的自然规律，引得人们争先恐后地购买他种的树。工匠精神不是只做一件事就行了，而是要对这件事深入琢磨，掌握规律与技巧，把自己从事的职业当作爱好，把工作的过程变成享受，长此以往，哪怕挑着担子卖油，也能成为大师。

《卖油翁》
——老头，你厉害

宋朝有个官员叫陈尧咨，是宋真宗时期的状元，他的哥哥陈尧叟，是宋太宗时期的状元。两兄弟，两状元，羡煞多少奔跑在科举路上的文人！

除了是状元，人家还是个射箭高手。陈尧咨常常凭这一点自夸，文人状元不稀奇，射箭技术排第一！文武双全，说的不就是我吗？

直到有一天，他遇到一个卖油翁，才明白人外有人，天外有天。

有一天，陈尧咨在自家花园里射箭，箭箭命中靶心，周围一片喝彩声。陈尧咨扬扬得意，我真的是帅呆了，酷毙了。这时有个卖油的老头放下肩膀上的担子，站在一边，面带不屑地看着他。

嘿，这老头！

陈尧咨怒火中烧，你不拍手点赞也就算了，还露出不屑一顾的表情，难道是看不上我的箭法？自尊心受挫的陈尧咨跑过去，不高兴地问道："你会射箭吗？"

老头摸了一下胡须，淡定地说道："射箭有什么奥秘？只不过是手熟练而已！"

"你怎么敢轻视我的射箭技术？"陈尧咨更火了。

"凭我多年的倒油经验，就知道射箭也没什么难的！"老头仍淡淡地说道。

哦？请开始你的表演！

这有何难？老头拿出一个葫芦放在地上，将一枚铜钱盖在葫芦口，然后慢慢地用勺子舀起油，从铜钱的小方孔里注入。壶倒满之后，铜钱上却没有沾到一滴油。

厉害！惭愧，惭愧得很啊！

陈尧咨自嘲地笑了笑，送卖油的老头走了。从此他更加努力地练习射箭，再也不在人前夸耀自己。

如果换成小人，老头估计走不了，即使不被暴打一顿，也会被训斥一番。什么玩意，跑来这里做卖油广告？

善于反思、宽容大度的陈尧咨步步高升，成为翰林学士兼龙图阁学士、右谏议大夫，去世以后，还被加赠太尉官衔，恩宠至极！

成功没有捷径，必须要靠自己坚韧不拔地努力，在挫折中总结，在困难中反思，不断改进自己的技术。三天打鱼，两天晒网，最终只会一事无成，甚至会闹出滥竽充数的笑话。

战国时期，齐国的国君齐宣王爱好音乐。有人喜欢听钟鼓，有人喜欢听竹笛，齐宣王没事就喜欢听人吹竽（一种乐器）。帝王的爱好自然会带动一批人就业，宫廷中慢慢汇集了三百多个善吹竽的乐师。齐宣王喜欢大场面，三百人一起演奏，听来气势恢宏，有唯我独尊之感。

听说给齐宣王吹竽的那些人天天吃香喝辣，下了朝还有美人相拥，有个叫南郭的人心中痒痒，我也想去！可我不会吹竽啊，吹牛倒是很行。

怎么才能快速地混入乐师队伍呢？

他灵机一动，头顶开光。群体演奏，有机可乘，绝对是个赚钱的好机会！

他通过熟人引荐，对齐宣王吹嘘说："大王，我可是个吹竽高手，我吹起竽来鸟兽会翩翩起舞，花草听了也会欢快摇摆。如今能遇到大王如此懂竽之人，实乃三生有幸。我想加入吹竽的队伍，将毕生的绝技献给大王。"

这个南郭要么是摸准了齐宣王的脾气，要么就是个赌棍，赌自己命大。齐宣王听了南郭的“马屁”，心花怒放，想都没想，试都没试，竟然爽快地答应了。去吧，好好吹！

南郭轻松进入体制内，吹竽哪比得上吹牛？哈哈！

从此，他充分发挥自己与生俱来的表演才能。每逢演奏，他都装模作样地捧着竽，别人摇晃身体他也摇晃，别人摆头他也摆头，脸上露出陶醉于音乐中的表情，看上去比那些会吹竽的人还要投入。靠着精湛演技，他瞒天过海，拿着宫廷的稳定高工资，到民间开心高消费。

可是，出来混总是要还的！

过了几年，爱听竽合奏的齐宣王死掉了，他的儿子齐湣王继承王位。他引入了竞争机制，要求乐队中的人轮流吹竽给他听，吹得好的有赏！

南郭先生慌了！虽然在乐队中混了几年，但他从没对竽做过深入研究。一听要独奏，他急得汗流浃背、夜不能寐。我是靠演技而不是靠演奏混饭吃的，这下岂不要露馅了？跟老百姓吹牛，顶多被骂，跟大王吹牛，脑袋被砍！

三十六计，走为上计。天下之大，凭我一身表演才能，应该还能混口饭吃。齐国待不了，还有其他国家嘛！于是，南郭先生连夜收拾东西逃跑了。

南郭先生若能勤奋钻研技艺，回家认真练习，也许在那几年时间里，能成为真正的吹竽高手。只可惜，他将时间浪费在享受生活上，将精力投入到浮夸的表演上。

要想干成什么事情，需要经过长年累月的观察与实践，否则只能是半瓶子醋晃啊晃，永远无法拥有真正的技术！

《河中石兽》《观潮》
——是时候展现真正的技术了

“咦，怎么找不到石兽呢，难道不在下游?”几个和尚抓破头皮，也找不到他们想要的东西。

清朝时，在沧州（今河北省沧州市沧县）南边有一座寺庙位于河边，一次洪水来临，大门前的两座石兽一起落入水中。十几年过去了，曾经远走他乡的和尚们募集资金，准备翻修寺庙。石兽乃镇庙之宝，必须找到!

他们按照惯性思维，划着小船，到下游找了十几里，也没找到石兽。

为什么，为什么?

一个在学校教书的老学究嘲笑道：“你们傻不傻啊，这是两座石兽，又不是两片木头，怎么会被河水冲走呢?肯定被沙子埋在河底了啊！在原来的地方深挖，不就找到了?”老学究为自己的聪明得意地笑，僧人们为自己的失误惭愧地笑。

嘿，我们太笨了，老先生说得是!

可他们挖了半天，依旧没能挖到石兽。

一位镇守河防的老兵笑了，小年轻和老学究都没有经验，你们应该到上游去找!

为什么呢?

石头坚硬沉重，沙子疏松轻浮，河水冲不走石头，却能冲走石头下面的沙子。石头迎水的地方肯定形成了陷坑，越冲刷，坑越深，石头慢慢往坑的方向倒。石头往逆水的方向翻转、后退，如此循环，不在上游在哪里?

啊？僧人们将信将疑，结果真的在上游几里之外找到了石兽。

唉，凭空想象，被人笑掉大牙。和尚们又学了一招！

水里藏着大学问，征服水也是一种乐趣，看，吴中健儿们正在汹涌的潮水里翻滚。

每年农历八月十六到十八，钱塘江两岸人山人海，堵车（马车）严重。商贩坐地起价，商品价格随便喊，反正有人争着买。

是因为游客们人傻钱多吗？非也，非也。大家都想一睹钱塘江大潮的雄奇景色和吴中健儿的惊险表演。

潮水从钱塘江入海口涌起的时候，远看只有一条银白色的细线。经过长途奔涌，潮水越来越近，带来强烈的视听震撼！

雪崩一般的潮水狂奔而来，高耸入云，雷霆万钧，吞没天空，仿佛要冲向太阳，“海涌银为郭，江横玉系腰”。

看，京城的长官来了，他要检阅水军。上百条战船分列两岸，摆开阵势，演习开始。

忽而分，忽而合，忽而疾驶，忽而腾起，变幻莫测，令人眼花缭乱。

船上的人乘马、舞旗、举枪、挥刀，如履平地，如踏草原。

帅呆了！

忽然，黄色的烟雾腾空而起，人在哪里，船在哪里？看不清了！只听见砰的一声，水面炸开，宛如山崩地裂。等到烟雾消散，水面平静，船已经悄然退去，江上只剩下被火烧毁的“敌船”，随着波浪漂啊漂、摇啊摇！

船的表演结束，人的表演开始。

看，浪尖上有彩旗！不对，是人！帅哥们来了！

几百个游泳高手，披头散发，浑身刺青，手里拿着丝绸大彩旗，追着浪勇敢前行。在惊涛骇浪中沉浮，在潮起潮落中翻腾，彩旗丝毫不沾水，帅哥丝毫不惊慌！

酷炫的技，勇敢的心，帅气的脸，引得姑娘们高声尖叫，男人们嫉妒眼红。

有了真功夫，才能上真人秀！

《核舟记》《吴中绝技》
——“神雕”大侠们

明朝末年，魏忠贤专政，横行霸道，贪污腐败。父亲魏大中死于魏忠贤党羽的迫害，经历了人生大起大落的魏学洢，终于明白了黑暗的天空里容不得正直的光亮。他开始结交普通的劳动者，从他们身上感受人性的善良与真诚。此时，他正好奇地端详着一件微雕工艺师王叔远送给他的礼物——一个用桃核雕刻而成的小船。

船身从头到尾长约八分多，只有两粒米那么高，竟然刻出了苏东坡乘船游赤壁的图案。中部突起而宽敞的地方是船舱，上面盖着竹叶做成的船篷，船舱两边各雕了四扇小窗户，总共八扇。打开小小的窗户，竟然可以看到雕花的栏杆。关上所有的窗户，可以看到右边刻着“山高月小，水落石出”八个字，左边刻着“清风徐来，水波不兴”八个字。

船头上坐着三个人：中间戴着高高的帽子、长着浓密胡须的人是苏东坡，和尚佛印在右边，朋友黄庭坚在左边。苏黄二人埋头看一卷字画，苏东坡右手拿着画卷的右端，左手搭在黄庭坚的肩膀上。黄庭坚左手拿着画卷的左端，右手指着画，嘴巴像是在说话。

苏东坡露出右脚，黄庭坚露出左脚，二人侧着身体，两膝相抵。佛印像极了弥勒佛，敞着怀，懒洋洋地抬头仰望。只见他右腿平放，曲着的右臂支撑在船板上，左臂挂着的念珠碰到了左膝。魏学洢仔细一看，天哪，那些念珠居然能一粒粒清楚地数出来！

老王是怎么做到的啊？

在两粒米大小的桃核上清晰地刻出三个人已经很神奇了，但他的功夫可远远不止这些，还有更多惊喜等你来发现！

只见船尾横放着一只船桨，船桨左右两旁各有一个撑船的人。右边的人梳着椎形发髻，仰着脸，左手倚靠着一根横木，右手还扳着脚趾，做出一副大声喊叫的样子。左边的人右手拿着一柄蒲葵扇，左手摸着火炉子，炉子上还放着一盏茶壶，他注视着茶炉，正在认真倾听煮水的声音。

再看船的顶部，居然还刻着一行字："天启壬戌秋日，虞山王毅叔远甫刻。"字迹细小得像蚊子脚一样，但是笔画清晰，字体暗黑。旁边刻了一枚篆书印章，文字是"初平山人"，字体是红色的。

一个不满一寸的桃核上竟然刻了一条船、五个人、八扇窗，还有竹篷、船桨、炉子、茶壶、手卷、念珠各一件，对联、题名和篆文总共三十四个字。连人物的眉毛胡须、脚趾头都是那么清晰有形。

如果不是亲眼所见，普通人打死也不会相信世上还有如此精湛的技艺。据说，王叔远还能把直径一寸的木头雕刻成宫殿、器具、人物，甚至飞鸟、走兽、树木、石头，惟妙惟肖，栩栩如生。

给他一根木头，他能刻出整个地球！

明朝的雕刻艺术突飞猛进，民间隐藏了很多"神雕"大侠，另一位高手闪亮登场。

"哇，这个玉器太漂亮了！"

"你看这匹骏马，飞快奔跑，动感十足。"

"你们过来看，这玉水仙花，跟活的一样，我刚进来的时候还准备去闻闻花香呢，哈哈！"

"快看这里，水仙花下面的花枝像动物的毛一样细而不断，颤巍巍地显现出花之娇态。这哪里是手工雕刻出来的啊？神人啊！”

一个眼神比较好的中年人盯着那朵摇曳生姿、楚楚动人的玉水仙。

“价格多少？我要了！”

“我不问价格，老板你说多少我都买！”

作坊里的伙计看着大家争抢这件玉器，额头上冒出了汗。师傅一出手，销量往上走。

这是明朝时苏州郊区的一个作坊里经常出现的场景，大家围着大师亲自打磨的玉器舍不得走开。明朝晚期，自由经济飞速发展，江南地区土豪增多，奢侈品成了摆阔炫富的重要工具，对玉的需求越来越大，苏州、扬州等地成了世界有名的玉器生产中心，到处都是手工作坊。

在高手如云的作坊里，有一位大师的作品一上市，就被众人争抢。

他的名字叫陆子冈。

陆子冈出生于江苏太仓，从小在苏州郊区的玉工坊里学艺，对玉器雕刻技术非常着迷，一有空就研究。聪明加上勤奋，让他掌握了多种玉雕技术，还创造性地改进了传统的雕刻刀法，独创了一种新的雕刻技法——平面减地技法，就是在玉的表面上雕出立体的图案来，仿佛现在的3D技术。

陆子冈成了当时名闻天下的玉器雕刻大师，《苏州府志》赞他：“陆子冈，碾玉妙手，造水仙簪，玲珑奇巧，花如毫发。”

那么，他的技艺到底有多高超呢？

他在雕刻小玉壶的时候，能巧妙地把名字刻在玉壶的嘴里，不少玉器上还刻有诗文，草书、行书刻得也相当漂亮，当时大家称他为“上下百年无敌手”。

皇帝听到后，特命陆子冈在玉扳指上雕百骏图。

在小小的戒指上雕刻上百匹马，想想也知道难度有多大！

不过对陆子冈来说，这只是小菜一碟，几天工夫就完成了。他在玉扳指上雕了三匹马，一匹在城内驰骋，一匹正向城门飞奔，一匹刚从山谷间露出头，加上周围高低起伏的环境映衬，给人以万马奔腾的感觉，用视觉差的方式实现了皇帝想要的效果，比雕一百匹马效果更好！

皇帝亲自在“宫廷直播间”推荐：妙，真奇妙！自从有了陆子冈，生活就有了梦想！

一时间，他制作的玉器成了文人雅士、王公贵族们的抢手货，一支小玉簪的价格都炒到五六十金，其他玉器的价格可想而知。买到即赚到，一转手，又是几倍的价格。

有人靠手赚钱，也有人靠嘴赚钱。

《口技》

——一张嘴，万千世界任我行

清朝初年，北京城里出现了一个擅长表演口技的人，他能用嘴巴模仿各种声音。在一户人家的宴会上，主人邀请他来表演节目。只见大厅的东北角，放了一个大屏风，口技艺人坐在屏风里（为了增加神秘感），他的旁边没有任何独特的道具，只有一张桌子、一把椅子、一把扇子、一块醒木。大家嗑着瓜子，说着玩笑，讨论着今天的节目。

只听见屏风里醒木一拍，全场立刻安静下来，表演开始了。

先是远远地听到悠长的巷子里传来狗叫声，接着一个妇人被惊醒，她打了个哈欠，伸着懒腰，丈夫咿咿呀呀地说着梦话。过了一

口技

会儿，妇人身边的婴儿醒了，哇哇地大哭，妇人起身喂奶。不一会儿，传来孩子吃奶的声音，妇人一边轻轻拍着孩子，一边哼着歌曲，婴儿渐渐地睡着了。结果大儿子醒了，唠唠叨叨说个不停，丈夫也被吵醒，对着大儿子骂骂咧咧，很快又翻身睡去。

一时间，妇人轻拍孩子的声音，哼唱歌曲的声音，婴儿吮吸乳头的声音，大儿子醒来唠叨的声音，丈夫斥责的声音同时响起，却不混乱，模仿得惟妙惟肖。台下的宾客们都伸长脖子看着屏风，却只看到一个人的影子，的的确确只有一个人。他是怎么做到的呢？怎么能凭着一张嘴同时模仿出这么多声音？

高人，就是不一样！

口技艺人笑了笑，前面只是一碟开胃小菜，接下来要上满汉全席了，听好了，别吓着！

他的嘴巴又开始工作了。

不一会儿，丈夫打起了呼噜，妇人拍孩子的声音越来越弱。隐隐听到有老鼠活动的声音，盆子、器皿歪倒了，妇人在睡梦中发出咳嗽声。听众们终于放松了紧绷的神经，轻松地坐在椅子上。

是不是结束了？

结束？太小看我了！

忽然，这安静的氛围被一声急促的叫喊声打破：“不好啦，起火啦，起火啦！”屋里的男人、女人都被惊醒，大声呼叫，两个小孩也哭喊起来。不一会儿，响起了成百上千个大人的呼叫声，成百上千个小孩的哭叫声，成百上千条狗的狂叫声。噼里啪啦的燃烧声，房屋的倒塌声，物品的爆炸声，呼呼的风声，抢救东西声，扑救大火声……所有的声音夹杂在一起，让人分不清是口技艺人嘴里发出的声音，还是现场真的着火的声音！

听众们一身冷汗，纷纷四处张望。什么情况，难道我们这里着火了？没有啊，是不是外面？赶紧跑！大家脸色突变，两腿哆嗦，吓得纷纷离开座椅，挽起袖子，伸出手臂，准备逃跑。

忽然，屏风里啪的一声，醒木拍在桌上，口技艺人嘴巴一闭，各种声音瞬间消失，整个世界安静了！

该是露面接受“粉丝”们掌声的时候了。

屏风被慢慢撤去，大家伸长脖子。咦，奇怪了，里面的的确确只有一个人、一张桌子、一把椅子、一把扇子、一块醒木和一张巧嘴而已啊！

小伙伴、老伙伴们全都惊呆了，厉害，差点被你给骗了，我们还以为真的着火了呢！大家你看看我，我看看你，都不好意思地笑了。

掌声雷动，点赞频频！

有人口技惊呆众人，也有人功夫吓倒猛人。

《大铁椎传》
——云里来风里去，一骑绝尘我去也

清朝初年，在河南怀庆青华镇（位于今河南省沁阳市），有一个叫宋将军的人擅长武术，很多人前来拜他为师。因为练得一身腱子肉，所以人送外号宋将军。

一天，有一个怪人慕名而来。众人摇头，长得丑也就罢了，还出来吓人。只见他不戴帽子，不穿袜子，头上裹着蓝巾，脚上缠着白布，腰带上挂着银子，右腋下牢牢地夹着一把重达四五十斤的大铁椎，大铁椎柄上缠绕着一根长长的铁链。那家伙，没点力气拿不动的！

一丝寒意瞬间袭来，众人不自觉地后退，这就是气场！很快气场就转变成“气压”，压得每个人都不敢说话。他到底是什么人？他来干什么？

来人什么都没说，宋将军也没问，他安排晚宴招待来自五湖四海的朋友，多一个人吃饭也没什么。那个怪人毫不客气地坐到凳子上，他不仅长相难看，吃相也难看，一桌的饭菜被他的血盆大口一扫而光。他只顾吃，不说话，大家屏住呼吸，感叹这个人的饭量大得不可思议！

“你从哪里来啊？”

“……”

“你叫什么名字啊？”

“……”

大家热情地问，怪人冷静地吃，不抬头，不说话，不交流。

哦，他是来耍酷的！

众人暗地里给他起了个外号——大铁椎。

宋将军热情好客，来者不拒，没有计较，安排怪人住下了。

每天清晨，宋将军教人练武，怪人总是跑来看。

难不成他想跟我学功夫？多了一名大汉“粉丝”，也不错嘛！宋将军扬扬自得。

过了几天，怪人朝教人练武的宋将军走过去，用楚地（今湖北地区）口音对宋将军说道：“我当初听到你的名声，慕名而来，把你当作英雄豪杰，可是你只会花拳绣腿，告辞！”

嘿，竟然小看我！

众人既惊讶又愤怒，这人拿个大铁椎撑场面，除了耍酷，还会干吗？

宋将军气得血压直飙，不过他见多识广，转念一想，敢如此对我说话，必定不是凡人，我倒要看看他有多大本事。于是宋将军马上拉住对方的手，说道：“好汉，留下来切磋一下如何？”

大铁椎摇摇头，说道：“我曾经杀了很多拦路抢劫的强盗，夺了他们的财物，很多黑道人物四处找我报仇。如果我留在这里，恐怕会牵连到你（原本我以为你有两下子，现在看来根本不管用）。今天半夜，一伙强盗约了我到郊外决斗。”

黑吃黑？宋将军兴奋了，这人必定是个狠角色啊！平常人哪有这个胆量？我不能错过这千载难逢的机会。于是他兴奋地说道：“你稍等，我骑着马带上弓箭，前去助你一臂之力。”

大铁椎看了看宋将军，摇摇头：“你？还是不要去了吧！那些强盗武功高强，人多势众，到时候我还得腾出手来保护你，岂能杀他个痛痛快快、干干净净？”

宋将军感觉受到了极大的侮辱。我这么厉害，还需要你保护？我倒要看看，你有多大本事！

“我自己去，不用你保护！”宋将军执意前往。大铁椎很无奈：“好吧，你去看可以，但必须听从我的安排。”

好奇的宋将军点点头，没问题！

很快，黑夜来临，月亮皎洁明亮，天空星光点点，原野一望无际，百米之内都能看到人。大铁椎把宋将军安排到一座荒废的堡垒中，严肃地说道：“你只许躲在这里观看，千万别出声，以免强盗们发现你。”

嘿，这家伙……

宋将军正要说什么，却被一双铁爪按得快要散架，“嘘！别出声！”

大铁椎纵身一跳，稳稳落地，犹如一口大钟矗立在原野上。

只见他拿出一只木管乐器，吹了几声，发出信号。不一会儿，二十多个骑着马的强盗杀气腾腾地从四面八方聚集而来，后面还跟着一百多个背着弓箭跑步前进的小喽啰。

一个强盗挥起马鞭，策马狂奔，拿着大刀砍过来，嘴里大喊："送死吧！"

大铁椎呼叫一声："看椎！"马头瞬间被砸得稀碎，强盗应声落下，哎呀，原来送死的是我啊，失误，失误！

一伙强盗见状，惊呆了！猛人真的好猛，名不虚传啊！

既然单打独斗行不通，那就群起而攻之。干他！众强盗如同黑云一样压过来。大铁椎抡起四五十斤重的铁椎，铁椎呼呼作响，强盗们纷纷连人带马栽倒在地，三十多个人鲜血狂飙，画面惨不忍睹。

躲在堡垒中的宋将军吓得两腿发软，迈不开步子，差点从堡垒上掉下来。他一边屏住呼吸继续观看，一边摸着满头冷汗。幸亏没下去，要不然小命还能保住？

剩余的强盗们看着同伴们血肉模糊的尸体，望着大气不喘、大手握椎的狠人，腿脚发软，眼冒金星。

赶紧闪人，拼命逃跑！

大铁椎对着宋将军的方向，大叫一声："我去也！"

只见他飞上战马，狂奔而去，只留下滚滚尘土云飞扬，不知人去了何方。

◆参考资料：

1. 叶桂刚：《中国古代十大传奇赏析》，北京广播学院出版社，1992 年 12 月第 1 版。

2. 高华平、王齐洲、张三夕：《中华经典名著全本全注全译丛书：韩非子》，中华书局，2015 年 1 月第 1 版。

3. 徐中玉、金启华：《中国古代文学作品选》（下册　教文部分），华东师范大学出版社，1996 年 9 月第 1 版。

4. 方勇：《中华经典名著全本全注全译丛书：墨子》，中华书局，2015 年 3 月第 1 版。

5. 欧阳修：《归田录》，上海古籍出版社，2012 年 12 月第 1 版。

6. 牛胜玉：《初中必备古诗文》，辽宁教育出版社，2010 年 12 月第 1 版。

7. 马高：《高中文言文精解精析》，安徽人民出版社，2011 年 12 月第 1 版。

8. 唐文儒：《高中必备古诗文》，光明日报出版社，2015 年 4 月第 1 版。

9. 中华书局编辑部：《名家精译古文观止》，中华书局，1993 年 2 月第 1 版。

目 录

秦　誓

［春秋］秦穆公

公曰：“嗟！我士，听无哗，予誓告汝群言之首。古人有言曰：‘民讫自若是多盘，责人斯无难，惟受责俾如流，是惟艰哉。’我心之忧，日月逾迈，若弗云来。

“惟古之谋人，则曰未就予忌；惟今之谋人姑将以为亲。虽则云然，尚猷询兹黄发，则罔所愆。

“番番良士，旅力既愆，我尚有之。仡仡勇夫，射御不违，我尚不欲。惟截截善谝言，俾君子易辞，我皇多有之。

“昧昧我思之，如有一介臣，断断猗无他技，其心休休焉，其如有容。人之有技，若己有之；人之彦圣，其心好之，不啻如自其口出。是能容之，以保我子孙黎民，亦职有利哉！人之有技，冒疾以恶之；人之彦圣，而违之俾不达，是不能容，以不能保我子孙黎民，亦曰殆哉！

“邦之杌陧，曰由一人，邦之荣怀，亦尚一人之庆。”

（出自《尚书》）

曹刿论战

［春秋］左丘明

十年春，齐师伐我。公将战，曹刿请见。其乡人曰："肉食者谋之，又何间焉?"刿曰："肉食者鄙，未能远谋。"乃入见。问："何以战?"公曰："衣食所安，弗敢专也，必以分人。"对曰："小惠未遍，民弗从也。"公曰："牺牲玉帛，弗敢加也，必以信。"对曰："小信未孚，神弗福也。"公曰："小大之狱，虽不能察，必以情。"对曰："忠之属也。可以一战。战则请从。"

公与之乘，战于长勺。公将鼓之。刿曰："未可。"齐人三鼓。刿曰："可矣。"齐师败绩。公将驰之。刿曰："未可。"下视其辙，登轼而望之，曰："可矣。"遂逐齐师。

既克，公问其故。对曰："夫战，勇气也。一鼓作气，再而衰，三而竭。彼竭我盈，故克之。夫大国，难测也，惧有伏焉。吾视其辙乱，望其旗靡，故逐之。"

（出自《左传》）

烛之武退秦师

［春秋］左丘明

晋侯、秦伯围郑，以其无礼于晋，且贰于楚也。晋军函陵，秦军氾南。

佚之狐言于郑伯曰："国危矣，若使烛之武见秦君，师必退。"公从之。辞曰："臣之壮也，犹不如人；今老矣，无能为也已。"公曰："吾不能早用子，今急而求子，是寡人之过也。然郑亡，子亦有不利焉。"许之。

夜缒而出，见秦伯，曰："秦、晋围郑，郑既知亡矣。若亡郑而有益于君，敢以烦执事。越国以鄙远，君知其难也，焉用亡郑以陪邻？邻之厚，君之薄也。若舍郑以为东道主，行李之往来，共其乏困，君亦无所害。且君尝为晋君赐矣，许君焦、瑕，朝济而夕设版焉，君之所知也。夫晋，何厌之有？既东封郑，又欲肆其西封，若不阙秦，将焉取之？阙秦以利晋，唯君图之。"秦伯说，与郑人盟。使杞子、逢孙、杨孙戍之，乃还。

子犯请击之，公曰："不可。微夫人之力不及此。因人之力而敝之，不仁；失其所与，不知；以乱易整，不武。吾其还也。"亦去之。

（出自《左传》）

晏子使楚（节选）

［春秋］晏子

晏子将使楚。楚王闻之，谓左右曰：“晏婴，齐之习辞者也，今方来，吾欲辱之，何以也?”左右对曰：“为其来也，臣请缚一人过王而行。王曰，何为者也？对曰，齐人也。王曰，何坐？曰，坐盗。”

晏子至，楚王赐晏子酒，酒酣，吏二缚一人诣王。王曰：“缚者曷为者也?”对曰：“齐人也，坐盗。”王视晏子曰：“齐人固善盗乎?”晏子避席对曰：“婴闻之，橘生淮南则为橘，生于淮北则为枳，叶徒相似，其实味不同。所以然者何？水土异也。今民生长于齐不盗，入楚则盗，得无楚之水土使民善盗耶?”王笑曰：“圣人非所与熙也，寡人反取病焉。”

（出自《晏子春秋》）

鱼我所欲也

［战国］孟子

鱼，我所欲也；熊掌，亦我所欲也。二者不可得兼，舍鱼而取熊掌者也。生，亦我所欲也；义，亦我所欲也。二者不可得兼，舍生而取义者也。生亦我所欲，所欲有甚于生者，故不为苟得也；死亦我所恶，所恶有甚于死者，故患有所不辟也。如使人之所欲莫甚于生，则凡可以得生者何不用也？使人之所恶莫甚于死者，则凡可以辟患者何不为也？由是则生而有不用也，由是则可以辟患而有不为也。是故所欲有甚于生者，所恶有甚于死者。非独贤者有是心也，人皆有之，贤者能勿丧耳。

一箪食，一豆羹，得之则生，弗得则死。呼尔而与之，行道之人弗受；蹴尔而与之，乞人不屑也。万钟则不辩礼义而受之，万钟于我何加焉！为宫室之美、妻妾之奉、所识穷乏者得我与？乡为身死而不受，今为宫室之美为之；乡为身死而不受，今为妻妾之奉为之；乡为身死而不受，今为所识穷乏者得我而为之：是亦不可以已乎？此之谓失其本心。

（出自《孟子》）

生于忧患，死于安乐

［战国］孟子

舜发于畎亩之中，傅说举于版筑之间，胶鬲举于鱼盐之中，管夷吾举于士，孙叔敖举于海，百里奚举于市。故天将降大任于是人也，必先苦其心志，劳其筋骨，饿其体肤，空乏其身，行拂乱其所为，所以动心忍性，曾益其所不能。

人恒过，然后能改；困于心，衡于虑，而后作；征于色，发于声，而后喻。入则无法家拂士，出则无敌国外患者，国恒亡。然后知生于忧患而死于安乐也。

（出自《孟子》）

逍遥游（节选）

［战国］庄周

小知不及大知，小年不及大年。奚以知其然也？朝菌不知晦朔，蟪蛄不知春秋，此小年也。楚之南有冥灵者，以五百岁为春，五百岁为秋；上古有大椿者，以八千岁为春，八千岁为秋，此大年也。而彭祖乃今以久特闻，众人匹之。不亦悲乎！汤之问棘也是已。穷发之北，有冥海者，天池也。有鱼焉，其广数千里，未有知其修者，其名为鲲。有鸟焉，其名为鹏。背若泰山，翼若垂天之云，抟扶摇羊角而上者九万里，绝云气，负青天，然后图南，且适南冥也。斥鴳笑之曰："彼且奚适也？我腾跃而上，不过数仞而下，翱翔蓬蒿之间，此亦飞之至也。而彼且奚适也？"此小大之辩也。

故夫知效一官，行比一乡，德合一君，而征一国者，其自视也，亦若此矣。而宋荣子犹然笑之。且举世誉之而不加劝，举世非之而不加沮，定乎内外之分，辩乎荣辱之境，斯已矣。彼其于世，未数数然也。虽然，犹有未树也。夫列子御风而行，泠然善也，旬有五日而后反。彼于致福者，未数数然也。此虽免乎行，犹有所待者也。若夫乘天地之正，而御六气之辩，以游无穷者，彼且恶乎待哉？故曰：至人无己，神人无功，圣人无名。

（出自《庄子》）

唐雎不辱使命

［西汉］刘向

秦王使人谓安陵君曰：“寡人欲以五百里之地易安陵，安陵君其许寡人!”安陵君曰：“大王加惠，以大易小，甚善；虽然，受地于先王，愿终守之，弗敢易!”秦王不说。安陵君因使唐雎使于秦。

秦王谓唐雎曰：“寡人以五百里之地易安陵，安陵君不听寡人，何也？且秦灭韩亡魏，而君以五十里之地存者，以君为长者，故不错意也。今吾以十倍之地，请广于君，而君逆寡人者，轻寡人与?”唐雎对曰：“否，非若是也。安陵君受地于先王而守之，虽千里不敢易也，岂直五百里哉?”

秦王怫然怒，谓唐雎曰：“公亦尝闻天子之怒乎?”唐雎对曰：“臣未尝闻也。”秦王曰：“天子之怒，伏尸百万，流血千里。”唐雎曰：“大王尝闻布衣之怒乎?”秦王曰：“布衣之怒，亦免冠徒跣，以头抢地尔。”唐雎曰：“此庸夫之怒也，非士之怒也。夫专诸之刺王僚也，彗星袭月；聂政之刺韩傀也，白虹贯日；要离之刺庆忌也，仓鹰击于殿上。此三子者，皆布衣之士也，怀怒未发，休祲降于天，与臣而将四矣。若士必怒，伏尸二人，流血五步，天下缟素，今日是也。”挺剑而起。

秦王色挠，长跪而谢之曰：“先生坐！何至于此！寡人谕矣：夫韩、魏灭亡，而安陵以五十里之地存者，徒以有先生也。”

（出自《战国策》）

触龙说赵太后

［西汉］刘向

赵太后新用事，秦急攻之。赵氏求救于齐。齐曰："必以长安君为质，兵乃出。"太后不肯，大臣强谏。太后明谓左右曰："有复言令长安君为质者，老妇必唾其面！"

左师触龙言愿见太后。太后盛气而揖之。入而徐趋，至而自谢，曰："老臣病足，曾不能疾走，不得见久矣。窃自恕，而恐太后玉体之有所郄也，故愿望见太后。"太后曰："老妇恃辇而行。"曰："日食饮得无衰乎？"曰："恃粥耳。"曰："老臣今者殊不欲食，乃自强步，日三四里，少益耆食，和于身也。"太后曰："老妇不能。"太后之色少解。

左师公曰："老臣贱息舒祺最少，不肖。而臣衰，窃爱怜之。愿令得补黑衣之数，以卫王宫，没死以闻。"太后曰："敬诺。年几何矣？"对曰："十五岁矣。虽少，愿及未填沟壑而托之。"太后曰："丈夫亦爱怜其少子乎？"对曰："甚于妇人。"太后笑曰："妇人异甚。"对曰："老臣窃以为媪之爱燕后贤于长安君。"曰："君过矣，不若长安君之甚。"

左师公曰："父母之爱子，则为之计深远。媪之送燕后也，持其踵为之泣，念悲其远也，亦哀之矣。已行，非弗思也，祭祀必祝之，祝曰：'必勿使反。'岂非计久长，有子孙相继为王也哉？"太后曰："然。"

左师公曰："今三世以前，至于赵之为赵，赵主之子孙侯者，其继有在者乎？”曰：“无有。”曰：“微独赵，诸侯有在者乎？”曰：“老妇不闻也。”“此其近者祸及身，远者及其子孙。岂人主之子孙则必不善哉？位尊而无功，奉厚而无劳，而挟重器多也。今媪尊长安君之位，而封之以膏腴之地，多予之重器，而不及今令有功于国，一旦山陵崩，长安君何以自托于赵？老臣以媪为长安君计短也，故以为其爱不若燕后。”太后曰：“诺，恣君之所使之。”

于是为长安君约车百乘，质于齐，齐兵乃出。

子义闻之曰：“人主之子也，骨肉之亲也，犹不能恃无功之尊，无劳之奉，而守金玉之重也，而况人臣乎？”

（出自《战国策》）

邹忌讽齐王纳谏

［西汉］刘向

邹忌修八尺有余，而形貌昳丽。朝服衣冠，窥镜，谓其妻曰：“我孰与城北徐公美？”其妻曰：“君美甚，徐公何能及君也？”城北徐公，齐国之美丽者也。忌不自信，而复问其妾曰：“吾孰与徐公美？”妾曰：“徐公何能及君也？”旦日，客从外来，与坐谈，问之客曰：“吾与徐公孰美？”客曰：“徐公不若君之美也。”明日徐公来，孰视之，自以为不如；窥镜而自视，又弗如远甚。暮寝而思之，曰：“吾妻之美我者，私我也；妾之美我者，畏我也；客之美我者，欲有求于我也。”

于是入朝见威王，曰：“臣诚知不如徐公美。臣之妻私臣，臣之妾畏臣，臣之客欲有求于臣，皆以美于徐公。今齐地方千里，百二十城，宫妇左右莫不私王，朝廷之臣莫不畏王，四境之内莫不有求于王：由此观之，王之蔽甚矣。”

王曰：“善。”乃下令：“群臣吏民能面刺寡人之过者，受上赏；上书谏寡人者，受中赏；能谤讥于市朝，闻寡人之耳者，受下赏。”令初下，群臣进谏，门庭若市；数月之后，时时而间进；期年之后，虽欲言，无可进者。燕、赵、韩、魏闻之，皆朝于齐。此所谓战胜于朝廷。

（出自《战国策》）

劝　学

[战国] 荀子

君子曰：学不可以已。

青，取之于蓝，而青于蓝；冰，水为之，而寒于水。木直中绳，𫐓以为轮，其曲中规。虽有槁暴，不复挺者，𫐓使之然也。故木受绳则直，金就砺则利，君子博学而日参省乎己，则知明而行无过矣。

吾尝终日而思矣，不如须臾之所学也；吾尝跂而望矣，不如登高之博见也。登高而招，臂非加长也，而见者远；顺风而呼，声非加疾也，而闻者彰。假舆马者，非利足也，而致千里；假舟楫者，非能水也，而绝江河。君子生非异也，善假于物也。

积土成山，风雨兴焉；积水成渊，蛟龙生焉；积善成德，而神明自得，圣心备焉。故不积跬步，无以至千里；不积小流，无以成江海。骐骥一跃，不能十步；驽马十驾，功在不舍。锲而舍之，朽木不折；锲而不舍，金石可镂。蚓无爪牙之利，筋骨之强，上食埃土，下饮黄泉，用心一也。蟹六跪而二螯，非蛇鳝之穴无可寄托者，用心躁也。

（出自《荀子》）

察　传

［战国］吕不韦

夫得言不可以不察。数传而白为黑，黑为白。故狗似玃，玃似母猴，母猴似人，人之与狗则远矣。此愚者之所以大过也。

闻而审，则为福矣；闻而不审，不若无闻矣。齐桓公闻管子于鲍叔，楚庄闻孙叔敖于沈尹筮，审之也，故国霸诸侯也。吴王闻越王勾践于太宰嚭，智伯闻赵襄子于张武，不审也，故国亡身死也。

凡闻言必熟论，其于人必验之以理。鲁哀公问于孔子曰："乐正夔一足，信乎？"孔子曰："昔者舜欲以乐传教于天下，乃令重黎举夔于草莽之中而进之，舜以为乐正。夔于是正六律，和五声，以通八风，而天下大服。重黎又欲益求人，舜曰：'夫乐，天地之精也，得失之节也，故唯圣人为能和，乐之本也。夔能和之，以平天下，若夔者一而足矣。'故曰'夔一足'，非'一足'也。"宋之丁氏，家无井而出溉汲，常一人居外。及其家穿井，告人曰："吾穿井得一人。"有闻而传之者曰："丁氏穿井得一人。"国人道之，闻之于宋君。宋君令人问之于丁氏，丁氏对曰："得一人之使，非得一人于井中也。"求能之若此，不若无闻也。子夏之晋，过卫，有读史记者曰："晋师三豕涉河。"子夏曰："非也，是己亥也。夫'己'与'三'相近，'豕'与'亥'相似。"至于晋而问之，则曰"晋师己亥涉河"也。

辞多类非而是，多类是而非。是非之经，不可不分。此圣人之所慎也。然则何以慎？缘物之情及人之情以为所闻，则得之矣。

（出自《吕氏春秋》）

谏逐客书

［秦］李斯

臣闻吏议逐客，窃以为过矣。昔缪公求士，西取由余于戎，东得百里奚于宛，迎蹇叔于宋，来丕豹、公孙支于晋。此五子者，不产于秦，而缪公用之，并国二十，遂霸西戎。孝公用商鞅之法，移风易俗，民以殷盛，国以富强，百姓乐用，诸侯亲服，获楚、魏之师，举地千里，至今治强。惠王用张仪之计，拔三川之地，西并巴、蜀，北收上郡，南取汉中，包九夷，制鄢、郢，东据成皋之险，割膏腴之壤，遂散六国之从，使之西面事秦，功施到今。昭王得范雎，废穰侯，逐华阳，强公室，杜私门，蚕食诸侯，使秦成帝业。此四君者，皆以客之功。由此观之，客何负于秦哉！向使四君却客而不内，疏士而不用，是使国无富利之实而秦无强大之名也。

今陛下致昆山之玉，有随、和之宝，垂明月之珠，服太阿之剑，乘纤离之马，建翠凤之旗，树灵鼍之鼓。此数宝者，秦不生一焉，而陛下说之，何也？必秦国之所生然后可，则是夜光之璧不饰朝廷，犀象之器不为玩好，郑、卫之女不充后宫，而骏良駃騠不实外厩，江南金锡不为用，西蜀丹青不为采。所以饰后宫、充下陈、娱心意、说耳目者，必出于秦然后可，则是宛珠之簪、傅玑之珥、阿缟之衣、锦绣之饰不进于前，而随俗雅化佳冶窈窕赵女不立于侧也。夫击瓮叩缶，弹筝搏髀，而歌呼呜呜快耳者，真秦之声也；《郑》《卫》《桑间》《昭》《虞》《武》《象》者，异国之乐也。今弃击瓮叩缶而就《郑》《卫》，退弹筝而取《昭》《虞》，若是者何也？快意当前，适观而已矣。今取人则不然，不问可否，不论曲直，非秦者去，为客者逐。然则是所重者在乎色、乐、珠玉，而所轻者在乎人民也。此非所以跨海内、制诸侯之术也。

臣闻地广者粟多，国大者人众，兵强则士勇。是以太山不让土壤，故能成其大；河海不择细流，故能就其深；王者不却众庶，故能明其德。是以地无四方，民无异国，四时充美，鬼神降福，此五帝三王之所以无敌也。今乃弃黔首以资敌国，却宾客以业诸侯，使天下之士退而不敢西向，裹足不入秦，此所谓“藉寇兵而赍盗粮”者也。

夫物不产于秦，可宝者多；士不产于秦，而愿忠者众。今逐客以资敌国，损民以益仇，内自虚而外树怨于诸侯，求国无危，不可得也。

（出自《史记》）

过秦论

[西汉] 贾谊

秦孝公据崤函之固，拥雍州之地，君臣固守以窥周室，有席卷天下，包举宇内，囊括四海之意，并吞八荒之心。当是时也，商君佐之，内立法度，务耕织，修守战之具，外连衡而斗诸侯。于是秦人拱手而取西河之外。

孝公既没，惠文、武、昭襄蒙故业，因遗策，南取汉中，西举巴、蜀，东割膏腴之地，北收要害之郡。诸侯恐惧，会盟而谋弱秦，不爱珍器重宝肥饶之地，以致天下之士，合从缔交，相与为一。当此之时，齐有孟尝，赵有平原，楚有春申，魏有信陵。此四君者，皆明智而忠信，宽厚而爱人，尊贤而重士，约从离衡，兼韩、魏、燕、楚、齐、赵、宋、卫、中山之众。于是六国之士，有甯越、徐尚、苏秦、杜赫之属为之谋，齐明、周最、陈轸、召滑、楼缓、翟景、苏厉、乐毅之徒通其意，吴起、孙膑、带佗、倪良、王廖、田忌、廉颇、赵奢之伦制其兵。尝以十倍之地，百万之众，叩关而攻秦。秦人开关延敌，九国之师，逡巡而不敢进。秦无亡矢遗镞之费，而天下诸侯已困矣。于是从散约败，争割地而赂秦。秦有余力而制其弊，追亡逐北，伏尸百万，流血漂橹；因利乘便，宰割天下，分裂山河。强国请服，弱国入朝。延及孝文王、庄襄王，享国之日浅，国家无事。

及至始皇，奋六世之余烈，振长策而御宇内，吞二周而亡诸侯，履至尊而制六合，执敲扑而鞭笞天下，威振四海。南取百越之地，以为桂林、象郡；百越之君，俯首系颈，委命下吏。乃使蒙恬北筑长城而守藩篱，却匈奴七百余里；胡人不敢南下而牧马，士不敢弯弓而报怨。于是废先王之道，焚百家之言，以愚黔首；隳名城，杀豪杰；收天下之兵，聚之咸阳，销锋镝，铸以为金人十二，以弱天下之民。然后践华为城，因河为池，据亿丈之城，临不测之渊，以为固。良将劲弩守要害之处，信臣精卒陈利兵而谁何。天下已定，始皇之心，自以为关中之固，金城千里，子孙帝王万世之业也。

始皇既没，余威震于殊俗。然陈涉瓮牖绳枢之子，氓隶之人，而迁徙之徒也；才能不及中人，非有仲尼、墨翟之贤，陶朱、猗顿之富；蹑足行伍之间，而倔起阡陌之中，率疲弊之卒，将数百之众，转而攻秦；斩木为兵，揭竿为旗，天下云集响应，赢粮而景从。山东豪俊遂并起而亡秦族矣。

且夫天下非小弱也，雍州之地，崤函之固，自若也。陈涉之位，非尊于齐、楚、燕、赵、韩、魏、宋、卫、中山之君也；锄櫌棘矜，非铦于钩戟长铩也；谪戍之众，非抗于九国之师也；深谋远虑，行军用兵之道，非及乡时之士也。然而成败异变，功业相反，何也？试使山东之国与陈涉度长絜大，比权量力，则不可同年而语矣。然秦以区区之地，致万乘之势，序八州而朝同列，百有余年矣；然后以六合为家，崤函为宫；一夫作难而七庙隳，身死人手，为天下笑者，何也？仁义不施而攻守之势异也。

（出自《新书》）

论贵粟疏（节选）

［西汉］晁错

圣王在上而民不冻饥者，非能耕而食之，织而衣之也，为开其资财之道也。故尧、禹有九年之水，汤有七年之旱，而国亡捐瘠者，以畜积多而备先具也。今海内为一，土地人民之众不避汤、禹，加以亡天灾数年之水旱，而畜积未及者，何也？地有遗利，民有余力，生谷之土未尽垦，山泽之利未尽出也，游食之民未尽归农也。民贫，则奸邪生。贫生于不足，不足生于不农，不农则不地著，不地著则离乡轻家，民如鸟兽，虽有高城深池，严法重刑，犹不能禁也。

夫寒之于衣，不待轻暖；饥之于食，不待甘旨；饥寒至身，不顾廉耻。人情一日不再食则饥，终岁不制衣则寒。夫腹饥不得食，肤寒不得衣，虽慈母不能保其子，君安能以有其民哉！明主知其然也，故务民于农桑，薄赋敛，广畜积，以实仓廪，备水旱，故民可得而有也。

民者，在上所以牧之，趋利如水走下，四方无择也。夫珠玉金银，饥不可食，寒不可衣，然而众贵之者，以上用之故也。其为物轻微易藏，在于把握，可以周海内而无饥寒之患。此令臣轻背其主，而民易去其乡，盗贼有所劝，亡逃者得轻资也。粟米布帛生于地，长于时，聚于力，非可一日成也。数石之重，中人弗胜，不为奸邪所利，一日弗得而饥寒至。是故明君贵五谷而贱金玉。

今农夫五口之家，其服役者不下二人，其能耕者不过百亩，百亩之收不过百石。春耕夏耘，秋获冬藏，伐薪樵，治官府，给徭役；

春不得避风尘，夏不得避暑热，秋不得避阴雨，冬不得避寒冻，四时之间无日休息；又私自送往迎来，吊死问疾，养孤长幼在其中。勤苦如此，尚复被水旱之灾，急政暴虐，赋敛不时，朝令而暮改。当具有者半贾而卖，无者取倍称之息，于是有卖田宅鬻子孙以偿债者矣。而商贾大者积贮倍息，小者坐列贩卖，操其奇赢，日游都市，乘上之急，所卖必倍。故其男不耕耘，女不蚕织，衣必文采，食必粱肉；无农夫之苦，有阡陌之得。因其富厚，交通王侯，力过吏势，以利相倾；千里游遨，冠盖相望，乘坚策肥，履丝曳缟。此商人所以兼并农人，农人所以流亡者也。

（出自《汉书》）

报任安书（节选）

［西汉］司马迁

太史公牛马走司马迁，再拜言。

少卿足下：曩者辱赐书，教以慎于接物，推贤进士为务。意气勤勤恳恳，若望仆不相师，而用流俗人之言。仆非敢如此也。请略陈固陋。阙然久不报，幸勿为过。

仆之先人非有剖符丹书之功，文史星历，近乎卜祝之间，固主上所戏弄，倡优所畜，流俗之所轻也。假令仆伏法受诛，若九牛亡一毛，与蝼蚁何以异？而世又不与能死节者比，特以为智穷罪极，不能自免，卒就死耳。何也？素所自树立使然也。人固有一死，或重于泰山，或轻于鸿毛，用之所趋异也。太上不辱先，其次不辱身，其次不辱理色，其次不辱辞令，其次诎体受辱，其次易服受辱，其次关木索、被箠楚受辱，其次剔毛发、婴金铁受辱，其次毁肌肤、断肢体受辱，最下腐刑极矣！传曰："刑不上大夫。"此言士节不可不勉厉也。猛虎在深山，百兽震恐，及在槛阱之中，摇尾而求食，积威约之渐也。故士有画地为牢，势不可入；削木为吏，议不可对，定计于鲜也。今交手足，受木索，暴肌肤，受榜箠，幽于圜墙之中。当此之时，见狱吏则头抢地，视徒隶则心惕息。何者？积威约之势也。及以至是，言不辱者，所谓强颜耳，曷足贵乎！且西伯，伯也，拘于羑里；李斯，相也，具于五刑；淮阴，王也，受械于陈；彭越、张敖，南面称孤，系狱抵罪；绛侯诛诸吕，权倾五伯，囚于请室；魏其，大将也，衣赭衣，关三木；季布为朱家钳奴；灌夫受辱于居室。此人皆身至王侯将相，声闻邻国，及罪至罔加，不能引决自裁，在尘埃之中。古今一体，安在其不辱也？由此言之，勇怯，势也；强弱，形也。审矣，何足怪乎？夫人不能早自裁绳墨之外，以稍陵迟，至于鞭箠之间，乃欲引节，斯不亦远乎！古人所以重施刑于大夫者，殆为此也。

（出自《汉书》）

陈情表

[隋] 李密

臣密言：臣以险衅，夙遭闵凶。生孩六月，慈父见背；行年四岁，舅夺母志。祖母刘愍臣孤弱，躬亲抚养。臣少多疾病，九岁不行，零丁孤苦，至于成立。既无伯叔，终鲜兄弟，门衰祚薄，晚有儿息。外无期功强近之亲，内无应门五尺之僮，茕茕孑立，形影相吊。而刘夙婴疾病，常在床蓐，臣侍汤药，未曾废离。

逮奉圣朝，沐浴清化。前太守臣逵察臣孝廉，后刺史臣荣举臣秀才。臣以供养无主，辞不赴命。诏书特下，拜臣郎中，寻蒙国恩，除臣洗马。猥以微贱，当侍东宫，非臣陨首所能上报。臣具以表闻，辞不就职。诏书切峻，责臣逋慢；郡县逼迫，催臣上道；州司临门，急于星火。臣欲奉诏奔驰，则刘病日笃；欲苟顺私情，则告诉不许：臣之进退，实为狼狈。

伏惟圣朝以孝治天下，凡在故老，犹蒙矜育，况臣孤苦，特为尤甚。且臣少仕伪朝，历职郎署，本图宦达，不矜名节。今臣亡国贱俘，至微至陋，过蒙拔擢，宠命优渥，岂敢盘桓，有所希冀。但以刘日薄西山，气息奄奄，人命危浅，朝不虑夕。臣无祖母，无以至今日；祖母无臣，无以终余年。母、孙二人，更相为命，是以区区不能废远。

臣密今年四十有四，祖母今年九十有六，是臣尽节于陛下之日长，报养刘之日短也。乌鸟私情，愿乞终养。臣之辛苦，非独蜀之人士及二州牧伯所见明知，皇天后土实所共鉴。愿陛下矜愍愚诚，听臣微志，庶刘侥幸，保卒余年。臣生当陨首，死当结草。臣不胜犬马怖惧之情，谨拜表以闻。

（出自《昭明文选》）

与山巨源绝交书（节选）

［三国魏］嵇康

吾昔读书，得并介之人，或谓无之，今乃信其真有耳。性有所不堪，真不可强。今空语同知有达人，无所不堪，外不殊俗，而内不失正，与一世同其波流，而悔吝不生耳。老子、庄周，吾之师也，亲居贱职；柳下惠、东方朔，达人也，安乎卑位，吾岂敢短之哉！又仲尼兼爱，不羞执鞭；子文无欲卿相，而三登令尹。是乃君子思济物之意也。所谓达能兼善而不渝，穷则自得而无闷。以此观之，故尧、舜之君世，许由之岩栖，子房之佐汉，接舆之行歌，其揆一也。仰瞻数君，可谓能遂其志者也。故君子百行，殊途而同致，循性而动，各附所安。故有处朝廷而不出，入山林而不返之论。且延陵高子臧之风，长卿慕相如之节，志气所托，不可夺也。吾每读尚子平、台孝威传，慨然慕之，想其为人。少加孤露，母兄见骄，不涉经学。性复疏懒，筋驽肉缓，头面常一月十五日不洗，不大闷痒，不能沐也。每常小便而忍不起，令胞中略转乃起耳。又纵逸来久，情意傲散，简与礼相背，懒与慢相成，而为侪类见宽，不攻其过。又读《庄》《老》，重增其放，故使荣进之心日颓，任实之情转笃。此犹禽鹿，少见驯育，则服从教制，长而见羁，则狂顾顿缨，赴蹈汤火；虽饰以金镳，飨以嘉肴，愈思长林而志在丰草也。

（出自《嵇中散集》）

兰亭集序

［东晋］王羲之

永和九年，岁在癸丑，暮春之初，会于会稽山阴之兰亭，修禊事也。群贤毕至，少长咸集。此地有崇山峻岭，茂林修竹，又有清流激湍，映带左右，引以为流觞曲水，列坐其次。虽无丝竹管弦之盛，一觞一咏，亦足以畅叙幽情。

是日也，天朗气清，惠风和畅。仰观宇宙之大，俯察品类之盛，所以游目骋怀，足以极视听之娱，信可乐也。

夫人之相与，俯仰一世。或取诸怀抱，悟言一室之内；或因寄所托，放浪形骸之外。虽趣舍万殊，静躁不同，当其欣于所遇，暂得于己，快然自足，不知老之将至；及其所之既倦，情随事迁，感慨系之矣。向之所欣，俯仰之间，已为陈迹，犹不能不以之兴怀，况修短随化，终期于尽！古人云："死生亦大矣。"岂不痛哉！

每览昔人兴感之由，若合一契，未尝不临文嗟悼，不能喻之于怀。固知一死生为虚诞，齐彭殇为妄作。后之视今，亦犹今之视昔，悲夫！故列叙时人，录其所述，虽世殊事异，所以兴怀，其致一也。后之览者，亦将有感于斯文。

（出自《晋书·王羲之传》）

桃花源记

［东晋］陶渊明

晋太元中，武陵人捕鱼为业。缘溪行，忘路之远近。忽逢桃花林，夹岸数百步，中无杂树，芳草鲜美，落英缤纷。渔人甚异之，复前行，欲穷其林。

林尽水源，便得一山，山有小口，仿佛若有光。便舍船，从口入。初极狭，才通人。复行数十步，豁然开朗。土地平旷，屋舍俨然，有良田、美池、桑竹之属。阡陌交通，鸡犬相闻。其中往来种作，男女衣着，悉如外人。黄发垂髫，并怡然自乐。

见渔人，乃大惊，问所从来。具答之。便要还家，设酒杀鸡作食。村中闻有此人，咸来问讯。自云先世避秦时乱，率妻子邑人来此绝境，不复出焉，遂与外人间隔。问今是何世，乃不知有汉，无论魏晋。此人一一为具言所闻，皆叹惋。余人各复延至其家，皆出酒食。停数日，辞去。此中人语云：“不足为外人道也。”

既出，得其船，便扶向路，处处志之。及郡下，诣太守，说如此。太守即遣人随其往，寻向所志，遂迷，不复得路。

南阳刘子骥，高尚士也，闻之，欣然规往。未果，寻病终，后遂无问津者。

（出自《陶渊明集》）

归去来兮辞

［东晋］陶渊明

余家贫，耕植不足以自给。幼稚盈室，瓶无储粟，生生所资，未见其术。亲故多劝余为长吏，脱然有怀，求之靡途。会有四方之事，诸侯以惠爱为德，家叔以余贫苦，遂见用于小邑。于时风波未静，心惮远役，彭泽去家百里，公田之利，足以为酒。故便求之。及少日，眷然有“归欤”之情。何则？质性自然，非矫厉所得。饥冻虽切，违己交病。尝从人事，皆口腹自役。于是怅然慷慨，深愧平生之志。犹望一稔，当敛裳宵逝。寻程氏妹丧于武昌，情在骏奔，自免去职。仲秋至冬，在官八十余日。因事顺心，命篇曰《归去来兮》。乙巳岁十一月也。

归去来兮，田园将芜胡不归？既自以心为形役，奚惆怅而独悲？悟已往之不谏，知来者之可追。实迷途其未远，觉今是而昨非。舟遥遥以轻飏，风飘飘而吹衣。问征夫以前路，恨晨光之熹微。

乃瞻衡宇，载欣载奔。僮仆欢迎，稚子候门。三径就荒，松菊犹存。携幼入室，有酒盈樽。引壶觞以自酌，眄庭柯以怡颜。倚南窗以寄傲，审容膝之易安。园日涉以成趣，门虽设而常关。策扶老以流憩，时矫首而遐观。云无心以出岫，鸟倦飞而知还。景翳翳以将入，抚孤松而盘桓。

归去来兮，请息交以绝游。世与我而相违，复驾言兮焉求？悦亲戚之情话，乐琴书以消忧。农人告余以春及，将有事于西畴。或命巾车，或棹孤舟。既窈窕以寻壑，亦崎岖而经丘。木欣欣以向荣，泉涓涓而始流。善万物之得时，感吾生之行休。

已矣乎！寓形宇内复几时？曷不委心任去留？胡为乎遑遑欲何之？富贵非吾愿，帝乡不可期。怀良辰以孤往，或植杖而耘耔。登东皋以舒啸，临清流而赋诗。聊乘化以归尽，乐夫天命复奚疑！

（出自《陶渊明集》）

咏　雪

［南朝梁］吴均

谢太傅寒雪日内集，与儿女讲论文义。俄而雪骤，公欣然曰："白雪纷纷何所似?"兄子胡儿曰："撒盐空中差可拟。"兄女曰："未若柳絮因风起。"公大笑乐。即公大兄无奕女，左将军王凝之妻也。

（出自《汉魏六朝诗选》）

陈太丘与友期行

［南朝宋］刘义庆

陈太丘与友期行，期日中。过中不至，太丘舍去，去后乃至。元方时年七岁，门外戏。客问元方："尊君在不?"答曰："待君久不至，已去。"友人便怒曰："非人哉！与人期行，相委而去。"元方曰："君与家君期日中。日中不至，则是无信；对子骂父，则是无礼。"友人惭，下车引之。元方入门不顾。

（出自《世说新语》）

与朱元思书

［南朝梁］吴均

风烟俱净，天山共色。从流飘荡，任意东西。自富阳至桐庐一百许里，奇山异水，天下独绝。

水皆缥碧，千丈见底。游鱼细石，直视无碍。急湍甚箭，猛浪若奔。

夹岸高山，皆生寒树，负势竞上，互相轩邈，争高直指，千百成峰。泉水激石，泠泠作响；好鸟相鸣，嘤嘤成韵。蝉则千转不穷，猿则百叫无绝。鸢飞戾天者，望峰息心；经纶世务者，窥谷忘反。横柯上蔽，在昼犹昏；疏条交映，有时见日。

（出自《艺文类聚》）

答谢中书书

［南朝梁］陶弘景

山川之美，古来共谈。高峰入云，清流见底。两岸石壁，五色交辉。青林翠竹，四时俱备。晓雾将歇，猿鸟乱鸣；夕日欲颓，沉鳞竞跃。实是欲界之仙都。自康乐以来，未复有能与其奇者。

（出自《全梁文》）

三　峡

［北魏］郦道元

自三峡七百里中，两岸连山，略无阙处。重岩叠嶂，隐天蔽日，自非亭午夜分，不见曦月。

至于夏水襄陵，沿溯阻绝。或王命急宣，有时朝发白帝，暮到江陵，其间千二百里，虽乘奔御风，不以疾也。

春冬之时，则素湍绿潭，回清倒影，绝巘多生怪柏，悬泉瀑布，飞漱其间，清荣峻茂，良多趣味。

每至晴初霜旦，林寒涧肃，常有高猿长啸，属引凄异，空谷传响，哀转久绝。故渔者歌曰：“巴东三峡巫峡长，猿鸣三声泪沾裳。”

（出自《水经注》）

谏太宗十思疏

［唐］魏徵

臣闻求木之长者，必固其根本；欲流之远者，必浚其泉源；思国之安者，必积其德义。源不深而望流之远，根不固而求木之长，德不厚而思国之理，臣虽下愚，知其不可，而况于明哲乎！人君当神器之重，居域中之大，将崇极天之峻，永保无疆之休。不念居安思危，戒奢以俭，德不处其厚，情不胜其欲，斯亦伐根以求木茂，塞源而欲流长者也。

凡百元首，承天景命，莫不殷忧而道著，功成而德衰。有善始者实繁，能克终者盖寡。岂取之易而守之难乎？昔取之而有余，今守之而不足，何也？夫在殷忧，必竭诚以待下；既得志，则纵情以傲物。竭诚则胡越为一体，傲物则骨肉为行路。虽董之以严刑，振之以威怒，终苟免而不怀仁，貌恭而不心服。怨不在大，可畏惟人；载舟覆舟，所宜深慎；奔车朽索，其可忽乎！

君人者，诚能见可欲则思知足以自戒，将有作则思知止以安人，念高危则思谦冲而自牧，惧满溢则思江海下百川，乐盘游则思三驱以为度，忧懈怠则思慎始而敬终，虑壅蔽则思虚心以纳下，想谗邪则思正身以黜恶，恩所加则思无因喜以谬赏，罚所及则思无因怒而滥刑。总此十思，弘兹九德，简能而任之，择善而从之，则智者尽其谋，勇者竭其力，仁者播其惠，信者效其忠。文武争驰，在君无事，可以尽豫游之乐，可以养松、乔之寿，鸣琴垂拱，不言而化。何必劳神苦思，代下司职，役聪明之耳目，亏无为之大道哉！

（出自《全唐文》）

滕王阁序

［唐］王勃

豫章故郡，洪都新府。星分翼轸，地接衡庐。襟三江而带五湖，控蛮荆而引瓯越。物华天宝，龙光射牛斗之墟；人杰地灵，徐孺下陈蕃之榻。雄州雾列，俊采星驰。台隍枕夷夏之交，宾主尽东南之美。都督阎公之雅望，棨戟遥临；宇文新州之懿范，襜帷暂驻。十旬休假，胜友如云；千里逢迎，高朋满座。腾蛟起凤，孟学士之词宗；紫电青霜，王将军之武库。家君作宰，路出名区；童子何知，躬逢胜饯。

时维九月，序属三秋。潦水尽而寒潭清，烟光凝而暮山紫。俨骖騑于上路，访风景于崇阿；临帝子之长洲，得天人之旧馆。层峦耸翠，上出重霄；飞阁流丹，下临无地。鹤汀凫渚，穷岛屿之萦回；桂殿兰宫，即冈峦之体势。

披绣闼，俯雕甍，山原旷其盈视，川泽纡其骇瞩。闾阎扑地，钟鸣鼎食之家；舸舰弥津，青雀黄龙之舳。云销雨霁，彩彻区明。落霞与孤鹜齐飞，秋水共长天一色。渔舟唱晚，响穷彭蠡之滨；雁阵惊寒，声断衡阳之浦。

遥襟甫畅，逸兴遄飞。爽籁发而清风生，纤歌凝而白云遏。睢园绿竹，气凌彭泽之樽；邺水朱华，光照临川之笔。四美具，二难并。穷睇眄于中天，极娱游于暇日。天高地迥，觉宇宙之无穷；兴尽悲来，识盈虚之有数。望长安于日下，目吴会于云间。地势极而南溟深，天柱高而北辰远。关山难越，谁悲失路之人？萍水相逢，尽是他乡之客。怀帝阍而不见，奉宣室以何年？

嗟乎！时运不齐，命途多舛。冯唐易老，李广难封。屈贾谊于长沙，非无圣主；窜梁鸿于海曲，岂乏明时？所赖君子见机，达人知命。老当益壮，宁移白首之心？穷且益坚，不坠青云之志。酌贪泉而觉爽，处涸辙以犹欢。北海虽赊，扶摇可接；东隅已逝，桑榆非晚。孟尝高洁，空余报国之情；阮籍猖狂，岂效穷途之哭？

勃，三尺微命，一介书生。无路请缨，等终军之弱冠；有怀投笔，慕宗悫之长风。舍簪笏于百龄，奉晨昏于万里。非谢家之宝树，接孟氏之芳邻。他日趋庭，叨陪鲤对；今兹捧袂，喜托龙门。杨意不逢，抚凌云而自惜；钟期既遇，奏流水以何惭？

呜乎！胜地不常，盛筵难再，兰亭已矣，梓泽丘墟。临别赠言，幸承恩于伟饯；登高作赋，是所望于群公。敢竭鄙怀，恭疏短引，一言均赋，四韵俱成。请洒潘江，各倾陆海云尔。

（出自《王子安集》）

春夜宴从弟桃花园序

[唐] 李白

夫天地者万物之逆旅也；光阴者百代之过客也。而浮生若梦，为欢几何？古人秉烛夜游，良有以也。况阳春召我以烟景，大块假我以文章。会桃花之芳园，序天伦之乐事。群季俊秀，皆为惠连；吾人咏歌，独惭康乐。幽赏未已，高谈转清。开琼筵以坐花，飞羽觞而醉月。不有佳咏，何伸雅怀？如诗不成，罚依金谷酒数。

（出自《李太白集》）

师说

［唐］韩愈

古之学者必有师。师者，所以传道受业解惑也。人非生而知之者，孰能无惑？惑而不从师，其为惑也，终不解矣。生乎吾前，其闻道也固先乎吾，吾从而师之；生乎吾后，其闻道也亦先乎吾，吾从而师之。吾师道也，夫庸知其年之先后生于吾乎？是故无贵无贱，无长无少，道之所存，师之所存也。

嗟乎！师道之不传也久矣！欲人之无惑也难矣！古之圣人，其出人也远矣，犹且从师而问焉；今之众人，其下圣人也亦远矣，而耻学于师。是故圣益圣，愚益愚。圣人之所以为圣，愚人之所以为愚，其皆出于此乎？爱其子，择师而教之；于其身也，则耻师焉，惑矣。彼童子之师，授之书而习其句读者，非吾所谓传其道解其惑者也。句读之不知，惑之不解，或师焉，或不焉，小学而大遗，吾未见其明也。巫医乐师百工之人，不耻相师。士大夫之族，曰师曰弟子云者，则群聚而笑之。问之，则曰："彼与彼年相若也，道相似也。位卑则足羞，官盛则近谀。"呜呼！师道之不复，可知矣。巫医乐师百工之人，君子不齿，今其智乃反不能及，其可怪也欤！

圣人无常师。孔子师郯子、苌弘、师襄、老聃。郯子之徒，其贤不及孔子。孔子曰：三人行，则必有我师。是故弟子不必不如师，师不必贤于弟子，闻道有先后，术业有专攻，如是而已。

李氏子蟠，年十七，好古文，六艺经传皆通习之，不拘于时，学于余。余嘉其能行古道，作《师说》以贻之。

（出自《昌黎先生集》）

马　说

［唐］韩愈

世有伯乐，然后有千里马。千里马常有，而伯乐不常有。故虽有名马，祇辱于奴隶人之手，骈死于槽枥之间，不以千里称也。

马之千里者，一食或尽粟一石。食马者不知其能千里而食也。是马也，虽有千里之能，食不饱，力不足，才美不外见，且欲与常马等不可得，安求其能千里也？

策之不以其道，食之不能尽其材，鸣之而不能通其意，执策而临之，曰："天下无马！"呜呼！其真无马邪？其真不知马也！

（出自《昌黎先生集》）

小石潭记

[唐] 柳宗元

从小丘西行百二十步，隔篁竹，闻水声，如鸣珮环，心乐之。伐竹取道，下见小潭，水尤清冽。全石以为底，近岸，卷石底以出，为坻，为屿，为嵁，为岩。青树翠蔓，蒙络摇缀，参差披拂。

潭中鱼可百许头，皆若空游无所依，日光下澈，影布石上。佁然不动，俶尔远逝，往来翕忽，似与游者相乐。

潭西南而望，斗折蛇行，明灭可见。其岸势犬牙差互，不可知其源。

坐潭上，四面竹树环合，寂寥无人，凄神寒骨，悄怆幽邃。以其境过清，不可久居，乃记之而去。

同游者：吴武陵，龚古，余弟宗玄。隶而从者，崔氏二小生，曰恕己，曰奉壹。

（出自《柳河东集》）

阿房宫赋

［唐］杜牧

六王毕，四海一，蜀山兀，阿房出。覆压三百余里，隔离天日。骊山北构而西折，直走咸阳。二川溶溶，流入宫墙。五步一楼，十步一阁；廊腰缦回，檐牙高啄；各抱地势，钩心斗角。盘盘焉，囷囷焉，蜂房水涡，矗不知其几千万落。长桥卧波，未云何龙？复道行空，不霁何虹？高低冥迷，不知西东。歌台暖响，春光融融；舞殿冷袖，风雨凄凄。一日之内，一宫之间，而气候不齐。

妃嫔媵嫱，王子皇孙，辞楼下殿，辇来于秦。朝歌夜弦，为秦宫人。明星荧荧，开妆镜也；绿云扰扰，梳晓鬟也；渭流涨腻，弃脂水也；烟斜雾横，焚椒兰也。雷霆乍惊，宫车过也；辘辘远听，杳不知其所之也。一肌一容，尽态极妍，缦立远视，而望幸焉。有不见者，三十六年。燕赵之收藏，韩魏之经营，齐楚之精英，几世几年，剽掠其人，倚叠如山。一旦不能有，输来其间。鼎铛玉石，金块珠砾，弃掷逦迤，秦人视之，亦不甚惜。

嗟乎！一人之心，千万人之心也。秦爱纷奢，人亦念其家。奈何取之尽锱铢，用之如泥沙？使负栋之柱，多于南亩之农夫；架梁之椽，多于机上之工女；钉头磷磷，多于在庾之粟粒；瓦缝参差，多于周身之帛缕；直栏横槛，多于九土之城郭；管弦呕哑，多于市人之言语。使天下之人，不敢言而敢怒。独夫之心，日益骄固。戍卒叫，函谷举，楚人一炬，可怜焦土！

呜呼！灭六国者六国也，非秦也；族秦者秦也，非天下也。嗟乎！使六国各爱其人，则足以拒秦；使秦复爱六国之人，则递三世可至万世而为君，谁得而族灭也？秦人不暇自哀，而后人哀之；后人哀之而不鉴之，亦使后人而复哀后人也。

（出自《樊川文集》）

黄州新建小竹楼记

［宋］王禹偁

黄冈之地多竹，大者如椽。竹工破之，刳去其节，用代陶瓦，比屋皆然，以其价廉而工省也。

子城西北隅，雉堞圮毁，蓁莽荒秽，因作小楼二间，与月波楼通。远吞山光，平挹江濑，幽阒辽敻，不可具状。夏宜急雨，有瀑布声；冬宜密雪，有碎玉声。宜鼓琴，琴调虚畅；宜咏诗，诗韵清绝；宜围棋，子声丁丁然；宜投壶，矢声铮铮然。——皆竹楼之所助也。

公退之暇，被鹤氅，戴华阳巾，手执《周易》一卷，焚香默坐，销遣世虑。江山之外，第见风帆沙鸟、烟云竹树而已。待其酒力醒，茶烟歇，送夕阳，迎素月，亦谪居之胜概也。

彼齐云、落星，高则高矣；井幹、丽谯，华则华矣；止于贮妓女，藏歌舞，非骚人之事，吾所不取。

吾闻竹工云："竹之为瓦，仅十稔，若重覆之，得二十稔。"噫！吾以至道乙未岁，自翰林出滁上；丙申，移广陵；丁酉，又入西掖。戊戌岁除日，有齐安之命。己亥闰三月，到郡。四年之间，奔走不暇；未知明年又在何处！岂惧竹楼之易朽乎？幸后之人与我同志，嗣而葺之，庶斯楼之不朽也。

咸平二年八月十五日记。

（出自《小畜集》）

爱 莲 说

[宋] 周敦颐

水陆草木之花，可爱者甚蕃。晋陶渊明独爱菊，自李唐来，世人甚爱牡丹。予独爱莲之出淤泥而不染，濯清涟而不妖，中通外直，不蔓不枝，香远益清，亭亭净植，可远观而不可亵玩焉。

予谓菊，花之隐逸者也；牡丹，花之富贵者也；莲，花之君子者也。噫！菊之爱，陶后鲜有闻。莲之爱，同予者何人？牡丹之爱，宜乎众矣。

（出自《周元公集》）

岳阳楼记

［宋］范仲淹

庆历四年春，滕子京谪守巴陵郡。越明年，政通人和，百废具兴，乃重修岳阳楼，增其旧制，刻唐贤今人诗赋于其上，属予作文以记之。

予观夫巴陵胜状，在洞庭一湖。衔远山，吞长江，浩浩汤汤，横无际涯，朝晖夕阴，气象万千，此则岳阳楼之大观也，前人之述备矣。然则北通巫峡，南极潇湘，迁客骚人，多会于此，览物之情，得无异乎？

若夫淫雨霏霏，连月不开，阴风怒号，浊浪排空，日星隐曜，山岳潜形，商旅不行，樯倾楫摧，薄暮冥冥，虎啸猿啼。登斯楼也，则有去国怀乡，忧谗畏讥，满目萧然，感极而悲者矣。

至若春和景明，波澜不惊，上下天光，一碧万顷，沙鸥翔集，锦鳞游泳，岸芷汀兰，郁郁青青。而或长烟一空，皓月千里，浮光跃金，静影沉璧，渔歌互答，此乐何极！登斯楼也，则有心旷神怡，宠辱偕忘，把酒临风，其喜洋洋者矣。

嗟夫！予尝求古仁人之心，或异二者之为，何哉？不以物喜，不以己悲，居庙堂之高则忧其民，处江湖之远则忧其君。是进亦忧，退亦忧。然则何时而乐耶？其必曰“先天下之忧而忧，后天下之乐而乐”乎！噫！微斯人，吾谁与归？时六年九月十五日。

（出自《范文正公集》）

醉翁亭记

[宋] 欧阳修

环滁皆山也。其西南诸峰，林壑尤美，望之蔚然而深秀者，琅琊也。山行六七里，渐闻水声潺潺，而泻出于两峰之间者，酿泉也。峰回路转，有亭翼然临于泉上者，醉翁亭也。作亭者谁？山之僧智仙也。名之者谁？太守自谓也。太守与客来饮于此，饮少辄醉，而年又最高，故自号曰醉翁也。醉翁之意不在酒，在乎山水之间也。山水之乐，得之心而寓之酒也。

若夫日出而林霏开，云归而岩穴暝，晦明变化者，山间之朝暮也。野芳发而幽香，佳木秀而繁阴，风霜高洁，水落而石出者，山间之四时也。朝而往，暮而归，四时之景不同，而乐亦无穷也。

至于负者歌于途，行者休于树，前者呼，后者应，伛偻提携，往来而不绝者，滁人游也。临溪而渔，溪深而鱼肥，酿泉为酒，泉香而酒洌，山肴野蔌，杂然而前陈者，太守宴也。宴酣之乐，非丝非竹，射者中，弈者胜，觥筹交错，起坐而喧哗者，众宾欢也。苍颜白发，颓然乎其间者，太守醉也。

已而夕阳在山，人影散乱，太守归而宾客从也。树林阴翳，鸣声上下，游人去而禽鸟乐也。然而禽鸟知山林之乐，而不知人之乐；人知从太守游而乐，而不知太守之乐其乐也。醉能同其乐，醒能述以文者，太守也。太守谓谁？庐陵欧阳修也。

（出自《欧阳文忠公文集》）

六 国 论

［宋］苏洵

六国破灭，非兵不利，战不善，弊在赂秦。赂秦而力亏，破灭之道也。或曰：六国互丧，率赂秦耶？曰：不赂者以赂者丧。盖失强援，不能独完。故曰：弊在赂秦也。

秦以攻取之外，小则获邑，大则得城。较秦之所得，与战胜而得者，其实百倍；诸侯之所亡，与战败而亡者，其实亦百倍。则秦之所大欲，诸侯之所大患，固不在战矣。思厥先祖父，暴霜露，斩荆棘，以有尺寸之地。子孙视之不甚惜，举以予人，如弃草芥。今日割五城，明日割十城，然后得一夕安寝。起视四境，而秦兵又至矣。然则诸侯之地有限，暴秦之欲无厌，奉之弥繁，侵之愈急。故不战而强弱胜负已判矣。至于颠覆，理固宜然。古人云："以地事秦，犹抱薪救火，薪不尽，火不灭。"此言得之。

齐人未尝赂秦，终继五国迁灭，何哉？与嬴而不助五国也。五国既丧，齐亦不免矣。燕赵之君，始有远略，能守其土，义不赂秦。是故燕虽小国而后亡，斯用兵之效也。至丹以荆卿为计，始速祸焉。赵尝五战于秦，二败而三胜。后秦击赵者再，李牧连却之。洎牧以谗诛，邯郸为郡，惜其用武而不终也。且燕赵处秦革灭殆尽之际，可谓智力孤危，战败而亡，诚不得已。向使三国各爱其地，齐人勿附于秦，刺客不行，良将犹在，则胜负之数，存亡之理，当与秦相较，或未易量。

呜呼！以赂秦之地封天下之谋臣，以事秦之心礼天下之奇才，并力西向，则吾恐秦人食之不得下咽也。悲夫！有如此之势，而为秦人积威之所劫，日削月割，以趋于亡。为国者无使为积威之所劫哉！

夫六国与秦皆诸侯，其势弱于秦，而犹有可以不赂而胜之之势。苟以天下之大，下而从六国破亡之故事，是又在六国下矣。

（出自《嘉佑集·权书》）

赤壁赋

［宋］苏轼

壬戌之秋，七月既望，苏子与客泛舟游于赤壁之下。清风徐来，水波不兴。举酒属客，诵明月之诗，歌窈窕之章。少焉，月出于东山之上，徘徊于斗牛之间。白露横江，水光接天。纵一苇之所如，凌万顷之茫然。浩浩乎如冯虚御风，而不知其所止；飘飘乎如遗世独立，羽化而登仙。

于是饮酒乐甚，扣舷而歌之。歌曰：“桂棹兮兰桨，击空明兮溯流光。渺渺兮予怀，望美人兮天一方。”客有吹洞箫者，倚歌而和之。其声呜呜然，如怨如慕，如泣如诉，余音袅袅，不绝如缕。舞幽壑之潜蛟，泣孤舟之嫠妇。

苏子愀然，正襟危坐而问客曰：“何为其然也？”客曰：“‘月明星稀，乌鹊南飞’，此非曹孟德之诗乎？西望夏口，东望武昌，山川相缪，郁乎苍苍，此非孟德之困于周郎者乎？方其破荆州，下江陵，顺流而东也，舳舻千里，旌旗蔽空，酾酒临江，横槊赋诗，固一世之雄也，而今安在哉？况吾与子渔樵于江渚之上，侣鱼虾而友麋鹿，驾一叶之扁舟，举匏樽以相属。寄蜉蝣于天地，渺沧海之一粟。哀吾生之须臾，羡长江之无穷。挟飞仙以遨游，抱明月而长终。知不可乎骤得，托遗响于悲风。”

苏子曰：“客亦知夫水与月乎？逝者如斯，而未尝往也；盈虚者如彼，而卒莫消长也。盖将自其变者而观之，则天地曾不能以一瞬；自其不变者而观之，则物与我皆无尽也，而又何羡乎！且夫天地之间，物各有主，苟非吾之所有，虽一毫而莫取。惟江上之清风，与山间之明月，耳得之而为声，目遇之而成色，取之无禁，用之不竭，是造物者之无尽藏也，而吾与子之所共适。”

客喜而笑，洗盏更酌。肴核既尽，杯盘狼籍。相与枕藉乎舟中，不知东方之既白。

（出自《苏东坡全集》）

文与可画筼筜谷偃竹记

［宋］苏轼

之始生，一寸之萌耳，而节叶具焉。自蜩腹蛇蚹以至于剑拔十寻者，生而有之也。今画者乃节节而为之，叶叶而累之，岂复有竹乎？故画竹，必先得成竹于胸中，执笔熟视，乃见其所欲画者，急起从之，振笔直遂，以追其所见，如兔起鹘落，少纵则逝矣。与可之教予如此。予不能然也，而心识其所以然。夫既心识其所以然而不能然者，内外不一，心手不相应，不学之过也。故凡有见于中而操之不熟者，平居自视了然，而临事忽焉丧之，岂独竹乎？

子由为《墨竹赋》以遗与可曰："庖丁，解牛者也，而养生者取之；轮扁，斫轮者也，而读书者与之。今夫夫子之托于斯竹也，而予以为有道者，则非邪？"子由未尝画也，故得其意而已。若予者，岂独得其意，并得其法。

与可画竹，初不自贵重，四方之人，持缣素而请者，足相蹑于其门。与可厌之，投诸地而骂曰："吾将以为袜材！"士大夫传之，以为口实。及与可自洋州还，而余为徐州。与可以书遗余曰："近语士大夫，吾墨竹一派，近在彭城，可往求之。袜材当萃于子矣。"书尾复写一诗，其略曰："拟将一段鹅溪绢，扫取寒梢万尺长。"予谓与可："竹长万尺，当用绢二百五十匹，知公倦于笔砚，愿得此绢而已！"与可无以答，则曰："吾言妄矣，世岂有万尺竹哉？"余因而实之，答其诗曰："世间亦有千寻竹，月落庭空影许长。"与可笑曰："苏子辩矣，然二百五十匹绢，吾将买田而归老焉。"因以所画《筼筜谷偃竹》遗予曰："此竹数尺耳，而有万尺之势。"筼筜谷在洋州，与可尝令予作《洋州三十咏》，《筼筜谷》其一也。予诗云："汉川修竹贱如蓬，斤斧何曾赦箨龙。料得清贫馋太守，渭滨千亩在胸中。"与可是日与其妻游谷中，烧笋晚食，发函得诗，失笑喷饭满案。

元丰二年正月二十日，与可没于陈州。是岁七月七日，予在湖州曝书画，见此竹，废卷而哭失声。昔曹孟德祭桥公文，有车过腹痛之语，而余亦载与可畴昔戏笑之言者，以见与可于予亲厚无间如此也。

（出自《苏轼文集》）

记承天寺夜游

［宋］苏轼

元丰六年十月十二日夜，解衣欲睡，月色入户，欣然起行。念无与为乐者，遂至承天寺寻张怀民。怀民亦未寝，相与步于中庭。庭下如积水空明，水中藻、荇交横，盖竹柏影也。何夜无月？何处无竹柏？但少闲人如吾两人者耳。

（出自《东坡志林》）

指南录后序（节选）

［宋］文天祥

予在患难中，间以诗记所遭，今存其本不忍废。道中手自抄录。使北营，留北关外，为一卷；发北关外，历吴门、毗陵，渡瓜洲，复还京口，为一卷；脱京口，趋真州、扬州、高邮、泰州、通州，为一卷；自海道至永嘉，来三山，为一卷。将藏之于家，使来者读之，悲予志焉。

鸣呼！予之生也幸，而幸生也何为？所求乎为臣，主辱，臣死有余僇；所求乎为子，以父母之遗体行殆，而死有余责。将请罪于君，君不许；请罪于母，母不许。请罪于先人之墓，生无以救国难，死犹为厉鬼以击贼，义也；赖天之灵，宗庙之福，修我戈矛，从王于师，以为前驱，雪九庙之耻，复高祖之业，所谓誓不与贼俱生，所谓鞠躬尽力，死而后已，亦义也。嗟夫！若予者，将无往而不得死所矣。向也使予委骨于草莽，予虽浩然无所愧怍，然微以自文于君亲，君亲其谓予何！诚不自意返吾衣冠，重见日月，使旦夕得正丘首，复何憾哉！复何憾哉！

是年夏五，改元景炎，庐陵文天祥自序其诗，名曰《指南录》。

（出自《文山先生全集》）

送东阳马生序

［明］宋濂

余幼时即嗜学。家贫，无从致书以观，每假借于藏书之家，手自笔录，计日以还。天大寒，砚冰坚，手指不可屈伸，弗之怠。录毕，走送之，不敢稍逾约。以是人多以书假余，余因得遍观群书。既加冠，益慕圣贤之道。又患无硕师名人与游，尝趋百里外，从乡之先达执经叩问。先达德隆望尊，门人弟子填其室，未尝稍降辞色。余立侍左右，援疑质理，俯身倾耳以请；或遇其叱咄，色愈恭，礼愈至，不敢出一言以复；俟其欣悦，则又请焉。故余虽愚，卒获有所闻。

当余之从师也，负箧曳屣行深山巨谷中。穷冬烈风，大雪深数尺，足肤皲裂而不知。至舍，四支僵劲不能动，媵人持汤沃灌，以衾拥覆，久而乃和。寓逆旅，主人日再食，无鲜肥滋味之享。同舍生皆被绮绣，戴朱缨宝饰之帽，腰白玉之环，左佩刀，右备容臭，烨然若神人；余则缊袍敝衣处其间，略无慕艳意，以中有足乐者，不知口体之奉不若人也。盖余之勤且艰若此。今虽耄老，未有所成，犹幸预君子之列，而承天子之宠光，缀公卿之后，日侍坐备顾问，四海亦谬称其氏名，况才之过于余者乎？

今诸生学于太学，县官日有廪稍之供，父母岁有裘葛之遗，无冻馁之患矣；坐大厦之下而诵诗书，无奔走之劳矣；有司业、博士为之师，未有问而不告、求而不得者也；凡所宜有之书，皆集于此，不必若余之手录，假诸人而后见也。其业有不精、德有不成者，非天质之卑，则心不若余之专耳，岂他人之过哉？

东阳马生君则，在太学已二年，流辈甚称其贤。余朝京师，生以乡人子谒余，撰长书以为贽，辞甚畅达。与之论辨，言和面色夷。自谓少时用心于学甚劳，是可谓善学者矣。其将归见其亲也，余故道为学之难以告之。谓余勉乡人以学者，余之志也；诋我夸际遇之盛而骄乡人者，岂知予者哉？

（出自《宋学士全集》）

项脊轩志（节选）

［明］归有光

项脊轩，旧南阁子也。室仅方丈，可容一人居。百年老屋，尘泥渗漉，雨泽下注；每移案，顾视无可置者。又北向，不能得日，日过午已昏。余稍为修葺，使不上漏。前辟四窗，垣墙周庭，以当南日，日影反照，室始洞然。又杂植兰桂竹木于庭，旧时栏楯，亦遂增胜。借书满架，偃仰啸歌，冥然兀坐，万籁有声；而庭阶寂寂，小鸟时来啄食，人至不去。三五之夜，明月半墙，桂影斑驳，风移影动，珊珊可爱。

然余居于此，多可喜，亦多可悲。先是庭中通南北为一。迨诸父异爨，内外多置小门墙，往往而是。东犬西吠，客逾庖而宴，鸡栖于厅。庭中始为篱，已为墙，凡再变矣。家有老妪，尝居于此。妪，先大母婢也，乳二世，先妣抚之甚厚。室西连于中闺，先妣尝一至。妪每谓余曰："某所，而母立于兹。"妪又曰："汝姊在吾怀，呱呱而泣；娘以指叩门扉曰：'儿寒乎？欲食乎？'吾从板外相为应答。"语未毕，余泣，妪亦泣。余自束发读书轩中，一日，大母过余曰："吾儿，久不见若影，何竟日默默在此，大类女郎也？"比去，以手阖门，自语曰："吾家读书久不效，儿之成，则可待乎！"顷之，持一象笏至，曰："此吾祖太常公宣德间执此以朝，他日汝当用之！"瞻顾遗迹，如在昨日，令人长号不自禁。

轩东故尝为厨，人往，从轩前过。余扃牖而居，久之，能以足音辨人。轩凡四遭火，得不焚，殆有神护者。

余既为此志，后五年，吾妻来归，时至轩中，从余问古事，或凭几学书。吾妻归宁，述诸小妹语曰："闻姊家有阁子，且何谓阁子也?"其后六年，吾妻死，室坏不修。其后二年，余久卧病无聊，乃使人复葺南阁子，其制稍异于前。然自后余多在外，不常居。

庭有枇杷树，吾妻死之年所手植也，今已亭亭如盖矣。

（出自《震川先生集》）

五人墓碑记（节选）

［明］张溥

嗟乎！大阉之乱，缙绅而能不易其志者，四海之大，有几人欤？而五人生于编伍之间，素不闻诗书之训，激昂大义，蹈死不顾，亦曷故哉？且矫诏纷出，钩党之捕遍于天下，卒以吾郡之发愤一击，不敢复有株治；大阉亦逡巡畏义，非常之谋难于猝发，待圣人之出而投缳道路，不可谓非五人之力也。

由是观之，则今之高爵显位，一旦抵罪，或脱身以逃，不能容于远近，而又有剪发杜门，佯狂不知所之者，其辱人贱行，视五人之死，轻重固何如哉？是以蓼洲周公忠义暴于朝廷，赠谥褒美，显荣于身后；而五人亦得以加其土封，列其姓名于大堤之上，凡四方之士无不有过而拜且泣者，斯固百世之遇也。不然，令五人者保其首领，以老于户牖之下，则尽其天年，人皆得以隶使之，安能屈豪杰之流，扼腕墓道，发其志士之悲哉？故余与同社诸君子，哀斯墓之徒有其石也，而为之记，亦以明死生之大，匹夫之有重于社稷也。

（出自《七录斋集》）

湖心亭看雪

［明］张岱

崇祯五年十二月，余住西湖。大雪三日，湖中人鸟声俱绝。是日更定矣，余拏一小舟，拥毳衣炉火，独往湖心亭看雪。雾凇沆砀，天与云与山与水，上下一白。湖上影子，惟长堤一痕、湖心亭一点、与余舟一芥，舟中人两三粒而已。

到亭上，有两人铺毡对坐，一童子烧酒炉正沸。见余大喜曰："湖中焉得更有此人！"拉余同饮。余强饮三大白而别。问其姓氏，是金陵人，客此。及下船，舟子喃喃曰："莫说相公痴，更有痴似相公者！"

（出自《陶庵梦忆》）

促织（节选）

［清］蒲松龄

翼日进宰，宰见其小，怒呵成。成述其异，宰不信。试与他虫斗，虫尽靡。又试之鸡，果如成言。乃赏成，献诸抚军。抚军大悦，以金笼进上，细疏其能。既入宫中，举天下所贡蝴蝶、螳螂、油利挞、青丝额一切异状遍试之，无出其右者。每闻琴瑟之声，则应节而舞。益奇之。上大嘉悦，诏赐抚臣名马衣缎。抚军不忘所自，无何，宰以卓异闻，宰悦，免成役。又嘱学使俾入邑庠。后岁余，成子精神复旧，自言身化促织，轻捷善斗，今始苏耳。抚军亦厚赉成。不数岁，田百顷，楼阁万椽，牛羊蹄躈各千计；一出门，裘马过世家焉。

异史氏曰："天子偶用一物，未必不过此已忘；而奉行者即为定例。加以官贪吏虐，民日贴妇卖儿，更无休止。故天子一跬步，皆关民命，不可忽也。独是成氏子以蠹贫，以促织富，裘马扬扬。当其为里正、受扑责时，岂意其至此哉？天将以酬长厚者，遂使抚臣、令尹，并受促织恩荫。闻之：一人飞升，仙及鸡犬。信夫！"

（出自《聊斋志异》）

狱中杂记（节选）

［清］方苞

康熙五十一年三月，余在刑部狱，见死而由窦出者，日四三人。有洪洞令杜君者，作而言曰：“此疫作也。今天时顺正，死者尚稀，往岁多至日十数人。”余叩所以。杜君曰：“是疾易传染，遘者虽戚属不敢同卧起。而狱中为老监者四，监五室，禁卒居中央，牖其前以通明，屋极有窗以达气。旁四室则无之，而系囚常二百余。每薄暮下管键，矢溺皆闭其中，与饮食之气相薄，又隆冬，贫者席地而卧，春气动，鲜不疫矣。狱中成法，质明启钥，方夜中，生人与死者并踵顶而卧，无可旋避，此所以染者众也。又可怪者，大盗积贼，杀人重囚，气杰旺，染此者十不一二，或随有瘳。其骈死，皆轻系及牵连佐证法所不及者。”余曰：“京师有京兆狱，有五城御史司坊，何故刑部系囚之多至此？”杜君曰：“迩年狱讼，情稍重，京兆、五城即不敢专决；又九门提督所访缉纠诘，皆归刑部；而十四司正副郎好事者及书吏、狱官、禁卒，皆利系者之多，少有连，必多方钩致。苟入狱，不问罪之有无，必械手足，置老监，俾困苦不可忍，然后导以取保，出居于外，量其家之所有以为剂，而官与吏剖分焉。中家以上，皆竭资取保；其次，求脱械居监外板屋，费亦数十金；惟极贫无依，则械系不稍宽，为标准以警其余。或同系，情罪重者，反出在外，而轻者、无罪者罹其毒。积忧愤，寝食违节，及病，又无医药，故往往至死。”余伏见圣上好生之德，同于往圣。每质狱词，必于死中求其生，而无辜者乃至此。傥仁人君子为上昌言：除死刑及发塞外重犯，其轻系及牵连未结正者，别置一所以羁之，手足毋械。所全活可数计哉？或曰：狱旧有室五，名曰现监，讼而未结正者居之。傥举旧典，可小补也。杜君曰："上推恩，凡职官居板屋。今贫者转系老监，而大盗有居板屋者。此中可细诘哉！不若别置一所，为拔本塞源之道也。"余同系朱翁、余生及在狱同官僧某，遘疫死，皆不应重罚。又某氏以不孝讼其子，左右邻械系入老监，号呼达旦。余感焉，以杜君言泛讯之，众言同，于是乎书。

（出自《方望溪先生全集》）

登泰山记

[清] 姚鼐

泰山之阳，汶水西流；其阴，济水东流。阳谷皆入汶，阴谷皆入济。当其南北分者，古长城也。最高日观峰，在长城南十五里。

余以乾隆三十九年十二月，自京师乘风雪，历齐河、长清，穿泰山西北谷，越长城之限，至于泰安。是月丁未，与知府朱孝纯子颍由南麓登。四十五里，道皆砌石为磴，其级七千有余。泰山正南面有三谷。中谷绕泰安城下，郦道元所谓环水也。余始循以入，道少半，越中岭，复循西谷，遂至其巅。古时登山，循东谷入，道有天门。东谷者，古谓之天门溪水，余所不至也。今所经中岭及山巅，崖限当道者，世皆谓之天门云。道中迷雾冰滑，磴几不可登。及既上，苍山负雪，明烛天南。望晚日照城郭，汶水、徂徕如画，而半山居雾若带然。

戊申晦，五鼓，与子颍坐日观亭，待日出。大风扬积雪击面。亭东自足下皆云漫。稍见云中白若樗蒱数十立者，山也。极天云一线异色，须臾成五采。日上，正赤如丹，下有红光动摇承之，或曰，此东海也。回视日观以西峰，或得日或否，绛皓驳色，而皆若偻。

亭西有岱祠，又有碧霞元君祠。皇帝行宫在碧霞元君祠东。是日观道中石刻，自唐显庆以来；其远古刻尽漫失。僻不当道者，皆不及往。

山多石，少土。石苍黑色，多平方，少圜。少杂树，多松，生石罅，皆平顶。冰雪，无瀑水，无鸟兽音迹。至日观数里内无树，而雪与人膝齐。

桐城姚鼐记。

（出自《惜抱轩诗文集》）

庖丁解牛

［战国］庄周

庖丁为文惠君解牛，手之所触，肩之所倚，足之所履，膝之所踦，砉然向然，奏刀騞然，莫不中音。合于《桑林》之舞，乃中《经首》之会。

文惠君曰："嘻，善哉！技盖至此乎?"

庖丁释刀对曰："臣之所好者道也，进乎技矣。始臣之解牛之时，所见无非牛者；三年之后，未尝见全牛也。方今之时，臣以神遇而不以目视，官知止而神欲行。依乎天理，批大郤，导大窾，因其固然，技经肯綮之未尝，而况大軱乎！良庖岁更刀，割也；族庖月更刀，折也。今臣之刀十九年矣，所解数千牛矣，而刀刃若新发于硎。彼节者有间，而刀刃者无厚；以无厚入有间，恢恢乎其于游刃必有余地矣！是以十九年而刀刃若新发于硎。虽然，每至于族，吾见其难为，怵然为戒，视为止，行为迟，动刀甚微。謋然已解，如土委地。

提刀而立，为之四顾，为之踌躇满志，善刀而藏之。"

文惠君曰："善哉！吾闻庖丁之言，得养生焉。"

（出自《庄子》）

核　舟　记

［明］魏学洢

明有奇巧人曰王叔远，能以径寸之木，为宫室、器皿、人物，以至鸟兽、木石，罔不因势象形，各具情态。尝贻余核舟一，盖大苏泛赤壁云。

舟首尾长约八分有奇，高可二黍许。中轩敞者为舱，箬篷覆之。旁开小窗，左右各四，共八扇。启窗而观，雕栏相望焉。闭之，则右刻“山高月小，水落石出”，左刻“清风徐来，水波不兴”，石青糁之。

船头坐三人，中峨冠而多髯者为东坡，佛印居右，鲁直居左。苏、黄共阅一手卷。东坡右手执卷端，左手抚鲁直背。鲁直左手执卷末，右手指卷，如有所语。东坡现右足，鲁直现左足，各微侧，其两膝相比者，各隐卷底衣褶中。佛印绝类弥勒，袒胸露乳，矫首昂视，神情与苏、黄不属。卧右膝，诎右臂支船，而竖其左膝，左臂挂念珠倚之——珠可历历数也。

舟尾横卧一楫。楫左右舟子各一人。居右者椎髻仰面，左手倚一衡木，右手攀右趾，若啸呼状。居左者右手执蒲葵扇，左手抚炉，炉上有壶，其人视端容寂，若听茶声然。

其船背稍夷，则题名其上，文曰“天启壬戌秋日，虞山王毅叔远甫刻”，细若蚊足，钩画了了，其色墨。又用篆章一，文曰“初平山人”，其色丹。

通计一舟，为人五；为窗八；为箬篷，为楫，为炉，为壶，为手卷，为念珠各一；对联、题名并篆文，为字共三十有四。而计其长曾不盈寸。盖简桃核修狭者为之。嘻，技亦灵怪矣哉！

（出自《虞初新志》）

口 技

［清］林嗣环

京中有善口技者。会宾客大宴，于厅事之东北角，施八尺屏障，口技人坐屏障中，一桌、一椅、一扇、一抚尺而已。众宾团坐。少顷，但闻屏障中抚尺一下，满坐寂然，无敢哗者。

遥闻深巷中犬吠，便有妇人惊觉欠伸，其夫呓语。既而儿醒，大啼。夫亦醒。妇抚儿乳，儿含乳啼，妇拍而呜之。又一大儿醒，絮絮不止。当是时，妇手拍儿声，口中呜声，儿含乳啼声，大儿初醒声，夫叱大儿声，一时齐发，众妙毕备。满坐宾客无不伸颈，侧目，微笑，默叹，以为妙绝。

未几，夫齁声起，妇拍儿亦渐拍渐止。微闻有鼠作作索索，盆器倾侧，妇梦中咳嗽。宾客意少舒，稍稍正坐。

忽一人大呼“火起”，夫起大呼，妇亦起大呼。两儿齐哭。俄而百千人大呼，百千儿哭，百千犬吠。中间力拉崩倒之声，火爆声，呼呼风声，百千齐作；又夹百千求救声，曳屋许许声，抢夺声，泼水声。凡所应有，无所不有。虽人有百手，手有百指，不能指其一端；人有百口，口有百舌，不能名其一处也。于是宾客无不变色离席，奋袖出臂，两股战战，几欲先走。

忽然抚尺一下，群响毕绝。撤屏视之，一人、一桌、一椅、一扇、一抚尺而已。

（出自《虞初新志》）